U0312093

与全球史 · 福建师范大学译丛

国家社科基金青年项目
"生态殖民主义视角下美国全球霸权追逐与东南亚环境变迁（1898~1975）
（项目号：21CSS001）"

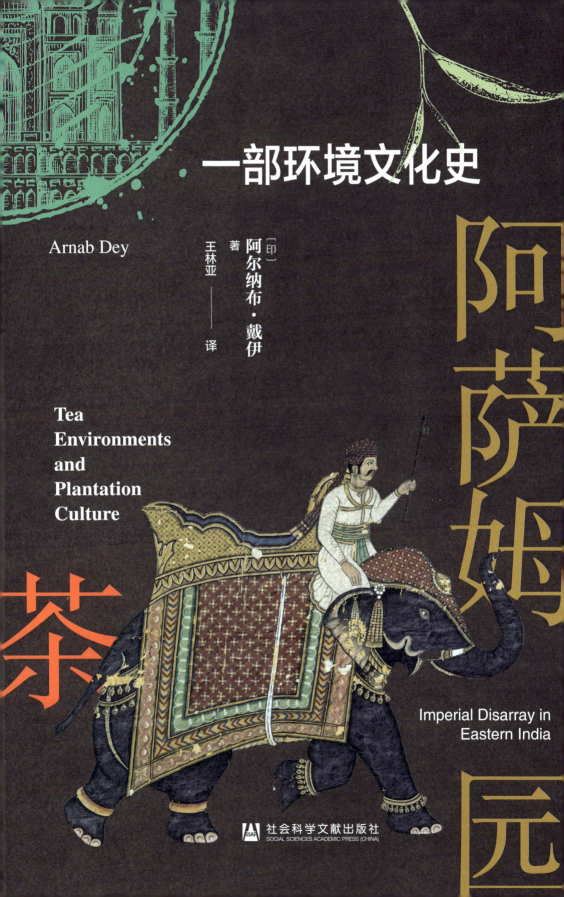

一部环境文化史

Arnab Dey

〔印〕阿尔纳布·戴伊 著

王林亚 —— 译

Tea
Environments
and
Plantation
Culture

阿萨姆

茶

园

Imperial Disarray in
Eastern India

社会科学文献出版社
SOCIAL SCIENCES ACADEMIC PRESS (CHINA)

This is a simplified Chinese translation of the following title(s) published by
Cambridge University Press:

Tea Environments and Plantation Culture: Imperial Disarray in Eastern India
By Arnab Dey
ISBN-9781108457613 Paperback
©Arnab Dey 2018

This simplified Chinese translation for the People's Republic of China (excluding
Hong Kong, Macau and Taiwan) is published by arrangement with the Press
Syndicate of the University of Cambridge, Cambridge, United Kingdom.

© Social Science Academic Press (China)2025

This simplified Chinese translation is authorized for sale in the People's Republic
of China (excluding Hong Kong, Macau and Taiwan) only. Unauthorised export
of this simplified Chinese translation is a violation of the Copyright Act. No part
of this publication may be reproduced or distributed by any means, or stored in a
database or retrieval system, without the prior written permission of Cambridge
University Press and Social Science Academic Press (China).

本书根据剑桥大学出版社 2018 年平装版译出。

Copies of this book sold without a Cambridge University Press sticker on the cover
are unauthorized and illegal.

本书封面贴有 Cambridge University Press 防伪标签，无标签者不得销售。

此版本仅限在中华人民共和国境内（不包括香港特别行政区、澳门特别行政
区及台湾省）销售。

"茶叶与全球史译丛" 主编译序

茶叶在历史上是起源于亚洲季风区的中国特色农产品，茶在中国栽种、制作和消费历史非常悠久，自唐代就已向中国周边的朝鲜、日本和越南以及西域的回鹘等地扩散传播。16 世纪地理大发现与欧洲人商业扩张推动了全球贸易网络的形成、日渐绵密，中国茶叶与西人开辟的全球性商品贸易网络深度对接，推动了中国外销茶的繁盛与中国茶区渐次扩大。明清时期是中国茶叶"走出去"的重要时期，形成了全球茶叶贸易生产端、消费端的密切联系网络，联动着东西方茶叶贸易沿线的港口、运茶船只制造与茶饮消费市场，丰富了茶叶产销两地人民的生活质量，来自中国的特色茶饮成为风靡国际的主要消费饮料之一，欧洲、美洲和非洲等地刮起一股"中国风"，茶叶的商品消费、种植推广、商业竞争逐渐带动了国际范围内茶学知识的跨界流动与历史记忆书写。

中国茶史的书写向外传播

唐代陆羽撰写的《茶经》（公元 780 年定稿）是世界范围内第一部关于茶学、茶文化和茶叶历史的系统性著作。《茶经》分为三卷，上卷详细记载了茶之源、茶之具、茶之造，中卷聚焦茶之器物类型及其运用，下卷详述茶之煮、茶之饮、茶之事、茶之出、茶之略和茶之图等内容。陆羽在《茶经》中实际上已经系统地追溯了中国茶史的时间维度，包括茶作为南方嘉木的起源、茶季时茶的制作流程以及历代茶事佳话。陆羽在《茶经》中还明确指出了中国名茶的地理分布、饮茶空间塑造等地域内容，《茶经》对后世茶叶空间美学的形塑是一个重要的示范。陆羽创立的茶道对周边汉

1

文化圈的影响颇巨。

宋代以降，宋徽宗赵佶亲自撰写的《茶论》二十篇，被后世誉为《大观茶论》（成书于大观年间），该书以闽地建溪的北苑贡茶为中心，篇目分地产、天时、采择、蒸压、制造、鉴别辨、白茶、罗碾、茶盏、茶筅、茶瓶、茶勺、用水、点茶、茶味、茶香、茶色、藏焙、品名和外焙二十节，"研究精微，所得之妙"，影响颇深。宋代中国茶美学对于日本"茶道"的影响尤为显著。1192 年，日本荣西禅师从中国回到日本后撰写《吃茶养生记》，这本被誉为日本首部开风气之先的茶书有很强的中国印记。正是"中国南方禅宗思想与制茶饮茶结合，推动了日本茶道的形成"。关于这一点，日本学者冈仓天心在《茶之书》也予以承认。不过冈仓天心 1903 年撰写《茶之书》写作语言是用英文，写作和出版的地点是在美国波士顿、费城和纽约为核心的新英格兰地区，其目的在于推崇以日本茶道为代表东方精神取代日趋衰落的中国茶文化精神，使日本茶道能融合东西方文明的区别与歧见，东西方的迥异人性"在茶碗中汇合交融"。

当然，冈仓天心 1893 年来到中国之时更为关心的是龙门石窟等中国文物，还热衷于向西方介绍所谓的"世界大发现"，引发文物贩子纷至沓来。至于其有没有接触阅读明清两代中国学者撰写的茶学新作，不得而知。明代中国学者万邦宁辑成《茗史》（成书约天启元年，1621 年），清代康熙年间刘长源辑出《茶史》（成书约 1669 年），这两部史书是中国古代茶典籍中为数不多以史部来记载茶事的文献。尤其是《茶史》一书首先辑录各著述家之代表作，其次以编目形式论述了茶之原始、名产、分产、近品，追根溯源又更新了茶类之进展。其后添加了名泉、古今名家品水、茶之鉴赏、辩论和高致，最后还增加了茶癖、茶效等篇目。根据阮浩耕等编写的《中国古代茶叶全书》（1999 年）统计，明代茶书著述还是中国历代对茶事书写最多、最繁荣的。250 年间出书 68 种，其中现存 33 种、辑佚 6 种、已佚 29 种。清代茶书也有 17 种。

近代以来中国茶叶大量外销，以英文、荷兰文等语言形式撰写关于中国茶叶分类及其功效的记载发展起来。19 世纪 80 年代，英国开始在印度、锡兰等地种植和制作茶叶，荷兰在爪哇等地试种试制红茶，这一时期以英文和荷兰文形式书写的茶史开始猛增，不过，这些茶史著作内容侧重于当地茶商茶人对现代制茶学工艺、化学以及机器运用层次的探索，科技史的成分比较浓厚。随着中国茶在国际市场的相对衰微,中国制茶精英和知识分子开始引介、翻译国外先进的现代制茶论著,主要就是印度、荷兰和日本茶学界比较重要的茶事书写,以此作为复兴中国茶的智识基础。现代制茶的工艺以及其背后茶学化学、茶文化等知识反向影响亚洲传统产茶制茶的中国、日本,形成了知识史上跨国流动的新局面。

从茶史中探寻"全球"

经济大萧条对于英国主导的国际茶叶生产、销售网络是一个重要的挑战,但也促成了国际茶叶领域内的机构建设与知识生产。为了控制茶叶的产量,英国、荷兰主导建立了国际茶叶委员会。1935 年,长期主编《茶叶与咖啡》杂志的美国学者乌克斯出版了《茶叶全书》(*All About Tea*),对全球茶叶历史、产茶国和茶叶消费国进行了全面的梳理,这部巨著第一次系统阐述了全球茶叶历史演进的图景,产生了重要影响。中国现代茶学先驱吴觉农先生较早就开始组织团队将之翻译为百万字的汉文文字,并于 20 世纪 40 年代至 50 年代陆续出版,使中文读者能够一睹美国学者的茶学百科全书著作。

20 世纪 50 年代,国际历史学界出现了新的变化。以英国历史学家巴勒克拉夫为代表的一批学者倡导"全球史观",其在史学领域产生重要的影响,历史学知识生产与创作出现了"全球史的转向"。德国历史学家康拉德在《全球史导论》《什么是全球史?》中力图将全球史作为分析工具,将过往历史置于全球语境之中。全球史从理论和视野上强调空间的拓展与时间维度的更新,从方法论和可操作层面强调区域间的互动、联系和网络。还有一部分全球史著作以微观视角入史,从茶叶、鸦片、白银、棉花、可可、烟草等大规模种植、远距离贸易的商品切入,探讨全球微观史与物质文化的散布、流传与本土化过程,使得全球史的研究兼具理论高度、宏大视野与微观角度的可操作性。

茶叶作为起源中国,并逐渐演化为全球饮品,涉及全球政治、经济、环境、劳工和文化等各个层面的复杂历史,近代以来成为全球史学家们颇为青睐的切入领域。皮尔·弗里斯(Peer Vires)的《茶的政治空间:近代早期中英经济的历史》（奥地利维也纳，2009 年出版）、埃丽卡·拉帕波特（Erika Rappaport）的《茶叶与帝国：口味如何塑造现代世界》（美国新泽西州，2017 年出版）、仲伟民的《茶叶与鸦片：十九世纪经济全球化中的中国》（生活·读书·新知三联书店，2010 年出版）和刘仁威（Andrew B. Liu）的《茶业战争：中国与印度的一段资本主义史》（美国康涅狄格州，2020 年初版，2023 年东方出版中心翻译出版）等著作均以茶叶为核心，书写全球茶叶史。正是基于全球史的时空框架与历史写作新转向，2023 年初，福建师范大学区域与国别研究院决定出版一套反映国外学者撰写茶叶全球史的译丛。在院长王晓德教授、副院长孙建党教授的指导下，本人受委托承担了主编这套全球茶叶史译丛的工作。经过反复思考，我们首期遴选了如下五本颇具代表性的茶叶史专著。这五本书从地域与时间维度展现了茶叶史书写从民族国家向区域过渡，从不同视角体现全球茶叶贸易的演变与饮茶之风的传播。

福建与江西交界的武夷山脉是中国南方茶叶的核心产区，是近代茶叶贸易从中国行销全球的货源地。美国学者罗伯特·加德拉（Robert Gardella）的《摘山：福建茶叶如何走向世界，1757–1937》（University of California Press，1998 年出版，江振鹏主译），从全球史视角探讨了近代闽茶为代表的中国茶叶融入全球资本主义的兴衰历程及其影响。茶叶销售到欧美国家之后在很大程度上塑造了当地的饮食风尚与文化。在北美，早在独立革命之前，饮茶之风就已经十分流行，美国学者卡罗琳·弗兰克（Frank Caroline）所著《中国器物与美国镜像：早期美利坚流通的中国商品》（University of Chicago Press，2011 年出版，吴万库译）聚焦于瓷器、茶叶和中国风艺术的贸易与消费，展现了殖民地时期的英裔美利坚人如何把自己视为远超英国和欧洲的属于更广阔世界的一部分，重现早期殖民地市场中中国商品的广泛流通以及东印度群岛贸易对殖民地社会商业性质的影响，深入探讨了这一贸易在美国国家形成过程中所扮演的角色。

在泛北欧地区，作为中国茶叶行销欧洲的集散地和中国丝绸消费的中心市场，斯堪的纳维亚地区推动了中国风在欧洲的流行，在相当程度上形塑了当时北欧，乃至整个欧洲的贸易结构、消费主义观念与时尚。瑞典学者汉娜·霍达克斯（Hanna Hodacs）所著《丝与茶：18 世纪亚洲商品在斯堪的纳维亚》（Springer Press，2016 年出版，贺建涛主译）追溯了 18 世斯堪的纳维亚地区与中国丝绸、茶叶贸易的演变与发展，论述了重商主义作用下斯堪的纳维亚在仿制中国丝绸与茶叶方面所做出的尝试，阐释了亚洲贸易对斯堪的纳维亚博物学和政治经济学的影响。在兴盛时期的英帝国区域，喝茶更是成为英国臣民的身份象征。朱莉·E. 弗罗默（Julie E. Fromer）所著《英国的茶：维多利亚时代不可或缺的奢侈品》（Ohio University Press，2008 年出版，赵万武主译）对 19 世纪英国茶的实物和仪式在视觉以及文本层面上的呈现进行深入分析，研究了维多利亚时代英国茶的独具特色的历史和文化属性等问题。最后，在 19 世纪晚期，伴随着英国对中国茶叶植株与技术的窃取，英国打破了中国的茶叶贸易垄断，印度在英帝国茶叶贸易体系中的地位超越了中国。中文的"茶"拆开，有"人在草木间"之说法，英文中的"Tea"一词也是起源自中国的闽南方言，茶叶种植制作无疑广泛涉及人与自然之间密切互动关系。纽约州立大学阿尔纳布·戴伊（Arnab Dey）所著的《阿萨姆茶园：一部环境文化史》（Cambridge University Press，2011 年，王林亚译）从环境史的角度出发，综合考察法律、生态学和农学在英属印度东部茶叶种植园中的作用。作者将生物、病菌等"非人类因素"置于茶叶生产过程的核心位置，既阐释了人与自然在阿萨姆地区的协同演化进程，也是对帝国史和资本主义史的重新解读。

现如今原产中国的茶已成为全球饮品市场中的重要消费品，它自身含有的咖啡碱、茶多酚、儿茶素、氨基酸等有益元素给各国人民带来了低热量、健康和愉悦，联结人们的社会生活与情感追求，甚至于精神哲学的认同。革命先行者孙中山曾论及"中国人发明的茶叶，至今为世界一大之需要，文明各国皆争用之"，孙中山对 20 世纪初期"中国曾为以茶叶供给全世界之唯一国家，今则中国茶叶商业已为印度、日本所夺"的情况痛心疾首。孙中山在《建国方略》中擘画中国的振兴实业计划，提出要"改良丝茶及改良中国种子"的建议，茶务振兴成为其国家建构中重要的经济方略。经过近百年的赓续奋斗，中国的茶业重新回到国际茶叶市场的重要地位。2004 年，中国重新成为全球第一大茶叶生产国，2017 年成为全球最大的茶叶出口国，此后一直稳居前列，中国国内茶业的消费市场蓬勃发展，新式茶饮火爆年轻消费者群体，并且开始"出海"深耕国外市场，反映出人民生活水平的提升，茶叶作为商品和文化联通世界的作用在不断增强。

"国盛茶兴"，近代以来中国茶业盛极而衰又涅槃重生的道路是数代人持续奋斗的缩影，映照着中国政府和茶商、茶企、茶人的不懈努力。中国茶业现代化依靠的是产业、科技和文化的综合统筹，其背后的根基是知识的积累与科技创新。"一茶一世界"，从知识社会学的视角，将过往全球茶叶的历史书写进行译介，跨文化的沟通交流和仔细地研读以及对全球茶文化的深入省思，对中国文化走出去和古典学的研究当有所裨益。

福建师范大学区域与国别研究院教授　　江振鹏
2025 年 1 月谨识于茶港福州

目　录

导　言

　　本书致力于对"野山茶树"（拉丁名：Camellia sinensis var. assamica）的深入研究，这种茶树生长在印度东北部[①]（Northeast India）的阿萨姆[②]（Assam）地区，凭借其独特的形态和风味闻名世界，其产量几乎占据了印度茶叶出口总量的一半。[③] 本书不仅关注这种茶树本身，还涵盖了与之有关的历史人物和产地等方面的研究。从阿萨姆地区的首府古瓦哈提（Guwahati）出发，驱车向东行驶数小时，穿过阿萨姆茶园的中心地带，映入眼帘的就是一排排整齐的种植园。看上去岁月静好，俨然一幅田园牧歌的景象：郁郁葱葱的庄园、修剪整齐的草坪、身着五颜六色服装的采茶工人、偶尔传来机械灌溉设备的声音，以及周围山谷呼啸而过的风声。这真是一幅自然天成的美景明信片。

[①]　印度官方又称其为"东北地区"（North Eastern Region），是印度最东部的地区，代表了该国的地理和政治行政区划。不过，印度东北部地区的历史较为复杂，阿萨姆邦曾经属于孟加拉管辖，但是，在1947年，英国对印度次大陆的统治结束时，孟加拉分裂，西孟加拉继续作为印度的一个邦，东孟加拉成为巴基斯坦的一个省，后来被称为东巴基斯坦，独立后为孟加拉国。所以，在目前印度的行政区域中，与印度东北部相邻的东孟加拉已经不属于"东北部"这块区域了。——译者注。

[②]　印度东北部的第二大邦。历史上，阿萨姆地区的历史和地理范围处于不断的变动之中。1833年，东印度公司控制了西阿萨姆邦，1838年，英国逐渐吞并了整个地区。但最初，阿萨姆邦是孟加拉管辖的一部分，在1906年又成为东孟加拉和阿萨姆省（Assam Province）的一部分，1912年又改组为首席专员省（chief commissioner's province），阿萨姆邦领土于1874年从孟加拉分离出来，成为"东北边境"的"非管制省份"（non-regulation province），1911年后，它又并入新的东孟加拉和阿萨姆省，并于1912年重新建立为阿萨姆邦。1947年印度分治后，阿萨姆邦成为印度的一个组成邦。但是，阿萨姆邦的锡尔赫特区被割让给东巴基斯坦，后者后来成为孟加拉国。鉴于这种复杂的情况，本文统一称为"阿萨姆地区"。——译者注。

[③]　参见 www.teaboard.gov.in/pdf/bulletin/Estimated_production_for_Apr_2017.pdf（accessed June 2, 2017）。

阿萨姆茶园的故事，还有其不为人知的一面。它带我们穿越回第一次鸦片战争时期，那时英国在印度东北边境正进行着一场关于谈判的激烈较量。当时英国试图为这种珍贵的作物寻找替代性的生产基地，这一过程不可避免地触及了东印度公司在扩张中所面临的军事和财政问题。在阿萨姆那片广袤的荒野中，他们意外地发现了这一处"伊甸园"，从此改变了茶树这种"灌木"的命运。在印度历史上，当地农民、耕种者、修道院、王室家族和山地部落一直是阿萨姆地区的农业生产活动的直接或间接参与者，但在此后，随着阿萨姆地区在 1826 年被英帝国实际控制，该地区的农业生产活动便转入了欧洲茶叶投资商的控制之下。[①] 此后，茶叶商人、公共卫生学家、植物学家、东印度公司的外科医生和殖民地行政官员都纷纷涌入了这片新领土。茶树作为单一栽培植物，其种植园对劳动力的需求量巨大，因而，关于阿萨姆茶的研究也成了劳工史叙事的关键组成部分。欧洲的一些茶叶种植园主曾经引诱或者胁迫"卡查里"[②] 和"米辛"[③] 部落的一些成员进入茶叶种植园工作，但最终都失败了。原因是可耕地充足，阿萨姆的农民和农业经营者不愿意放弃耕种自留地的自由，去适应种植园的劳作环境。

面对当地劳动力市场的不景气和激烈的殖民竞争，1865 年后阿萨姆地区开始采用契约式招聘（indentured recruitment）种植园劳工，数百万的男人、女人和儿童从印度中部和中南部被带到阿萨姆地区新兴的茶叶种植园区。他们或因经济需求而选择移民，或因招募者的欺骗而被迫移民。无论他们是通过哪种形式到达这片土地，在这里，他们都不得不面对荒芜的土地、不规范的种植园环境、严格的监督管制和恶劣的工作条件。在殖民时期，劳工的高死亡率问题也随之而来。[④] 阿萨姆茶的故事中还包括种植园

---

① 参见 Indrani Chatterjee, *Forgotten Friends: Monks, Marriages, and Memoirs of Northeast India* (New Delhi: Oxford University Press, 2013)，重点参考第 5 章。

② "卡查里"（Kachari）部落位于印度东北部的阿萨姆地区，它实际上是一个部落群，其下包括 19 个分支部落。所有的卡查里部落都有一个共同的祖先，部落成员主要来自雅鲁藏布江流域，使用藏缅语（Tibeto-Burman）——译者注。

③ "米辛"（Mising）部落位于阿萨姆地区的布拉马普特拉河流域，是印度东北部第二大部落。

④ 尽管存在这些缺点，但以下两篇新闻报告仍然总结了阿萨姆种植园的殖民历史的当代遗产：一篇是《纽约时报》（*The New York Times*）的报道，标题是 "Hopes, and Homes, Crumbling on Indian Tea Plantations"（February 13, 2014），另一篇为英国广播公司（BBC）的报道，"The Bitter Story behind the UK's National Drink"（September 8, 2015）。

主的暴行和管理暴力，阿萨姆地区茶叶种植园长期以来的暴力管理方式不仅让其臭名昭著，还引发了工人一系列反抗事件，如抗议、骚乱、出逃和罢工等，这些事件呈现出周期性爆发态势。随着欧洲茶叶投资商在阿萨姆地区不断建立越来越多的茶叶企业，当地的经济结构和人口结构发生了显著变化。中层种植园官员、小型债权人和佃农群体被吸引到这一地区，这不仅改变了阿萨姆地区的人口结构，也为当地带来了新的社会经济机会。另外，这种变化也加剧了地区的紧张局势，特别是在印度独立后，学生领导的争取地方自治权的运动①持续升级，最终演变成一场针对后殖民时期印度政府的"全面革命运动"。②

　　阿萨姆地区的社会史，尤其是与茶叶种植园相关的部分，是全球劳工叙事的重要组成部分。当契约合同被废除后，契约劳工在大英帝国的各个殖民地内部被重新安置，甚至进行了跨洋迁移。为了满足种植园经济作物不断增长的生产需求，这些劳工的流动跨越了帝国的地理边界，他们从印度迁到了毛里求斯，斐济、英属圭亚那、苏里南，法属圭亚那、马提尼克岛、瓜德罗普、留尼汪岛和马来亚等地。在印度次大陆内部，这段契约劳工的海外移民历史见证了来自印度东部和南部的咖啡、茶叶、靛蓝和黄麻种植区，以及比哈尔邦（Bihar）的煤矿产区与孟买政府的纺织制造业之间的激烈竞争。国际学术界对契约劳工迁移的性质和形式、社会人口和经济推动因素，以及供求模式给予了广泛关注，并对原籍国和东道国的移民安置和去农民化（de-peasantization）的影响进行了大量研究。③ 尽管在旧世界，契约劳工流动被描述为"自愿"和"自由"的，但这种流动实际上

① "比哈尔运动"（Bihar Movement），简称"JP运动"（JP Movement），发生于1974年，是印度比哈尔邦的学生发起的一场反对比哈尔邦政府暴政和腐败的政治运动，由资深的甘地主义者贾亚普拉卡什·纳拉扬（Jayaprakash Narayan）领导。该运动后来转向反对印度总理英迪拉·甘地（Indira Gandhi）所领导的中央政府，因此，它也被称为"全面革命运动"（Sampoorna Kranti）——译者注。

② 事实上，茶叶种植园这种资本密集型企业几乎完全是"舶来品"。除了土地之外，所有其他生产要素都是从印度其他地区或者英国大都市引进的。下面将讨论有关这些问题的学术研究。

③ 关于契约移民或种植园系统制度的文献浩如烟海。请参考埃德加·汤姆森编纂的有用但略过时的参考书，Edgar T. Thompson, *The Plantation: A Bibliography*, *Social Science Monographs* Ⅳ (Washington, DC: Pan American Union, 1957)。另外，也可参阅艾默所编写的书，P. C. Emmer, ed., *Colonialism and Migration; Indentured Labour Before and After Slavery* (The Netherlands: Martinus Nijhoff, 1986)。

从未真正摆脱新世界奴隶制的阴影，这一点在学术界已经得到了证实。正如英国驻帕拉马里博①（Paramaribo）领事在 1884 年所述，"苏里南②（Surinam）的种植者发现，温顺的印度人是他们所失去的黑人奴隶的现成替代品"。③针对这种移民模式究竟是出于自愿还是被迫，历史学家展开了激烈争论，双方都强调了劳工剥削的结构形式、工作环境和旅途条件、债务奴役和基本生计工资等问题，而这些问题正是支撑欧洲农业企业运作的关键基础。在这一领域的研究中，休·廷克④（Hugh Tinker）的开创性研究为我们提供了重要的启发。⑤

目前，国际学术界主要从三个视角来研究阿萨姆地区的种植园：劳工阶级史（working-class history）、地区冲突的政治史（regional political fallout）以及种族社会史（ethno-social impacts）。在劳工阶级史的研究中，历史学家长期以来一直在批判种植园中存在的诸多弊端，例如严苛的工作制度、恶劣的卫生条件、残暴的种植园主和不合理的管理许可证制度等。⑥

---

① 是位于南美洲北部的苏里南共和国的首都，曾经在 1630 年被英国殖民者占领，英国在当地开辟了大量的烟草和甘蔗种植园——译者注。

② 正式名称为"苏里南共和国"，是南美洲加勒比海和西印度群岛的一部分，历史上曾被英国和荷兰统治，宗主国在这里开发了可可、咖啡、甘蔗种植园经济——译者注。

③ Emmer, *Colonialism and Migration*, p. 187.

④ 休·廷克是伦敦大学历史学教授，对印度海外劳工移民进行了丰富的研究，其代表作为《一种新的奴隶制度：印度劳工的海外输出（1830—1920）》。该书的创见性有三点：第一，英国于 1824 年宣布在整个英属殖民地废除奴隶制后，印度契约劳工成为非洲奴隶的替代品，契约劳工受到的奴役甚至比奴隶更糟糕；第二，19 世纪末 20 世纪初，西方世界城市化和工业化的发展使得殖民地的种植园经济迅猛发展，故而，印度契约劳工的海外移民根植于国际经济贸易和金融结构；第三，印度契约劳工制度得到了英帝国殖民地的政治和社会机制的支持，包括法律、警察、种植园主和监工——译者注。

⑤ Hugh Tinker, *A New System of Slavery: The Export of Indian Labor Overseas, 1830-1920* (London: Institute of Race Relations, 1974). Also see Philip Corrigan, "Feudal Relics or Capitalist Monuments? Notes on the Sociology of Unfree Labor", *Sociology* 11 (3) (1977): 435-463; Robert Miles, *Capitalism and Unfree Labor: Anomaly or Necessity?* (London: Tavistock Publications, 1987).

⑥ 这些研究包括 Rajani Kanta Das, *Plantation Labor in India* (Calcutta: Prabasi Press, 1931); Ranajit Das Gupta, *Labor and Working Class in Eastern India: Studies in Colonial History* (Calcutta and New Delhi: K. P. Bagchi & Company, 1994); Sharit Bhowmik, *Class Formation in the Plantation System* (New Delhi: People's Publishing House, 1981); Sanat Bose, *Capital and Labor in the Indian Tea Industry* (Bombay: All India Trade Union Congress, 1954); Muhammad Abu B. Siddique, *Evolution of Land Grants and Labor Policy of Government: The Growth of the Tea Industry in Assam 1834-1940* (New Delhi: South Asian Publishers, 1990); J. C. Jha, *Aspects of Indentured Inland Emigration to North-East India 1859-1918* [New Delhi: Indus (转下页注)

但是，最新的一项研究重申了阿萨姆地区种植园的政治经济特征，具体表现为强制性权力结构、不受监管的移民现象和游离于法律之外的种植园主权威这三者的紧密结合。[①]这种独特的结构使得种植园在阿萨姆地区扮演着至关重要的角色，它不但是当地主要的社会经济驱动力，更是塑造当地人政治意识的关键因素。[②]在阿萨姆地区，存在着丰富多样的民族和次民族群体（ethnic and sub-national）。这些群体对于将这一地区视为"家园"还是"他者"，有着不同的诉求。劳工历史学家深入研究了茶叶种植园在这一过程中所发挥的推动作用。[③]在第二种研究方法中，"种植园主的统治"（Planter's Raj）这一观点在学界备受关注且影响深远。该观点认为，在整个 19 世纪，种植园主对阿萨姆地区的公民、社会经济和政治权力进行了强有力的控制。这种控制一方面阻碍了地区性资产阶级的崛起；另一方面却

（接上页注⑥）Publishing Company, 1996]; Rana P. Behal and Prabhu P. Mohapatra, "Tea and Money Versus Human Life: The Rise and Fall of the Indenture System in the Assam Tea Plantations 1840-1908", *Journal of Peasant Studies* 19 (3) (1992): 142-172; Rana Partap Behal, "Forms of Labor Protests in the Assam Valley Tea Plantations, 1900-1947", *Occasional Papers on History and Society* (New Delhi: Nehru Memorial Museum and Library, 1997); Behal, "Power Structure, Discipline and Labor in Assam Tea Plantations Under Colonial Rule", *International Review of Social History* 51 Special Supplement (2006): 143-172; Samita Sen, "Commercial Recruiting and Informal Intermediation: Debate over the Sardari System in Assam Tea Plantations, 1860-1900", *Modern Asian Studies* 44.1 (2010): 3-28; see also, Bodhisatwa Kar, *Framing Assam: Plantation Capital, Metropolitan Knowledge and a Regime of Identities, 1790s-1930s*, unpublished PhD dissertation (New Delhi: Jawaharlal Nehru University, 2007); and Nitin Varma, "Coolie Acts and the Acting Coolies: Coolie, Planter and State in the Late Nineteenth and Early Twentieth Century Colonial Tea Plantations of Assam", *Social Scientist* 33 (5/6) (2005): 49-72. Also see Dwarkanath Ganguly, *Slavery in British Dominion*, ed. Siris Kumar Kunda (Calcutta: Jijnasa Publications, 1972); Sir J. H. S. Cotton, *Indian and Home Memories* (London: T. Fisher Unwin, 1911); Mrs. Emma Williams, "Letter Regarding Abuses on the Tea Plantations of Assam", IOR/L/PJ/6/749, March 24, 1906, British Library London; Report from Aborigines Protection Society on "Treatment of Tea Labourers in Assam", IOR/L/PJ/6/193, January 17, 1887; Revered C. Dowding, "Letters and Pamphlets on the Illegal Arrest of Run-Away Tea-Garden Coolies in Assam", IOR/L/PJ/6/832, October 22, 1907, 以及下议院关于该主题的大量议会文件。

① Rana Partap Behal, *One Hundred Years of Servitude: Political Economy of Tea Plantations in Colonial Assam* (New Delhi: Tulika Books, 2014).

② Amalendu Guha, *Planter Raj to Swaraj: Freedom Struggle and Electoral Politics in Assam, 1826-1947* (New Delhi: ICHR, 1977, rpt. 2006).

③ Jayeeta Sharma, *Empire's Garden: Assam and the Making of India* (Durham, NC and London: Duke University Press, 2011).

又在某种程度上为其崛起创造了条件。在印度国民大会党① (Indian National Congress) 的支持下，这些资产阶级在印度独立前的几十年里重新夺回了对阿萨姆地区的政治统治权。② 从第三种研究视角来看，英帝国茶叶制度的"改善"和"进步"有很重要的物质基础。诸如受过教育的阿萨姆地区的中产阶级精英，利用英帝国的茶叶制度作为自己追逐政治权力的工具。与此同时，来自孟加拉 (Beangal) 的商人也在英帝国茶叶制度中寻找机会。除了这两类群体，英帝国的茶叶制度被来自尼泊尔 (Nepal) 的自由放牧者以及来自"外部"的契约劳工所利用。这些多样化的参与群体共同构成了英帝国的茶叶制度存在的客观基础，也为后殖民时期印度东北部的阿萨姆地区创造了"排他性"的历史和社会条件，其中宗派团结、种族分裂和"超民族" (supra-national) 的"家园利益"等问题逐渐凸显出来。③

农学、生态学和种植"科学"

阿萨姆地区的种植园是否仅仅是一种带有"自私自利"性质的经济或社会结构呢？答案显然是否定的。到1905年，种植园的总生产面积已经超过33.8万亩。④ 在当时，有超过200万男子、妇女和儿童⑤组成的劳工大军参与到茶叶商品的生产中，然而，劳动力死亡率高达53.2‰。⑥ 在20世纪的第二个十年间，两个英帝国劳工调查委员会 (Imperial Labor Enquiry Commissions) 对这些种植园进行了深入的调查，并提交了详细的调查结果。殖民地

---

① 简称国大党，它成立于1885年12月28日，是英帝国在亚洲和非洲的殖民地出现的第一个现代民族主义运动。从19世纪末开始，特别是1920年以后，在圣雄甘地的领导下，国大党成为印度独立运动的主要领导者。国大党带领印度脱离英国而独立，并对英帝国的其他反殖民民族主义运动产生了影响——译者注。

② Guha, *Planter Raj to Swaraj*, 重点参考第2章，第3章和第4章。

③ Sharma, *Empire's Garden*, 重点参考第2部分。

④ 1901年的数据，引用来自 Amalendu Guha, *Planter Raj to Swaraj*, p. 28. See also his "A Big Push without a Take-Off: A Case Study of Assam 1871–1901", *Indian Economic and Social History Review*, 5 (September 1968): 202–204.

⑤ 1905年的数据，参见 *The Report on Labor Immigration for the Province of Assam for the Year 1906* (Shillong: Assam Secretariat Press, 1906)。

⑥ 这些数据是1900年的，参见 Guha, *Planter Raj to Swaraj*, 2nd ed., p. 30。

管理者和包括甘地①（M. K. Gandhi）在内的民族主义领袖都投入了大量精力来探讨茶叶种植园的各个方面。而印度林业部②（Indian Forest Department）作为与茶叶产业相关的对立"资源利益相关者"，经常与被视为茶叶企业的"热心守护者"的各方进行接触，虽然双方关系紧张，但合作对于双方来说都是必要的。科学观点在不同地区间频繁交流，实地实验也在多地展开，同时，不同人员在阿萨姆、加尔各答、爪哇、锡兰（现斯里兰卡）和伦敦等地之间保持着密切的交流。然而与此同时，在茶叶微气候③（tea micro-climate）中，有超过8种植物害虫寄生其中，这对茶叶的产量、风味和利润均造成了严重的破坏。

　　上述关于阿萨姆地区茶叶种植园历史的各个方面，看似各自独立，实则可能存在千丝万缕的联系。如果它们之间存在联系的话，那么，它们到底是如何相互联系的？农学、法律和经济逻辑又是如何将茶叶产业的不同特征紧密结合起来的？茶叶的生产环境与劳工抗议、工人贫困和发病率之间又有何关联呢？在以单一种植为主要特征的茶叶经济体系中，非人类因素（nonhuman agents）扮演了什么角色呢？科学话语、农业意识形态和种植园实践又是如何相互融合、交织在一起的呢？

　　本书对许多此前未被探索且看似不相关的问题进行了深入剖析与解答。接下来，本书将讲述印度东部自殖民地时期至今一百多年的茶叶生产的农业生态历史。与现有的相关论述相比，本书认为，综合考察茶叶生产的法律、环境和农学等方面，将有助于我们更好地理解人类和自然在阿萨姆地区的协同演化进程。本书以茶叶产业所宣称的农业改革和现代化使命为总体基础，揭示了该产业本质上是一种"知识经济"，这是由意识形态、科学和法律诉

---

① 莫罕达斯·卡拉姆昌德·甘地（Mohandas Karamchand Gandhi），尊称"圣雄甘地"，是反殖民民族主义者、政治伦理学家和印度民族解放运动的领导人、印度国民大会党的领袖。他采用非暴力抵抗的方式成功领导了印度脱离英国统治的独立运动，并鼓舞了世界各地的民权和自由运动——译者注。

② 其全称为"帝国林业部"（Imperical Forest Department），是英国统治者于1864年在印度成立的，德国森林官员迪特里希·布兰迪斯（Dietrich Brandis）被任命为森林总监。1867年，帝国林业局（Imperial Forestry Service）成立，隶属于"帝国林业部"——译者注。

③ 微气候这一术语最早出现于20世纪50年代，它是一组局部大气条件，与周围地区的差异通常很小，有时却很大。它可能指小到几平方米或更小的区域，也可能指大到数平方公里的区域。大多数地区都有微气候，但在山区、岛屿和沿海地区等地形动态区最为明显——译者注。

求构成的集合体，而这些诉求并非总能达成一致，也无法完全左右舆论导向和实际结果。这种混乱的"架构"称为"无序"（disarray），它指的是茶叶种植园运转过程中出现的一系列现象，如恶劣的工作条件、茶叶虫害、疾病环境、劳动力死亡率、工资操控、滥伐森林和法律缺失。本书跳出了阿萨姆茶园既有叙事的框架，将茶叶植物和种植园结合起来对这些现象进行探讨，重新审视劳动与资本之间的传统对立关系。[①]

与其他地区的种植园一样，英国在印度殖民地"精心设计"了农业发展的蓝图和环境想象。阿萨姆地区的茶叶种植园也是在此推动下得到发展的。[②] 在这里，茶叶商品作为规划蓝图的核心，其环境想象体现在多个层面：不仅在种族和社会等级的构建中有所体现，还展现在生态的"即兴表演"（ecological improvisations）上，更体现在对农业实践、劳动力配置和景观布局的复杂重新安排中。本书强调了这些相互交织的因素。的确，从某种程度上说，茶叶是一种对各方面要求都很高的经济作物，与烟草等热带作物类似，茶叶的产量与资本投资并不直接成正比关系。自然环境因素对种植者的生产目标设定和种植实践活动至关重要。在当前的种植园研究领域中，自然环境的作用往往被低估甚至忽视，但本书表明，自然环境在茶叶商品的历史发展进程中发挥了多种作用。具体而言，气候、土壤、湿度、降雨和整体的气候状况都对茶叶公司的命运有着深远的影响。同时，自然环境还是意识形态的激烈战场，涉及荒野的界定（究竟是人工的还是原生的）、帝国权力、农业改良、园艺权威，以及财政和税收政策等问题。本书强调了人与自然之间复杂关系的重要性，充分体现了环境史学的独特特性，在探讨这种关系时，本书关注的并不是原始性与退化

---

① 关于该视角的研究，参见 James L. A. Webb, Jr., *Tropical Pioneers: Human Agency and Ecological Change in the Highlands of Sri Lanka, 1800-1900* (New Delhi: Oxford University Press, 2002); James S. Duncan, *In the Shadows of the Tropics: Climate, Race and Biopower in Nineteenth Century Ceylon* (London: Ashgate Publishing Co., 2007); Corey Ross, *Ecology and Power in the Age of Empire: Europe and the Transformation of the Tropical World* (Oxford: Oxford University Press, 2017); Ann Laura Stoler, *Capitalism and Confrontation in Sumatra's Plantation Belt, 1870-1979* (New Haven, CT and London: Yale University Press, 1985); Lynn A. Nelson, *Pharsalia: An Environmental Biography of a Southern Plantation, 1780-1880* (Athens, OH: University of Georgia Press, 2007)。

② Frank Uekötter, ed., *Comparing Apples, Oranges, and Cotton: Environmental Histories of the Global Plantation* (Frankfurt and New York, NY: Campus Verlag, 2014).

之间的简单辩论。① 事实上，正如后文所讨论的，在英属印度东部，启蒙时代"伊甸园复苏"的寓言经历了一切异乎寻常的、不受市场因素影响且不受法律约束的演变。

　　本研究将自然视为一个完整的生态系统，旨在探索自然如何为人类提供便利，以及人类在利用自然的同时，又是如何在不经意间对它造成了滥用。② 在农业生态系统中，为了维持茶树的正常生长，需要进行一系列的田间操作，如锄地和采摘等，这些活动对于茶树的健康状况至关重要，然而，不可忽视的是，这些操作同时也为病虫害的滋生创造了条件。为了灌溉茶叶种植园而修建堤坝工程，以及为了维持劳工的生计还会种植水稻，这些措施在为茶叶种植园带来便利的同时，也引发了一系列问题。其中疟疾（malaria）和黑热病（black-fever）的暴发尤为严重，进而又增加了劳工的患病率和死亡率。在茶叶种植园中，劳动强度大且以任务量为基础的工资制度占据主导地位，这种制度侧重于身体能力而非固定的月薪，这种工资制度加剧了劳工的健康风险。森林在茶叶种植中扮演了多重角色：一

---

①　例如，参见：Donald Worster, *Nature's Economy: A History of Ecological Ideas* (Cambridge: Cambridge University Press, 1988); Gregg Mitman, *The State of Nature: Ecology, Community, and American Social Thought, 1900-1950* (Chicago, IL: University of Chicago Press, 1992); and William Cronon, *Nature's Metropolis: Chicago and the Great West* (New York, NY: W. W. Norton & Co., 1991). 他们各自的专著为这一丰富的史学提供了良好的资料来源。克罗农在《自然的大都市》第 56 页中针对"第一"自然（人类诞生前）和"第二"自然（人类干预后）的区分在这里很有启发意义。

②　John Soluri, *Banana Cultures: Agriculture, Consumption, and Environmental Change in Honduras and the United States* (Austin, TX: University of Texas Press, 2005); Sven Beckert, *Empire of Cotton: A Global History* (New York, NY: Vintage, 2014); Sidney W. Mintz, *Sweetness and Power: The Place of Sugar in Modern History* (New York, NY and London: Viking, 1985); Timothy Mitchell, *Rule of Experts: Egypt, Techno-Politics, Modernity* (Berkeley, CA and London: University of California Press, 2002); J. R. McNeill, *Mosquito Empires: Ecology and War in the Greater Caribbean, 1620-1914* (Cambridge: Cambridge University Press, 2010); Paul S. Sutter, "Nature's Agents or Agents of Empire? Entomological Workers and Environmental Change during the Construction of the Panama Canal," *Isis*, Vol. 98, No. 4 (December 2007), 724-754; Richard White, *The Organic Machine: The Remaking of the Columbia River* (New York, NY: Hill and Wang, 2005); T. H. Breen, *Tobacco Culture: The Mentality of the Great Tidewater Planters on the Eve of Revolution* (Princeton, NJ: Princeton University Press, 1985); Richard S. Dunn, *Sugar and Slaves: The Rise of the Planter Class in the English West Indies, 1624-1713* (Chapel Hill, NC: University of North Carolina Press, 1972); Ian Tyrrell, *True Garden of the Gods: Californian-Australian Environmental Reform, 1860-1930* (Berkeley, CA: University of California Press, 1999); Uekötter, ed., *Comparing Apples, Oranges, and Cotton*; and Corey Ross, *Ecology and Power in the Age of Empire*.

方面，它为茶树树苗提供了必要的树荫，为茶树的生长创造了适宜的环境；另一方面，森林为茶箱提供了木材资源。但与此同时，森林也滋生了致命的疟疾寄生虫，致使大量工人死亡。在资本密集型的茶叶种植经济中，自然环境成为连接茶叶作物与资本的关键纽带。正如弗兰克·尤凯特（Frank Uekötter）所言，"种植园制度具有支配自然与社会的强大能力和欲望，关系到整个地区和经济的兴衰"。①

本书不仅仅是关于一段茶叶种植园历史的研究，它还试图将阿萨姆地区置于更广泛的亚太和大西洋背景中进行考察。这本书并没有采用任何一种单一的方法来进行比较，无论是文化的、生物学的，还是马克思主义的方法。② 尽管劳工问题仍然是这本书研究的核心内容，但农业生态学的视角（agroecological perspective）使得我们对劳工对抗的理解不再局限于传统的范畴，如无产阶级和农民、封建主义和资本主义等。我们也不再仅仅关注作物和耕作者之间的关系，而且综合考虑昆虫学、肥料、土壤管理、病原体环境和植物操控等多种因素。这些因素既助长了种植者的暴力行为，也加强了对土地和劳动力的法律控制。这些因素还是种植者暴力行为和法律控制的重要组成部分，这一点在约翰·苏拉瑞（John Soluri）对洪都拉斯香蕉生产的研究中便有所体现，他指出："试图在自然空间和文化空间之间划定明确的边界，有可能会忽视田地、森林和水道之间，以及栽培的、野生的和杂交的生物体之间的重要互动关系。"③

此外，本书的研究还引入了关于"帝国科学"作为大都市和地方知识混合体的讨论。④ 但这里，我所关注的不仅仅是殖民现代性的对话和混合

---

① See Uekötter, ed., *Comparing Apples, Oranges, and Cotton*, p. 18.

② 例如，在比较阿萨姆和英属西印度群岛的种植园经济时，普拉布·莫哈帕特拉只关注契约合同的刑罚条款及其执行机制。当然，在这两个案例中，对劳动力的合法榨取以及由此引发的抵抗还有其他的物质和历史驱动因素。参见 Prabhu P. Mohapatra, "Assam and West Indies, 1860-1920: Immobilizing Plantation Labor", in Douglas Hay and Paul Craven, *Masters, Servants, and Magistrates in Britain and the Empire, 1562-1955* (Chapel Hill, NC and London: The University of North Carolina Press, 2004), pp. 455-480。

③ Soluri, *Banana Cultures: Agriculture, Consumption, and Environmental Change in Honduras and the United States*, p. 5.

④ 大卫·吉尔马丁在其文中帮助分析了"帝国科学"（imperial science）与"帝国的科学"（science of empire）之间的区别。参见 David Gilmartin, "Scientific Empire and Imperial Science: Colonialism and Irrigation Technology in the Indus Basin", *The Journal of Asian Studies*, 53.4 (November 1994): 1127-1149。

产物,① 而且还通过茶叶的流行病学和虫害生态学案例研究，表明西方所谓的"理性科学"从一开始就并非完全有效，它更像是一次不确定性的尝试，这种科学对茶叶行业的理解非常有限，或者说在某些情况下，它为了茶叶利润却放弃了真正的"科学"。② 如果说科学知识是帝国权力的追逐工具，那我想证明的是，无论是在深奥的实验室知识和实地经验之间，还是在意识形态信仰和实际决策之间，抑或在临床计划和实际结果之间，都存在着巨大的差异，这点尤为值得关注。当然，19 世纪的锡兰咖啡种植园中也存在着类似的情况。巴伦（T. J. Barron）指出，当锡兰种植者需要在农业科学知识和实际需要之间做出选择时，他们总是倾向于后者。③ 巴伦认为，让锡兰种植者获得成功的，不是表面上"优越"的西方科学技术，而是政治关系、歧视性的土地和劳工政策、优惠的税率和市场准入条件。正如相关研究强调的："只要能提高利润，科学就会被置之不理。"④ 接下来的章节，尤其是第二、四、五章的内容表明，印度东部的种植者在处理相关问题时，展现出的能力丝毫不逊于他们在锡兰的同行。

另外，本书在对阿萨姆地区的茶叶种植园进行研究时，特别增加了环境史的视角。事实上，当印度劳工史专家在研究中将自然界置于次要地位时，他们就不自觉地赋予了"种植园科学"一种既不能完全拥有，也不能完全控制的霸权地位。为此，以下章节将详细展示帝国征服的动力和对财富的欲望是如何改变生态环境的，同时也会阐述这些生态环境又是如何以

① 参阅：Gyan Prakash, *Another Reason: Science and the Imagination of Modern India* (Princeton, NJ: Princeton University Press, 1999); also, Deepak Kumar, *Science and the Raj, 1857-1905* (New Delhi: Oxford University Press, 1995), Kapil Raj, *Relocating Modern Science: Circulation and the Construction of Knowledge in South Asia and Europe, 1650-1900* (Basingstoke: Palgrave, 2007), and David Arnold, *Science, Technology and Medicine in Colonial India* (Cambridge: Cambridge University Press, 2000)。另请参见普拉卡什·库马尔书中有关靛蓝知识和科学的讨论，Prakash Kumar, *Indigo Plantations and Science in Colonial India* (Cambridge and New York, NY: Cambridge University Press, 2012)。

② 科学"专业知识"与帝国探索之间的关系已经引起了很多评论。关于在非洲背景下的这种重叠关系的精彩讨论，参见 Helen Tilley, *Africa as a Living Laboratory: Empire, Development, and the Problem of Scientific Knowledge, 1870-1950* (Chicago, IL: University of Chicago Press, 2011)。

③ T. J. Barron, "Science and the Nineteenth-Century Ceylon Coffee Planters", *The Journal of Imperial and Commonweatlh History* 16, 1 (1987): 5-23.

④ T. J. Barron, "Science and the Nineteenth-Century Ceylon Coffee Planters", *The Journal of Imperial and Commonweatlh History* 16, 1 (1987): p. 7.

非线性（nonlinear）和共同演化（coevolving）的方式反作用于种植园的运作的。印度与锡兰的情况存在相似性，再次引发了我们的深思。与印度的茶叶种植导致的生态破坏一样，19世纪30年代末，锡兰岛上的咖啡种植（后来发展到金鸡纳和茶叶种植）的狂热，导致了大规模的生态失衡和社会转型。[①] 锡兰的生态后果具体表现为：咖啡病虫害、牛瘟、欧洲种植园主与当地的康提[②]（Kandyan）村民为争夺牧场和水源的冲突、森林砍伐，以及疟疾和霍乱导致的工人死亡等，这些现象都与同一时期印度东北部类似的环境转变模式形成了鲜明对比。另一个例子发生在洪都拉斯苏拉谷地[③]（Honduran Sula valley）地区，20世纪30年代，为了控制香蕉叶斑病真菌（mycosphaerella musicola），种植园主在香蕉植株上喷洒大量波尔多农药，造成了致毒性残留物的产生、香蕉产量的下降和工人呼吸道问题等诸多负面影响。[④] 这些案例以及其他许多类似的例子表明，这种大规模单一性种植文化所固有的所谓"辉格式理性"（Whiggish rationality）科学，从一开始就存在着不可持续的隐患。[⑤] 蒂莫西·米切尔（Timothy Mitchell）指出，人类意图和目的的"理想性"和"这些目的所作用的对象世界"之间，从来都不是单向的、可预测的或可分离的关系。[⑥] 因此，在探讨阿萨姆地区茶叶种植园的生产过程时，本书的研究并没有将自然因素与人类的

---

① 参见 James L. A. Webb, Jr., *Tropical Pioneers: Human Agency and Ecological Change in the Highlands of Sri Lanka*, 1800–1900，重点参考第3章，第4章和第5章；also，James S. Duncan，*In the Shadows of the Tropics: Climate, Race and Biopower in Nineteenth Century Ceylon*。

② 位于现今斯里兰卡中部的山区地带，在首都科伦坡东北方向115公里处，1815年被英国征服，之后英帝国在此地开辟了咖啡种植园——译者注。

③ 洪都拉斯共和国位于中美洲北部，苏拉是洪都拉斯的一座城市，位于该国的西北角。19世纪末至20世纪中叶，美国联合果品公司（United Fruit Company）是一个庞大的垄断集团，在拉丁美洲地区拥有广泛权势，是洪都拉斯最大的土地所有者和雇主，在洪都拉斯、哥斯达黎加、巴拿马等地开发了广阔的香蕉种植园，但也给当地造成了严重的生态破坏——译者注。

④ Soluri，*Banana Cultures*，especially chapter 4，pp. 104–127.

⑤ 保罗·萨特（Paul Sutter）对昆虫学工作者在巴拿马运河建设过程中所起作用的分析提供了另一个历史实例。保罗写道："我的论点并不是说科学家给我们提供了一种可以不经中介就接触到物质环境机构的途径——从某种意义上说，他们是大自然的代理人。我也无意暗示他们是帝国领域中唯一跨越物质环境和理想化自然之间鸿沟的群体。相反，我的目的是要表明，在意识形态倾向和经验观察之间的张力点上，可以非常清楚地看到物质环境的影响。"参见其文章《自然的代理人还是帝国的代理人？》（"Nature's Agents or Agents of Empire?"），第729页。

⑥ Timothy Mitchell，*Rule of Experts：Egypt，Techno-Politics，Modernity*，especially part I.

科学专业知识对立起来。①

　　这种研究方法对前面提到的三种史学方法构成了挑战。就劳工问题而言，我认为阿萨姆地区对工人的剥削远远超出了劳工的身体调节能力和招聘结构的范畴。事实上，马克思主义史学在研究这个问题时，显然低估甚至忽视了意识形态、流行病学、农艺学策略和种植操控等因素在该地区造成工人贫困和社会动荡方面所起的作用。本书表明，在阿萨姆地区的茶叶种植园中，种植园主与男性劳工之间的压迫关系并非仅仅是通过直接的身体暴力或可预见的财政手段来建立，这种压迫关系还与殖民统治者对病原体、植物、法律和景观所采取的"隐蔽性"管理策略紧密相关。如果劳动者的身体最终承担了这些经济和准经济（para-economic）管理策略所带来的重压，那么我认为，为了抵制那些代表并因此享有特权的，直观可见的种植园主对劳工的胁迫手段，研究这些管理策略的多重网络关系就会显得至关重要。因此，在考察阿萨姆茶园中劳工的角色、使用与剥削现象时——这些现象与农业环境特征及医学法律特征相互关联与相互影响——本书重新定位了热带种植园劳工（即劳工剥削）的研究方向，使其超越了以往对生产关系物质层面片面关注的局限性。

　　同样地，尽管学界已对所谓"种植园主的统治"的影响范围做出了合理的批评②，但本书证明了这种统治不仅通过法律和经济范畴之外的操纵手段得以建立，还借助了人类自身和农业经济范畴之外的手段来维系。事实上，对种植园社区与殖民政府之间往来的研究揭示了构成阿萨姆地区的"政治权威"的诸多要素。这些要素包括殖民地政府的行政权力、种植园主的经济影响力、地方势力的参与以及各种社会组织的活动等。究竟谁拥有这种政治权力？拥有多少权力？这些参数一直处于变动之中。与锡兰的种植园情况

---

① Mitchell, *Rule of Experts*, p. 36。关于棉铃象鼻虫（cotton boll weevil）、维达利亚甲虫（Veda-lia beetle）、玉米螟虫（corn borer）、圣何塞鳞翅目害虫（San Jose scale）和其他害虫在美国农业革新历史上的重要性和作用的引人入胜的研究，参见 Alan L. Olmstead and Paul W. Rhode, *Creating Abundance: Biological Innovation and American Agricultural Development*（Cambridge and New York, NY: Cambridge University Press, 2008）。奥姆斯特德和罗德证明，在美国农业中，生物创新和机械技术并没有按时间顺序相互遵循，但在二战前的两个世纪里，作物和畜牧业领域生物创新的稳步（但非制度化）进步提高了土地和劳动生产率。美国农业的发展远比一般描述更具有活力。出自《创造丰裕》（*Creating Abundance*），第16页。

② Hiren Gohain, "Politics of a Plantation Economy," Review of Amalendu Guha, *Planter's Raj to Swaraj in Economic and Political Weekly* Vol. 13, No. 13（April 1 1978）: 579-580.

相似，阿萨姆地区的种植园中存在着多个权力中心和事实上的主权机构，这些权力中心在政策和决策的制定过程中发挥着关键作用。① 最后，如果从民族、地区或国家层面来分析茶叶企业的社会影响，可能会在一定程度上掩盖种植园的"进步叙事"部分，因为在茶叶种植园中，各种人类和非人类的多种因素都对"进步"（progress）和"现代化"（modernity）项目的推进起到了不同的作用。然而，在某种程度上，我对后两种史学研究方法②的最大质疑在于，它们都将阿萨姆地区的种植园作为一种启发式的历史性跳板，用来分析该地区的政治或民族社会状况。可以说，这种方法论在很大程度上过分关注了茶叶企业的外部影响因素，而对其内部的实践却有所忽视。本书采用后一种研究方法，将印度东北部茶叶商品的历史中未被探索的部分，例如前言中所谈到的种植园主、按蚊和甘地联系起来。最后，本书提醒读者，要完整地讲述茶叶独特的社会环境故事，就不能将植物和种植园隔离开来。

具有"进步"力量的茶

茶叶产业给阿萨姆地区带来的利益是巨大的且是多方面的。适合种植茶叶的土地并不适合种植水稻，如果不是茶叶种植者的开垦，大部分土地可能至今还隐藏在茂密的丛林中……茶叶贸易也得到了极大的推动，阿萨姆各地都开辟了新的市场。这不仅促进了当地经济的发展，还加强了当地与外界的经济联系。茶叶的发展也是铁路、河流和公路交通改善的重要因素。③

阿萨姆地区的人口普查专员、著名文职官员爱德华·盖特爵士（Sir Edward Gait）毫不讳言的谈及了茶叶对该地区的作用。然而，早在盖特之前，英国殖民母国已经为阿萨姆地区绘制了一幅以茶叶植物为中心的欧洲

---

① James S. Duncan, *In the Shadows of the Tropics: Climate, Race and Biopower in Nineteenth Century Ceylon*，尤其是第四、五、六章。本书第三、四、五、六章探讨了印度茶叶协会、加尔各答代理机构、现场种植园主和殖民政府之间的权力和管辖权冲突。
② 指前文提到的国际学术界研究阿萨姆地区的种植园的两种方法，分别是"地区冲突的政治史"和"种族社会史"——译者注。
③ Sir Edward Gait, *A History of Assam* (Calcutta: Thacker, Spink, rpt. 1967), p. 413.

农业殖民蓝图。在众多将茶叶作为"进步"力量的著名人士中，詹金斯上尉（Captain Jenkins）的名字赫然在列。1831 年，詹金斯接替大卫·斯科特（David Scott），担任印度东北边境总督的代理人，他试图借助《1833年宪章法案》①（*Charter Act of 1833*）来推动并实现阿萨姆地区的土地、税收、通信和农业等方面的"进步"。詹金斯不断地谈论着茶叶行业未来的发展前景，他认为只有吸引欧洲投机者投资阿萨姆地区广阔的"荒地"，才能改善印度当时"毫无希望和未来"的状况。为此，在 1853 年，詹金斯向访问阿萨姆地区的加尔各答萨德尔法院（Calcutta Sadr Court）的法官莫法特·米尔斯（A. J. Moffatt Mills）提出了他的计划，即启动对茶叶市场的争夺。虽然该计划的细节将在第五章中讨论，但詹金斯的一些想法值得在此探讨。从本质上讲，詹金斯提出了一套全面的管理体系，他主张鼓励阿萨姆地区与印度的其他省份之间开展"自由"贸易，开放公路和蒸汽交通，以此推动阿萨姆人获得更为永久的土地所有权，当时，这种永久土地所有权仅在阿萨姆西部的戈阿尔帕拉（western Goalpara）和南部的锡尔赫特地区（southern Sylhet districts）得以实施。此外，他还建议通过重新调整除用于种植湿稻（wet-rice）的土地以外的其他所有土地的税收，以增加收入。事实上，早在 1836年，詹金斯就曾建议对宅地②（homestead）土地征税，并表示希望将这些"荒地和野兽出没的地方"转变成种植甘蔗、芥菜、桑树、紫胶、烟草和蔬菜的肥沃田地③。可以肯定的是，渴望在印度实现"美好"发展愿望的并非只有欧洲殖民者。以茶叶为核心的"农业改革"计划，在印度当地引起了一群受过英语教育的印度中产阶级的共鸣，他们对詹金斯提出的改革议程表

---

①　又被称为《1833 年印度政府法》（*Government of India Act of 1833*）或《1833 年东印度公司法》（*East India Company Act 1833*），是英国议会在 1833 年通过的一项法案，它将授予东印度公司的皇家特许权延长了二十年，并重组了英属印度的治理结构。该法案包括的主要条款为：第一，在结束英属东印度公司的商业活动的同时，使其成为一个纯粹的行政机构，具有征召军队、发动战争和统治被征服的领土的权力。第二，它将孟加拉总督重新任命为印度总督，第一任总督威廉·本廷克勋爵（Lord William Bentinck）领导的政府第一次被称为"印度政府"。第三，总督参政会议（Governor-General in Council）被授予专属立法权，即有权宣布法律，使整个英属印度的土地法律得到执行。第四，该法案剥夺了孟买和马德拉斯总督在此前享有的立法权。然而，后来在废除涉及圣赫勒拿岛的条款之后，《1948 年成文法修订法案》（*Statute Law Revision Act of 1948*）又赋予了该法案一个新的名称，即《1833 年圣赫勒拿法案》（*Saint Helena Act of 1833*）——译者注。

②　指由政府分给个人居住并开垦的土地——译者注。

③　H. K. Barpujari, *Assam: In the Days of the Company*, p. 215.

示赞同。① 正如历史学家贾耶塔·夏尔玛所观察到的那样：

> 从英国生物勘探者，到美国传教士，再到阿萨姆地区的上流社会
> 人士，他们都在不约而同地赞美着阿萨姆地区正在进行的"从丛林到
> 花园"式的伊甸园般的转变。他们构想了一幅未来茶叶有序出口的茶
> 叶种植园美好景观，与他们当下所看到的阿萨姆地区的实际景象形成
> 了鲜明的对比。那时，当地仅有部分土地得到耕种，农业生产尚处于
> 不完全商业化的自然状态。②

在阿萨姆地区的上流人士中，有一位年轻的公务员和政论家，名叫阿南
达拉姆·德基尔·普坎（Anandaram Dhekial Phukan）。他对英国统治阿萨姆
地区所带来的"益处"充满信心，并且认为英国统治为当地土著创造了大量
的就业机会，为当地的繁荣和进步开辟了道路。在向米尔斯法官提交的一份
冗长的请愿书中，德基尔·普坎恳求英国政府立即且彻底改变印度目前的农
业状况，使其农产品的产量能够增加十倍，同时品种也更加丰富多样。③ 詹
金斯的个人魅力着实巨大，在阿萨姆著名历史学家布延（S. K. Bhuyan）看
来，他简直就是"阿萨姆地区的阿霍姆王国④（Assamese Swargadeos）当之
无愧的继承人……（字面意思是阿霍姆之王）（the Ahom god-kings）"⑤。

---

① 对阿萨姆中产阶级（middle class）的研究，参见 Hiren Gohain, "Origins of the Assamese Middle Class," *Social Scientist*, Vol. 2, No. 1（August 1973）：11-26.

② Sharma, *Empire's Garden*, p. 3.

③ "Observations on the Administration of the Province of Assam, by Baboo Anundaram Dakeal Phookun," in A. J. Moffatt Mills, Esq., *Report on the Province of Assam*（Calcutta：Gazette Office, 1854）, appendix J, p. xxxviii.

④ 学术界对阿萨姆的名称来源有两种看法：一些学者认为它源自梵文"Asoma"，意为"无与伦比"；另一些学者则认为它来自统治阿萨姆 600 余年的"阿霍姆王国"（Ahom Dynasty, 1228-1838），又称阿洪王朝。阿霍姆王国是一个强大的文化王国，而且在统治臣民和管理社会方面有先进的技能。人们相信阿霍姆家族神圣，国王被称为"Swargaradeo's"（意为"天堂之神"），在斯瓦加德奥·鲁德拉·辛哈（Swargardeo Rudra Singha）统治期间，阿霍姆王国十分富有并且安定平和，该王国还尝试将阿萨姆地区与印度其他邦建立文化和社会桥梁，为阿萨姆引入新的文化维度，这是阿霍姆统治的黄金时代——译者注。

⑤ S. K. Bhuyan, *Early British Relations with Assam：A Study of the Original Sources and Records Elucidating the History of Assam from the Period of Its First Contact with the Honourable East India Company to the Transfer of the Company's Territories to the Crown in 1858*（Shillong：Assam Govt. Press, 1949）, p. 31.

　　然而，德基尔·普坎的希望终究还是破灭了，因为詹金斯很快改变了他的豪言壮语和勃勃野心。早在 1853 年 6 月 6 日，阿萨姆公司[①]（Assam Company）的董事们就已经向总督达尔豪西（Governor-General Dalhousie）请愿，希望总督能为他们提供一切合法的援助，他们有信心将阿萨姆地区"无人居住"的丛林改造成世界一流的茶园。[②] 几天后，即 6 月 22 日，阿萨姆地区的副专员维奇少校（Major H. Vetch）便敦促米尔斯法官，要为那些潜在的、有意投资茶叶种植园的资本家们提供"更为丰厚的利益"和"诱人的奖励"。具体而言，就是要慷慨地赠予他们土地，并免除他们三年或三年以上的土地购买债务。[③] 随着茶叶委员会（Tea Committee）的建议逐步开始实施，阿萨姆公司也开始投入运营，詹金斯开始整合他的同僚们关于"加速阿萨姆地区发展"的想法。这些想法明显存在着偏袒欧洲投机者阶层和茶叶商品的倾向，并将二者置于至高无上的地位，而当地农民和其他产业的利益则被忽视。在这种背景下，理查德·德雷顿（Richard Drayton）提出一个颇具说服力的观点，他认为，阿萨姆地区的茶叶"改革议程"的"乌托邦"（secular Utopia）式的愿望，实际上是高度依赖世界市场的且其核心理论在于，"大自然存在的意义是被用来生产那些能够在市场上广泛交易的商品，而不是用来维持当地人的生计"。[④] 在我们的这个案例中，詹金斯和米尔斯利用茶叶在当时所具有的"特殊"地位作为借口，精心设计了一套土地收入和税收的计划，他们打着"改革"的旗号，声称要推动阿萨姆的农业经济并使其走向"现代化"。然而，从本质上来说，这种发展议程大幅提高了土地出让的最低上限，还增加了鸦片消费税，而他们给出的理由竟然是，

---

① 1839 年 1 月，为了发展阿萨姆茶叶生产事业，英国分别在伦敦成立了阿萨姆茶叶协会（Assam Tea Association）和在加尔各答成立了孟加拉茶叶协会（Bengal Tea Association）。1839 年 2 月，在伦敦商人会议上，两家协会合并为阿萨姆公司（Assam Company），注册资本为 50 万美元，它是印度最早的生产茶叶的企业，自成立以来几乎垄断了印度所有的茶叶种植和生产——译者注。

② *Memorial of the Assam Tea Company to the Marquis of Dalhousie*, *Governor General of India*, 6 June 1853, reproduced in A. J. Mills's Report, appendix E, pp. xix-xxi.

③ Quoted in Mills's Report, appendix C, p. xiv.

④ Richard Drayton, *Nature's Government: Science*, *Imperial Britain*, *and the "Improvement" of the World* (New Haven, CT: Yale University Press, 2000), p.87.

鸦片是导致阿萨姆农民"懒惰"和不愿工作的根源①。这种发展议程还提高了除茶叶以外的所有农民土地和农作物的税收，并将大量土地分发给茶叶种植者，全然不顾及他们的财政状况与种植能力。举例来说，尽管政府的土地收入总需求在 1865～1866 年为 100 万卢比（rupees），但到了 1897～1898 年，这一数字增加到了 400 万卢比以上，在这期间除了茶叶以外的所有作物品种的种植面积增长仍低至 7%。② 同样，在 1839 年至 1901 年期间，种植园主开垦的茶叶土地面积达 64.2 万英亩，其中超过 85% 的土地是按照优惠或特权条款获得的。1893 年，在欧洲种植者拥有的 595842 英亩土地中，有 55% 属于"免税计划"范围之内，另外 30% 所享有的优惠税率远远低于阿萨姆农民购买同等质量土地的税率。③ 然而，詹金斯最初的计划并未全部在茶叶种植园中得到实践，如前文所述，他试图通过提高税收来哄骗或胁迫当地的阿萨姆农民进入茶叶种植园的想法，从未真正成功过。

如果说茶叶给阿萨姆地区的经济社会发展带来了一股"进步"（improvement）性的力量，那么当地的居民和劳工为此付出了高昂的代价。事实上，并非所有人都能分享到茶叶行业发展所带来的"丰硕成果"。詹金斯和米尔斯的土地殖民计划虽然保障了阿萨姆地区的茶叶生产者的利益，但由于这些利益相关者的资本和资金购买力有限，所以我在研究中将他们排除在外了。在大多数情况下，当地人在茶叶企业中所扮演的角色较为边缘。比如，会计、监督员、文职雇员、在欧洲人控制的茶园或者代理商的的小供应商，参与水平较低。虽然这些情况在很大程度上塑造了"种植园主的统治"，但本书表明，这个所谓的"帝国"并非仅仅是"无所不知"的代理人的集合体，它遗留给印度的也远非只有社会经济的动荡。

---

① 关于鸦片问题，参见 Amalendu Guha, "Imperialism of Opium in Assam 1773-1921", *Calcutta Historical Journal*, Vol. 1, No. 2 (January-June 1977): 226-245 and Shrutidev Goswami, "The Opium Evil in Nineteenth Century Assam," *Indian Economic and Social History Review*, Vol. XIX, No. 3 & 4 (1982): 365-376。

② Cited in the Note by Chief Commissioner J. H. Cotton to the Government of India dated 1898, reproduced in *The Colonization of Wastelands in Assam*, and reprinted in Amalendu Guha, "Assamese Agrarian Relations in the Later Nineteenth Century: Roots, Structure and Trends", *The Indian Economic and Social History Review*, Vol. XVII. No. 1 (January-March 1980), p. 51.

③ Guha, "Assamese Agrarian Society", p. 53.

无序的帝国：方法论批判

如果使用恩典的手段，我们难道不希望阿萨姆地区成为上帝的花园吗?[1]

阿萨姆茶是在第一次鸦片战争的政治背景下被"发现"的，它悠久的帝国血统，以及后来被确认为英属印度独特商品的历史，简直就像是《圣经》中记载的奇迹故事一般。然而，对于东印度公司（East India Company）、殖民地的生物勘探者和科学专家来说，茶叶植物学发现的偶然性，在昔日的"蛮荒"之地迅速演化为一套英帝国生物征服的叙事体系——既包含对自然资源的"绝对掌控"，又彰显了殖民者在社会层级中的统治地位。茶叶成为了实现这些目的的催化剂，而茶叶种植园则象征着不断改善的伊甸园制度，正如卡洛琳·麦茜特所言，"伊甸园的复苏"是西方文化中最古老的"神话"之一——一种将"荒野变成花园，使'女性'进入文明社会，土著风俗发展成现代文化"的元叙事。[2] 或者，又如著名的坎特伯雷圣公会教徒亨利·休厄尔（Henry Sewell）在 19 世纪 50 年代早期所谈到的那样，"上帝最初的创造物是伊甸园，我们越接近伊甸园的状态，就越接近大自然的真正的正常状态"[3]。

然而，本书对"无序"（disarray）的分析，超越了启蒙运动关于生物社会井然有序的论断的反叙述，此外，它还被用来强调阿萨姆地区的茶叶种植园模式及农业发展在意识形态、物质生产和发展话语方面所表现出来的不一致性、产生的后果和存在的矛盾。的确，无论是"伊甸园复苏"的决定论，还是"劳工抵抗"的可预见性，都未能完整地讲述茶叶伊甸园的

---

① 这句话是美国浸礼会传教士内森·布朗（Nathan Brown）于 1836 年在上阿萨姆旅行时所说的，引自 H. K. Barpujari, Ed. *The American Missionaries and North-East India, 1836–1900* (Guwahati: Spectrum, 1986), pp. 7–8。

② Carolyn Merchant, *Reinventing Eden: The Fate of Nature in Western Culture* (New York, NY and London: Routledge, 2003), p. 2; see also, John Prest, *The Garden of Eden: The Botanic Garden and the Recreation of Paradise* (New Haven, CT and London: Yale University Press, 1981).

③ W. D. McIntyre, ed., *The Journal of Henry Sewell, vol. 1. February 1853 to May 1854* (Christchurch: Whitcoulls, 1980), p. 427.

全部故事。相反，在讲述生物帝国主义的过程中，本书展示了"伊甸园复苏"与"劳工抵抗"这两个方面的关系是以一种权宜之计的、无序的且常常相互矛盾的方式来发展的。因此可以说，科学的"理性"、流行病学、农艺计划、人类管理、现代性和劳工抵抗，在茶叶商品的历史发展中都是相互依存的。然而，长期以来，关于茶叶的史学研究叙事一直将植物和种植园区隔开来，而我对阿萨姆地区的茶叶故事的综合研究表明，那些诱发疾病的病原体（包括植物和人类）、被践踏的法律、被抛弃的意识形态、被砍伐的森林和穷困的劳工等看似不同的现象，实则有着千丝万缕的联系。这样的综合研究，不仅让我们审视"伊甸园复苏"过程中出现的问题，还促使我们去探究这些问题是如何在不经意间出现的。

这种生态社会研究法（eco-social methodology）也揭示了有关茶叶研究的"现代性"叙事所蕴含的其他假设。追求茶叶发展被视作英国辉格派（Whiggish）和重农主义①（physiocratic）的"代表性产物"，被赋予了很多意识形态的和政治性的内涵。茶叶企业一贯标榜自身的"农业"特性，并援引了英国自从乔治三世②（George Ⅲ）和小皮特③（Pitt the Younger）统治以来，在农业相关问题上持续追求发展的政策话语。英国试图在印度殖民地塑造自身的良好形象，于是，茶叶种植园便成为英国改造自然的"责任"和"权利"的一部分。正如德雷顿所指出的，英帝国主义的核心理念是"殖民主义即是改良主义"（colonization as amelioration）。④ 英国所宣传的所谓的殖民地农业进步项目的现代性，恰好与这些政治权威话语以及"政府可以合法地扩大其权力的使命"的概念高度契合。⑤ 但是，针对

---

① 重农主义是 18 世纪启蒙时代的一群经济学家发展起来的一种经济理论。他们认为，国家的财富完全来自"土地农业"或"土地开发"的价值，农产品应该定价高昂，强调生产性劳动是国家财富的源泉。该理论起源于法国，在 18 世纪下半叶最为流行，被英国、法国、普鲁士等国家君主信奉——译者注。

② 乔治三世自 1760 年 10 月 25 日至 1820 年担任大不列颠及爱尔兰的国王，在任期间，他通过《1800 年联合法案》将大不列颠和爱尔兰统一为大不列颠及爱尔兰联合王国——译者注。

③ 全称为威廉·皮特（William Pitt the Younger），是英国政治家，皮特的首相任期正值乔治三世在位期间。自 1801 年 1 月起担任英国首相，于 1803 年 3 月卸任。1804 年起再次担任首相，任首相期间还担任财务大臣，被称为"小皮特"，以区别于他的父亲老威廉·皮特——译者注。

④ Drayton, *Nature's Government*, p. 92.

⑤ Drayton, *Nature's Government*, p. 89.

殖民地的现代化的农业项目，一些个人和机构，例如约瑟夫·班克斯①爵士（Joseph Banks）和邱园②（Kew Gardens），在相关问题上仅仅只能发表一些模糊的意见。例如，大卫·阿诺德曾经令人信服地指出，即使英国所宣传的"农业现代化信条"对印度殖民地的农民与农业产生了一定影响，也很难弄清楚这种影响究竟具体是什么。③ 阿诺德以印度农业和园艺协会（AHSI, Agricultural and Horticultural Society of India）为例，对该协会的作用进行了深入分析，进而质疑将印度次大陆的"进步"与英帝国主义简单相结合的说法。阿诺德表示，印度农业和园艺协会从表面上看，是为了促进进步和农业创新的福音理念而设立的，但它在园艺发展过程中的作用更多地停留在作为"实用信息的储存库"这一层面，而这些信息很少能够转化为政策改革举措或作为推动经验创新的主要力量。因此，阿诺德得出结论："正如德雷顿的论点所促使我们思考的那样，进步和帝国主义并不是完全同时发生的。"④ 同样地，历史学家理查德·格罗夫观察到，"殖民扩张和热带伊甸园的'功利主义'科学，往往与对地球退化和保护需求的关切共存"⑤。因此，格罗夫通过审视"早期殖民国家运作的异质性和矛盾性"，对生态帝国主义（imperialism）的"单一性评判"提出了质疑。⑥

　　本书并没有将茶叶作为"进步"力量的运作逻辑简单归因于少数个人或机构，甚至也没有将其归结为英国精心策划的殖民行政政策，本书认为，在很大程度上，所谓的"进步"力量是由一种在历史学上几乎被忽视

---

① 是一位英国博物学家、植物学家和自然科学的赞助人，1778 年担任英国皇家学会会长——译者注。

② 成立于 1840 年，是位于伦敦西南部的一座植物园，拥有世界上规模最大、种类最多的热带植物收藏——译者注。

③ David Arnold's critique of Drayton in "Agriculture and 'Improvement' in Early Colonial India: A Pre-History of Development," *Journal of Agrarian Change*, Vol. 5, No. 4（October 2005）, and Richard H. Grove, *Green Imperialism: Colonial Expansion, Tropical Island Edens and the Origins of Environmentalism, 1600-1860*（Cambridge: Cambridge University Press, 1995）.

④ Arnold, "Agriculture and 'Improvement'," p. 516.

⑤ 参见 Grove, *Green Imperialism*. 他还断言："表面上看，国家是出于经济和商业原因鼓励植物园的发展，但种植园始终包含着未言明的理念，即是说无论从植物学还是其他维度看，热带环境都应被视作需要被守护的乐园，大多数专业植物学家都热衷于保护它。"见《绿色帝国主义》（*Green Imperialism*），第 409 页。

⑥ Richard H. Grove, *Green Imperialism: Colonial Expansion, Tropical Island Edens and the Origins of Environmentalism, 1600-1860*（Cambridge: Cambridge University Press, 1995）. pp. 2, 7-8.

的、看不见的意识形态策略支撑的。就印度东部的茶叶而言，将茶叶视为"进步力量"的话语实际上是殖民母国"精心设计"出来的，这种话语的形成，源于英国声称有能力将"先天的植物状态与后天的植物培育过程"（nature and nurture）区别开来，并将不受监管的事物与人工改良的事物区分开来。换句话说，维持非人类的生态不确定性和人类的经济秩序之间的这种"割裂"状态，对于茶叶作为一种"进步"力量和现代主义议程的推进而言，具有至关重要意义。正如布鲁诺·拉图尔（Bruno Latour）所言，西方现代性的假设是基于两组实践话语之间的分割基础之上的：一方面，是将自然世界和人类世界视为一个混合网络；另一方面，则是它假定的批判能力，即从本体论的层面将两者分离。[①] 这种"双重分离"使得大量的后启蒙实践得以实现，例如殖民主义、帝国管理以及"前现代"与世俗、本体和现象的二分法运作等，拉图尔认为，"现代性"的构成从根本上依赖于这种分离，但又在某些方面拒绝承认自然与社会、人类与非人类、客体和主体之间的许多媒介和混合体的存在。[②] 我们援引拉图尔的批判立场，不仅是为了强调这些网络[③]，更是为了论证"进步"力量在种植园经济中的运作表现同样也是基于类似的"分离策略"：吸收、利用并经常制造无序，在大力宣传建立农业秩序的同时，又在实际操作中排斥有序。

接下来的章节会表明，茶叶企业对这种"分离"的尝试，充其量只是一厢情愿的想法，而在最坏的情况下，可能是一种行政、意识形态和园艺上的矛盾修辞。这是因为，茶叶企业不仅无法按照可预测的和可控的自然规则来进行生产，而且其经济上的成功依赖于以非法的方式操纵人类和非人类之间的鸿沟。正如第三章和第四章所探讨的那样，人类追求的所谓"秩序"，往往会导致自然处于一种不平衡的状态，这种现象对于农业现代

---

① Bruno Latour, *We Have Never Been Modern*, trans. Catherine Porter（Cambridge, MA：Harvard University Press, 1993），especially chapters 1 and 4. 另请参见 Donna Haraway, "The Promises of Monsters：A Regenerative Politics for Inappropriated Others," in Lawrence Grossberg, etal., eds., eds., *Cultural Studies*（New York, NY：Routledge, 1992），pp. 295–337, and Haraway, *Modest_Witness@Second_Millenium.FemaleMan©_Meets_OncoMouse^{TM}*（London：Routledge, 1997）.

② Latour, *We Have Never Been Modern*, especially chapter 2.

③ 我并不赞同拉图尔的所有式启发框架：其一，他对涉及"相对主义"的混杂式问题的分析是有问题的，正如对社会行动中的责任和问责制分析空间的缺失一样；其二，我对行动者–网络理论（Actor-Network Theory）的批评见第三章。

化的观念提出了更为强烈、更为严厉的批判。

因此，"无序"在这里并不仅仅是指茶叶种植园经济被"驯化"和被"改造"后的自然状态，它也不仅仅是为了表明茶叶农业的单一性经营对生态所造成的破坏性影响。如果说从沙漠荒野到人工开垦的花园的转变标志着资本主义的起源，那么接下来的章节则表明，农业现代资本主义在实现的过程中隐藏着许多看不见的"中间地带"和意识形态上的矛盾。[①] 在这里，"无序"是茶叶种植园企业运作模式中一个不可或缺的组成部分，它所涉及的层面远不止印度独立后对茶叶经济的接管，或者欧洲遗留下的种植园景观状况。因此，我有必要对"进步史学"中的一个核心史观提出疑问：启蒙运动的秩序，其初衷是否真的旨在改革殖民地的自然环境那种被视为"荒野"的状态呢？换句话说，在传统的解读中，本土原本存在的"无序"状态，一直被看作是英帝国主义行动的主要目标对象，然而，事实并非如此。但无论这种所谓的"改造"是否成功，"无序"的状态实际上从来都没有真正成为英帝国自我宣称的"进步"使命的一个组成部分。[②]

相反，本书认为"无序"是"进步"力量的盟友，而且是一种必不可少的盟友。正是由于在茶叶种植园的经营过程中，缺乏有效的监管或者法律的制约，所谓的伊甸园项目（本书中指的是植物资本主义）才得以成功。当然，这种"无序"给印度留下了一份充满"混乱"的遗产，例如，为了满足茶叶作物经济模式的需求，大量劳工被从遥远的地方迁移到阿萨姆地区，这往往违反了相关劳动法规的法律规定。[③] 拥挤和不卫生的生活条件导致了劳工的高死亡率，而从中国嫁接来的茶叶品种，在试图发展成为适合本土种植品种的过程中，虽然经过了更加"精炼"的培育，却导致了灾难性的市场后果。此外，茶叶行业由于经常逃避税收而未受到法律的惩罚，逐渐丧失了作为印度东部工业现代化先驱者的角色。例如，茶叶企业为了促进劳工招聘而践踏法律；通过操纵工资来降低成本；为了扩大种

---

① Carolyn Merchant, *Reinventing Eden*, p. 59; also Latour, *We Have Never Been Modern*.

② 例如，参见 Drayton 在 *Nature's Government* 中的观点；另请参见 Alfred Crosby, *Ecological Imperialism: The Biological Expansion of Europe, 900–1900* (Cambridge: Cambridge University Press, 1986)。

③ 正如印度中央立法委员会的一位种植园主代表在 1901 年所指出的那样："当苦力去花园工作时，他开始获得工资和开始生活，而在焦达那格浦尔（Chotanagpur），他只是生存。"引自 Behal and Mohapatra, "Tea and Money Versus Human Life," Introduction。

植面积而肆意砍伐森林、征用土地；并且还阻止政府干预茶叶事务。同时，茶叶的单一栽培模式导致了大量的茶叶害虫和昆虫的滋生。为了应对这一问题，茶叶种植者引进了昆虫学专家和杀虫剂来对付茶叶害虫，但这种做法反过来又导致了植物和人类的死亡。

本书中所提及的"无序"，既不是一种被贬低的生物状态，也不是一种被动的生态隐喻，它所代表的，是使茶叶种植园能够保持盈利和持续运转的经济手段、官僚策略、法律弹性和农艺操控。正是茶叶种植园相对较高的"生产能力"和"持续运转"的状态，导致了各种"不守规矩"现象的出现。"无序"和"伊甸园"之间的这种矛盾结合体，指的就是这一点。

这种研究方法也进一步丰富了关于帝国历史的讨论。[①] 帝国，作为一种复杂且多元的建构和实践，其发展脉络究竟是从欧洲流向其他属地呢？还是一种在思想、行动和结果之间进行的对话与交流？当学者们在更具体地研究英帝国时，围绕着理解英帝国的最佳视角展开了讨论。他们思考是否应当从"中心或边缘的有利位置"来理解英帝国[②]，或者说这些既定的范畴本身就需要重新思考。[③] 有学者提出疑问：难道帝国并非"驱动者"，而是全球历史中众多因素相互作用的产物吗？[④] 从帝国史向"新帝国史"叙事的转变，表明了学者们研究视角的转变。他们希望通过"文化视角"来审视帝国，其中代理人、话语、语言、少数民族、女权主义和底层民众等，都是"文化视角"的具体表现，而不是局限于贸易、商业和税收等传统的经济结构来研究帝国。[⑤] 毋庸赘言，"新帝国史"叙事受到了后结构主

① 请参阅杜巴·戈什撰写的关于"旧"和"新"帝国史的转变和转折的有益概述和参考文献：Durba Ghosh, "Another Set of Imperial Turns?" in *American Historical Review*, Vol. 117, No. 3 (June 2012): 772-793。

② William Beinart and Lotte Hughes, *Environment and Empire*, The Oxford History of the British Empire, Companion Series (Oxford and New York, NY: Oxford University Press, 2007).

③ Ghosh, "Another Set of Imperial Turns?" for an assessment of this historiographical shift.

④ Ghosh, "Another Set of Imperial Turns?" for an assessment of this historiographical shift, p. 782.

⑤ Antoinette Burton, "Thinking beyond the Boundaries: Empire, Feminism and the Domains of History," *Social History*, Vol. 26, No. 1 (2001): 60-71; Mrinalini Sinha, "Historia Nervosa or Who's Afraid of Colonial-Discourse Analysis," *Journal of Victorian Culture*, Vol. 2, 1 (1997): 113-122; Kathleen Wilson, "Old Imperialisms and New Imperial Histories: Rethinking the History of the Present," *Radical History Review* 95 (2006): 211-234; Catherine Hall eds., *At Home with the Empire: Metropolitan Culture and the Imperial World* (Cambridge: Cambridge University Press, 2006); Catherine Hall, ed., *Cultures of Empire—A Reader: Colonizers in Britain and the Empire in the Nineteenth and Twentieth Centuries* (Manchester: Manchester （转下页注）

义思想和后殖民主义理论的影响，但这种方法也招致了越来越多的批评，持批判态度的学者强调，在帝国史的研究中，不能忽视经验主义的"中心地位"，强调"回到档案中去"进行实证研究的必要性。如果对当代关于英帝国研究的学术成果进行总结，其带来的启示便是实证研究（empirical research），无论是作为一种研究方法，还是一种具有批判性的观点，实证研究都具有重要意义。正如历史学家杜尔巴·高希（Durba Ghosh）所说的那样，"它代表了长期以来的帝国史学叙事的另一种'转向'"①。

无论帝国的发展呈现出"离心式"的扩散模式，还是"向心式"的聚合模式，在19世纪中叶，各种强大的力量结合在一起，使得英帝国逐渐演变成一股致命的生物政治力量（bio-political force）。② 一系列因素推动了全球范围内人口、作物、植物群和景观的空间重新布局，诸如交通和通信的进步、技术的创新和工业化的快速发展、医疗和军事的进步，以及公众对英国既不生产也不拥有的消费品的需求不断上升等。如果说关于帝国种植园和茶叶工厂的研究，以及有关热带地区的环境转变等方面的研究涉及了"全球景观的重新布局"这一问题③，那么本书将在此基础上，从多个方面对这一问题进行探讨。首先，本书表明，全球热带地区的生态转型并不是殖民统治稳定发展的最终产物，它不应该被淹没在关于殖民地往来和劳工抵抗的档案废墟中而被忽视。我认为，商品资本主义在英帝国主义鼎盛时期所产生的巨大影响力，在那些受到其影响的殖民地社会和自然景观中依然清晰可见。从这个意义上说，本书属于帝国史学的研究范畴，它将帝国的命运视为一个"长期的"且持续的"毁灭"过程；④ 其次，本书试图通

（接上页注⑤）University Press, 2000）; Kathleen Wilson, *A New Imperial History: Culture, Identity and Modernity in Britain and the Empire, 1660-1840*（Cambridge：Cambridge University Press, 2004）. 另外可以参见 Clare Anderson, *Subaltern Lives: Biographies of Colonialism in the Indian Ocean World, 1790-1920*（Cambridge：Cambridge University Press, 2012）.

① Ghosh, "Another Set of Imperial Turns?" especially pp. 788-793.

② Corey Ross, *Ecology and Power in the Age of Empire: Europe and the Transformation of the Tropical World*.

③ 关于生态帝国主义中的热带概念，参见 David Arnold, *The Tropics and the Traveling Gaze: India, Landscape, and Science, 1800-1856*（Seattle, WA：The University of Washington Press, 2006）.

④ 最近关于这一观点的研究，参见 Ann L. Stoler, *Duress: Imperial Durabilities in Our Times*（Durham, NC：Duke University Press, 2016）; also Stoler, ed. , *Imperial Debris: On Ruins and Ruination*（Durham, NC：Duke University Press, 2013）.

过追寻阿萨姆地区在殖民地时期以及后殖民时期茶叶生产的历史，以探寻该地区的农业生态、社会生活和经济发展变化的痕迹。在阿萨姆地区，与茶叶害虫的长期斗争、持续的工人骚乱和较高的工人死亡率，甚至该地区所出现的种族不安和武装叛乱等现象，都鲜明地凸显了"生态社会"的复杂性和脆弱性，同时在提醒人们思考英帝国的形态是如何在其殖民统治结束后长期存在和传播的。① 本书还探究了帝国形态如何在其物质残骸中、在被毁坏的景观中以及在对当地人社会生活的破坏中持续存在的。②

最后，欧洲帝国主义对世界各个殖民地农业经济的剥削和掠夺，给当地生态环境造成了破坏。显然，阿萨姆地区茶叶的故事构成了这一全球环境史叙事的组成部分，以往学界从空间变化、环境因果关系、退化和保护，或是大都市和本土知识体系之间的关系等角度来研究茶叶生产及相关问题，但本书对此持谨慎的态度。③ 虽然书中的部分章节也涉及了这些问题，但本书旨在表明，就南亚帝国，尤其是印度最东部的边境地区而言，有关茶叶商品生产的生态社会计划的制定和实施，并不具备内在的可预测性、易辨认性和合法性。如前文所述，如果辉格党改良土地的信条为实践提供了一个至关重要的意识形态参考，那么在很大程度上，阿萨姆地区的茶叶生产实际上取决于法律、土地、景观、微生物、森林和劳动力等因素是如何被随意地操纵的。考虑到印度次大陆长期存在的耕作与迁移、定居和流动、生态多样性和政治权力结构这三重因素，"生物政治征服"（与殖民主义的其他方面一样）导致英国在印度的帝国治理水平呈现出显著的地域不均衡性。正如马赫什·兰加拉詹（Mahesh Rangarajan）所观察到的那样，"森林、三角洲和山坡的生态是非常复杂而且不可预测的，这足以让林业工作者、水利工程师和政府官员感到困惑，在不同地方生产的'壁

① Stoler, *Imperial Debris*, p. 5；有关茶叶在阿萨姆的当代遗产的讨论，请参阅结论。从这个角度来看，贾耶塔·夏尔玛（Jayeeta Sharma）的《帝国的花园》（*Empire's Garden*）也对有关帝国毁灭的研究做出了贡献，尽管她的专著并没有形成这样的理论。

② Stoler, *Imperial Debris*, p. 10. 另请参见凯瑟琳·鲁茨文对当代帝国社会民族志的呼吁。Catherine Lutz, "Empire Is in the Details," *American Ethnologist*, Vol. 33, No. 4 (November 2006)：593–611。

③ 贝纳特和休斯用这些类别来阐述他们的计划，参见 Beinart and Hughes, *Environment and Empire*, Introduction, pp. 1–21。

毯'都是不同质的，无论是帝国主义的还是民族主义的"①。正是在这种背景下，本书着重论证了"不受监管"（non-regulation）是茶叶生态系统和生产思潮不可或缺的组成部分。正是印度东部的茶叶商品帝国主义的"不受监管"，使得人们对茶叶生产过程中的"社会生态"的内容知之甚少，例如植物生态、栖息地管理、税收减免的诉求、与殖民政府和地区护林员谈判的权力冲突、逃避法律制度，以及以持续的利益为目标来控制病原体环境和人类生命等方面。

法律、疾病与混乱

法律在茶叶种植园中的作用并非单一的，尽管它与所有的茶叶种植园的经营密切相关，但它并不仅仅是制度结构和政治权威的"象征"，也不仅仅是管理和交涉"白人暴力"造成的困境的一种工具。② 在阿萨姆地区，法律规定所发挥的作用超越了单纯的"工具性"或"象征性"功能，它使得殖民地政府和茶叶企业陷入了一种令人不安的、具有两面性且时常自相矛盾的关系之中。虽然加尔各答政府经常利用法律来满足种植园主的各种要求，诸如土地征用、更严格的劳工管制、森林资源利用和免税政策等。但茶园的管理者们却经常对殖民地立法及政府监管提出指责。例如，政府制定的劳工福利目标不切实际，政府权力过度扩张且带有专制色彩，以及政府的某些政策在商业发展的道路上设置了经济和生态障碍。这种对法律条款时而"依赖"时而"规避"的态度，构成了阿萨姆地区种植园"不受监管"现象的一部分。

当然，政府的决策者和被统治者之间充满争议的法律关系并不是什么新鲜事。从东印度公司成立之初起，刑法就试图通过挪用，或者在许多情况下去除先前制定的规则、等级、地位和性别等法律规范，来重塑对被统

① Mahesh Rangarajan, "Environmental Histories of India: Of States, Landscapes, and Ecologies," in Edmund Burke Ⅲ, eds., *The Environment and World History*, Berkeley, CA: University of California Press, 2009, pp. 229-254.

② Elizabeth Kolsky, *Colonial Justice in British India: White Violence and the Rule of Law* (Cambridge and New York, NY: Cambridge University Press, 2010)。作者在文中对最后一个观点的阐释。

治者的"排他性主权"。① 如果东印度公司采用一种更加集中的机制来管理
它对被统治者的权力，那么可以说，英帝国的殖民野心并不完全依赖于
"传统"的权威。事实上，为了摆脱"开明专制"②（enlightened despotism）
的痕迹和残余，托马斯·巴宾顿·麦考利③（Thomas Babington Macaulay）
在1837年设计了《印度刑法典》（India Penal Code，简称IPC）这一刑事
立法草案④。该草案虽然直到1862年才开始实施，但它旨在与过去"决
裂"，它既非对既有法律制度的"简单汇编"，也非对旧体系的改良修补，
而是完全基于"法学的普遍原则"精心制定。⑤ 但是，正如拉迪卡·辛格
哈（Radhika Singha）所说的，这种标准化的法律理想在殖民地时期的印度
从未真正地实现。在殖民地时期的印度，法律的制定和颁布仍然是一个不
断重塑权力结构和使政治权威得以"合法化"的过程，也是不断建构统治
者与被统治者之间沟通方式的过程。⑥ 阿萨姆地区的殖民政府和茶叶游说
团体之间的许多往来，其中不乏违法行为，这些行为凸显了在监管和法治
问题上存在的冲突。

也有学者认为，麦考利编纂《印度刑法典》既不是英国政治哲学的体
现，也不仅仅是为了建立一种"国家统治"，而是对难以控制的"殖民主
义的第三面"（third face of colonialism）——即具有"非官方"性质的"白
人暴力"进行管理的一种尝试。⑦ 在这个论点中，法律赋予了英国人一种特
权，使其殖民暴行在一定程度上得以"正常化"。同时，法律又创造了一

---

① Radhika Singha, *A Despotism of Law: Crime and Justice in Early Colonial India* (New Delhi: Oxford University Press, 1998), p. viii.
② 又叫启蒙专制，也称开明专制主义，这一概念起源于欧洲启蒙运动时期。——译者注。
③ 麦考利是一位英国殖民主义者、议会议员、历史学家和辉格党政治家，1833年接受任命成为英属印度殖民地总督委员会的第一位法律成员，并在1834年至1838年间在印度最高委员会任职——译者注。
④ 《1837年刑法典》是由麦考利设计的刑事立法草案，当时，东印度公司的很多有关犯罪行为的规定与穆斯林法、印度教法和英国普通法相冲突，1834年，东印度公司成立了印度法律委员会，试图通过制定刑法来解决这一问题。该法典最终于1862年在印度颁布，随后被移植到英帝国的其他殖民地如海峡殖民地、锡兰、缅甸和肯尼亚等——译者注。
⑤ Cited by the Indian Law Commissioners to the Governor-General in Council, October 14, 1837 in *Parliamentary Papers 1837-1838*, Vol. 41, pp. 465-466, quoted by Singha, *A Despotism of Law*, p. 298.
⑥ Singha, *A Despotism of Law*, Preface.
⑦ Kolsky, *Colonial Justice in British India*, p. 8.

个让这些法外权力的行使受到挑战的话语空间。从这个角度来看，阿萨姆地区的种植园的劳动法律表面上是用来管理"遥远而动乱的边境"，实际上有效地制止了对苦力劳工所使用的"暴力管理"（包括性暴力），但对劳工来说，这是一种并不受法律约束的保护行为。①

正如劳工历史学家长期以来所争论的那样，政府的立法确实过于严苛。但容易被忽略的是，在政府和茶叶产业之间，法律的作用并不一定是单纯地为某一方提供某种权利，也并不总是对双方都有利。事实上，对于种植园主来说，法律上的便利和司法上的越权之间的界限往往非常模糊，尤其是在涉及劳工的健康和福利问题时。正如第四章所阐述的那样，这些法律不仅迎合了种植园主对更严格的劳工控制的要求，而且还详细规定了劳工的健康、福利、公共卫生和饮食规范等具体内容。但在此过程中，法律强调了劳工的身体健康和茶叶的利润率之间不可调和的矛盾关系。在种植园主的各种优先事项中，虽然疾病预防、劳工住房和营养供给以及卫生投资是排在末位的，但阿萨姆地区不断上升的劳工死亡率表明，在这方面和其他方面，违反法律的情况颇为普遍。茶叶企业经常指责一些法律过于"雄心勃勃"，在劳工福利方面制定了既不切实际又无利可图的目标和规范，进而认为这些法律破坏了茶叶事务原本"健康"的运行状态。必要时，政府会采取驳斥、偏袒或蔑视的态度来对待这些扭曲的医学法律的逻辑。在阿萨姆地区的种植园中，法律从来都不是一个稳定且可预测的权威参照。

蓄意的且往往带有权宜性质的管理失当，是阿萨姆地区的种植园劳工体系的一个典型特征。但正如前面所指出的，本书突破了有关对茶叶种植园中涉及工人剥削和资本-劳工对立问题的传统叙述。本书认为，除了直接的人身控制外，劳工的生活还受到多方面的影响和操纵。例如，就劳工健康这个问题而言，死亡率不仅仅是一个出于本能的、专横的种植园主制度的必然结果②，它与法律、流行病学、病媒环境以及茶叶种植园中暴力的谈判方式等密切相关。同样地，当涉及劳工的法定工资时，种植园主往往会谨慎地"解读"法律，巧妙地避开本应该给予劳工的"有保障的"最低工资。这种看不见的、不受监管的法外政策导致了劳工的持续贫困，这

① Kolsky, *Colonial Justice in British India*, p. 158.

② Rana P. Behal and Prabhu P. Mohapatra, "Tea and Money Versus Human Life: The Rise and Fall of the Indenture System in the Assam Tea Plantations 1840-1908."

再次表明，法律是导致阿萨姆地区的种植园陷入"无序"状态的"参与工具"。只要有利可图，种植园主就会援引或侵犯法律。事实上，根据不同的情况，种植园的管理人员、医务人员、茶叶专家、林务人员、行政人员和劳工专员可以"快速地"重新设计或改造法律、践踏或侵犯法律、赞美或诋毁法律。因此，就其职权范围而言，阿萨姆种植园的法律体系既发挥着作为治理架构的最大功能，也承担着充当贸易权宜工具的最小化效用。在大多数情况下，这两种功能是并行不悖的，但正如我们将要看到的那样，这两个功能之间也经常发生冲突。

因此，法律在阿萨姆地区的种植园中的话语、意识形态和工具性等作用远不止有助于官方的或者非政府的党派议程那么简单。在这种情况下，司法功能及其法律之外的表现形式扩展到了景观和劳工管理、卫生和农艺学、国家权力和种植园诉讼，甚至文学戏剧等层面。①

当然，生态社会失调的原因并不仅仅限于人类的操纵。与詹金斯此前提出的建议一样，在追求土地的盈利能力以及农业价值的过程中，荒地被不断地以抛售或仅仅收取名义价格的方式分配给生物勘探者。那些歧视性的土地掠夺和税收政策，对阿萨姆地区的私人土地所有权结构、移民数量变化、未开垦但被封锁的土地的现状，以及疾病环境都产生了连环影响。阿萨姆地区的农民和土地之间的财产关系，也随着1864年政府新的造林计划而发生了显著变化，这种变化中蕴含的历史讽刺意味值得我们注意。事实上，新成立的印度林业部原本肩负着保护和管理林地的使命，但这一使命在印度东北部被剥夺了，原因在于詹金斯推行的慷慨农业政策，早就已经将大部分土地分配给了茶叶公司。这种政策的不合理性导致了林务员和种植园主之间的关系变得极为复杂。他们时而因利益冲突而充满争执，时而因相互利益而彼此依赖，甚至还会进行非法交易，这种现象，无疑是茶

---

① 例如，考虑到其他因素，1874年，达克欣纳查兰·查托帕迪亚（Dakshinacharan Chatto-padhyay）在其孟加拉剧本《茶园镜像戏剧》（Cha-Kar Darpan Natak）中，对阿萨姆种植园的暴力和严酷生活进行了严厉批评，这一批评导致了次年《戏剧演出法》（The Dramat-ic Performances Act）的颁布。参见 Pramila Pandhe, ed., *Suppression of Drama in Nineteenth Century India*（Calcutta: India Book Exchange, 1978）；Tanika Sarkar, *Rebels, Wives, Saints: Designing Selves and Nations in Colonial Times*（New Delhi: Permanent Black, 2009）; and Arnab Dey, *Of Planters, Ecology, and Labor: Plantation Worlds, Human History and Nonhuman Actors in Eastern India (Assam), 1840-1910*, unpublished PhD dissertation（Chicago: University of Chicago, 2012），第一章是对该戏剧及其历史背景的讨论。

叶种植园"不受监管"的历史的一部分。

两种主要的茶叶病原体——茶虱（茶蚊虫）和叶螨（或称茶螨），以及三种人类杀手——疟疾、霍乱和黑热病，共同构成了茶叶种植园的"混乱"形象的核心要素。虽然说人类流行病学（human epidemiology）已经受到了现有学术研究的广泛关注，但茶叶害虫生物学（tea pest bionomics）在很大程度上被社会科学家和历史学家所忽视，这实在令人惊讶且遗憾。因为无论是人类还是植物所处的疾病环境，其各个组成部分之间密切相关，并且是在茶叶企业独特的生态、法律和政治经济结构下产生的。事实上，茶叶种植园中持续存在的茶叶虫害问题，凸显了"植物管控"（botanical mastery）的局限性，而"植物管控"正是自19世纪40年代以来支撑茶叶企业的意识形态基础。当然，茶叶虫害的存在也提醒了种植者，茶叶种植数量的增加并不能自动地保证利润的提高。虫害会降低茶叶的口感和产量，尽管茶叶企业不遗余力地宣扬自身在印度东部所拥有的技术科学"专业知识"方面的优势，但茶叶虫害仍然是茶叶企业极为强大且令人畏惧的生态竞争对手。

茶文化："农业想象"与来源问题

Culture，名词

1. 土地耕种和理智的获得。

2a. 一种植物或作物的种植或培育。

7b. 以特定品质或事物为特征或与之相关的生活方式或社会环境；认同或归属于某些具有特定特征的人群。[1]

这项对阿萨姆地区的种植园的研究，与地理学家朱莉·古斯曼对"农业想象"所提出的批评存在一些有趣的相似之处。朱莉·古斯曼将"农业想象"的起源追溯至托马斯·杰斐逊[2]（Thomas Jefferson）等人的著作中，

---

[1]　*Oxford English Dictionary*, Third Edition, June 2008.

[2]　美国的政治家、外交家、哲学家和开国元勋，曾于1801年至1809年担任美国第三任总统，也是美国《独立宣言》的主要起草者。杰斐逊具有强烈的"重农抑商轻工"思想，他所追求的理想是使美国成为一个以农立国的、以小农为主体的、充满人情味的、牧歌式的农业共和国——译者注。

古斯曼认为杰斐逊所倡导的"田园式愿景"，将耕种者和土地之间的关系颂扬为一种本质上的救赎关系，而这种被赋予"正义性"的叙事，经常被不加批判地应用于美国的替代性农业实践。在谈到有机农业和消费习惯时，古斯曼认为，有机农业所宣扬的"益于身心健康"的消费观念，即使没有被掩盖，也无法消除其对工业化、周边地区和种族劳动力，尤其是来自拉丁美洲国家的劳工的严重依赖。① 最近，一项针对印度东北部大吉岭茶园的研究对古斯曼的观点进行重新审视与调整，提出了"第三世界的农业想象"的论点。该论点认为，这是对后殖民地时期类似的不加批判思想的一种归纳总结。② 在"第三世界"的表象之下，公平贸易的支持者、印度茶叶委员会的官员、大吉岭地理标识的捍卫者，以及该地区民族自决运动（指廓尔喀兰运动③）（Gorkhaland Movement）的倡导者等各类群体，都在呼吁"回到一个虚构的、遥远的过去，一个茶叶种植园社会已经背离了的过去"。④ 在这些想象中，种植园重新定位为一个已经遭受生态损害的"场所"。而种植园主、廓尔喀兰活动家、大吉岭地理标识的捍卫者与公平贸易的支持者等人，则承诺利用"仁慈"与"环境管理"来修正和弥补这些损害。本书的研究认为，这些倾向不仅掩盖了劳工（尤其是女性劳工）在日常的茶叶制作和生产工作中遭遇的许多待遇不公平现象，也在一定程度上助长了这些不公正现象的发生。本书表明，在大吉岭种植园世界中，很多可容忍和不可容忍的现象，以及正义的和非正义的问题，

① Julie Guthman, *Agrarian Dreams: The Paradox of Organic Farming in California* (Berkeley, CA: University of California Press, 2004).

② Sarah Besky, *The Darjeeling Distinction: Labor and Justice on Fair-Trade Tea Plantations in India* (Berkeley, CA and London: University of Berkeley Press, 2014).

③ 这是一场旨在为讲尼泊尔语的印度人在西孟加拉邦的廓尔喀兰地区建立一个独立于印度的国家的运动。自 1907 年以来，廓尔喀兰人一直要求从西孟加拉邦分离，他们认为自己在文化和种族上与西孟加拉不同。1909 年开始，大吉岭山区居民协会（Hillmen's Association of Darjeeling）就提交了明托·莫利改革备忘录（Minto-Morley Reforms），要求建立一个独立的行政单位，之后冲突不断。1986 年，苏巴斯·吉辛格（Subhash Ghisingh）领导的廓尔喀民族解放阵线（Gorkha National Liberation Front）发起了一场新的暴力运动，要求建立廓尔喀邦。在印度境内建立一个名为廓尔喀兰的国家造成的冲突导致 1200 多人死亡。这场运动最终致使 1988 年成立了一个半自治机构，称为大吉岭廓尔喀山理事会（Darjeeling Gorkha Hill Council），该理事会以一定程度的自治权对大吉岭山区进行了 23 年的管理——译者注。

④ Sarah Besky, *The Darjeeling Distinction: Labor and Justice on Fair-Trade Tea Plantations in India* (Berkeley, CA and London: University of Berkeley Press, 2014), p. 30.

并非仅仅通过劳动和资本之间的"道德经济"的对抗形成的，实际上，它们是通过劳工、管理者和农业环境之间的相互作用形成的。[①] 本研究以对契约劳工、茶园管理者和农业环境这种"三方"道德经济的人种学研究为基础，考察了劳工自身针对种植园而制定的本土化战略、关系、愿景和选择。[②]

如果有机会对阿萨姆地区尤其是有机阿萨姆茶（organic Assam Tea）展开类似的批评，尽管本文并没有实际进行此项研究，那么就有必要针对"第三世界的农业想象"（Third World agrarian imaginary）和"三方道德经济"（tripartite moral economy）这两个新颖的概念提出几点警示。首先，不加批判地接受公平贸易的救赎叙事，可能会引发历史时代不合时宜的问题。无论是在北美、阿萨姆地区，抑或大吉岭地区，尽管这些地区有机农业的兴起可能重新激起了"田园牧歌式"的愿景，但这些愿景绝不是当下的真实表征。正如本书所阐述的那样，印度东北部茶叶制造的殖民历史中，充斥着一种"回归自然"的声音。这种声音具体表现为两种形式：一种是"种植者即农民"的美好愿景，另一种则是"种植园即家庭"的温情话语。事实上，正如理查德·格罗夫令人信服地指出的："在新旧世界对热带伊甸园的商业开发进程中，耕种者和土地之间这种浪漫化的关系一直存在。"[③] 以阿萨姆茶为例，这些"想象"要比有机农业产品营销时代的出现早了数百年之久。因此，为了更准确地讨论这些想法，我选用"文化"（culture）一词来代替"想象"（imaginaries），这里的"文化"一词具有双重意义。正如前文对该词语的释义，它一方面指阿萨姆地区的茶叶种植的实践（对应前文的 1 和 2a）；另一方面，它也指茶叶企业的制度特征和政治经济形式（对应前文的 7b）。如果后续的章节能够揭示这种"文化"中看似外在的因素（如茶虫、法律、税收、民族主义政治）与其内在的组成要素（如土地所有制、劳工政策和茶叶农艺学）之间存在"不受管制"的、无序的关系，那么本书的任务就是将"文化"的这两个方面结合一起

[①]　关于这一主题的经典著作是 James C. Scott, *The Moral Economy of the Peasant: Rebellion and Resistance in Southeast Asia* (New Haven, CT: Yale University Press, 1976).

[②]　Besky, *The Darjeeling Distinction*, chapter 2, pp. 59-87.

[③]　Richard H. Grove, *Green Imperialism: Colonial Expansion, Tropical Island Edens and the Origins of Environmentalism, 1600-1860.*

进行论证。

其次，本书对"三方道德经济"是否有助于阐明劳工、管理层和农业环境之间的联系提出了质疑。与前文所讨论的问题类似，这些关系往往蕴含在复杂的物质、社会和生态环境之中。当然，茶叶经济本身就是生态的产物，而生态则构成了本书评估阿萨姆地区的种植园劳动生活的一部分。为此，对茶叶劳工"道德经济"的第三个（或第四个）决定因素进行分析时，可能会再次呈现出以植物为一方、以种植园为另一方，以殖民地农业实践为一方、以后殖民政策为另一方的双重二元对立结构。

最后，我们要讨论的问题是：代表性劳工是如何看待茶叶种植园的生活的。当然，如果对这一问题进行进一步的引申，就引出了本书的资料来源问题和本书针对该问题的探讨方式。贝斯基（Besky）在对大吉岭的研究中曾声称，"'三方道德经济'框架有助于我们了解'劳工自己是如何将种植园理解为一种社会和生态形式的'"[1]。但是，一个值得关注且奇怪的现象是：无论出于何种目的，在众多的政府和非政府的报告、信函和回忆录中，有关阿萨姆地区的种植园的劳工生活的内容要么被刻意抹去，要么总是被掩盖。当碰到这样的现象时，我们该如何开展研究？套用一个经典的说法——在我们的殖民地历史中，存在着诸如"可怜的袜子匠""反对新技术的庄稼汉"或"过时的手工织布工"这样的群体，在历史的洪流中，这些人要么被遗忘在历史角落无人问津，要么被认为无论是身体还是智力都充满了"孩子气"。面对这样的历史困境，我们究竟该如何"拯救"他们呢？[2] 虽然我试图通过介于官方和非官方之间的反向叙事方式，努力去"恢复"他们的历史存在和观点[3]。需要说明的是，这项研究工作并未采用"口述史"的研究方法，进而避免了将当代劳工的证词作为衡量或反映过去"真相"的标准，也避免了带着这些

---

[1] Richard H. Grove, *Green Imperialism: Colonial Expansion, Tropical Island Edens and the Origins of Environmentalism, 1600-1860*, p. 3.

[2] E. P. Thompson, *The Making of the English Working Class* (New York, NY: Vintage, rpt. 1966), Preface; 本书在第三章和第五章中详细介绍了这一难题。另请参见卡罗琳·斯蒂德曼就这一问题对汤普森这一作品的评论：Carolyn Steedman, *Master and Servant: Love and Labour in the English Industrial Age* (Cambridge: Cambridge University Press, 2007)。

[3] 拉纳吉特·古哈早期在研究中对这一方法的呼吁：Ranajit Guha, "The Prose of Counter-Insurgency," in Ranajit Guha, eds., *Selected Subaltern Studies* (New Delhi: Oxford University Press, 1988), pp. 45-88。

带有"先入为主"观念的当代劳工证词去重新解读档案记录。① 例如，在本书第六章论述 1920~1921 年秋茶叶种植园发生的大规模工人抗议活动的相关内容时，我们的关注点并不是劳工在抗议活动中的感受或想法，因为我们几乎无法了解他们的心态或真实心声，我们更多关注的是抗议活动所揭示的农艺学、法律和工资操纵之间的管理联系。事实上，阿萨姆地区的种植园的劳工反抗，无论是以抗议、出逃、旷工还是以直接暴动的形式呈现，凸显的都不仅仅是他们在走向无产阶级化过程中的表象。

因此，本书对所谓"精英阶层"的相关资料资源的依赖，并不是对材料的选择性使用。同样，如果当地农民、种植园官员以及与茶叶行业有关的"平民"在本书中很少出现，这并不是因为他们无关紧要或与我们讲述的故事无关。虽然很多关于底层劳工或者当地民众对阿萨姆地区的种植园的反应的故事已经被反复讲述过②，但本书有着更独特的研究目的，那就是发掘土地、劳动力和景观之间，茶叶与风土条件之间，意识形态和物质影响之间，以及印度东北部茶叶与经济、社会、法律和环境之间等新的、此前尚未被探索的联系。事实上，读者会注意到，在 19 世纪和 20 世纪初的大部分时间里，如果不是为了满足茶叶企业的商业野心，当地人参与种植园的日常经营的行为是受到了严格的限制。归根结底，如果说茶叶及由其带来的所谓"进步"体制（improving regime）是一位辜负了当地阿萨姆人的愿望和情感的"失败的上帝"③（God that failed），那么本书要提醒读者的是，它不仅给数百万相关人员的生活和肢体带来了困扰，也给孕育其成长和成功的土地上的树木和地形造成了麻烦。本书强调了这些问题的殖民起源，以及它们延续至今的特点。

第一章概述了茶叶悠久的"帝国血统"（imperial pedigree），以及第一

---

① 请参阅盖亚特里·斯皮瓦克早期对挖掘"次等地位"意识和档案在定位主体性方面的疑虑：Gayatri Spivak, "The Rani of Sirmur: An Essay in Reading the Archives," *History and Theory* 24.3 (1985): 247-272。她对这一问题的经典阐释见下文，"Can the Subaltern Speak?" in Cary Nelson and Lawrence Grossberg, eds., *Marxism and the Interpretation of Culture* (Urbana, IL: University of Illinois Press, 1988), pp. 271-313。

② 请参阅前文一些作者关于此问题的讨论：Amalendu Guha's *Planter Raj*, Jayeeta Sharma's *Empire's Garden*, 以及第 4 页脚注 6 中大量作品关于阿萨姆茶叶劳工的讨论。

③ 引自贾耶塔·夏尔玛（Jayeeta Sharma），参见其著作《帝国的花园》（*Empire's Garden*）第 13 页和第一部分的内容。

次鸦片战争期间茶叶在英属东印度被"发现"的过程。第二章通过考察19世纪末20世纪初印度政府和种植界之间旷日持久的茶叶所得税辩论，对"茶叶发现"背后所蕴含的植物学、科学的必胜信念和进步力量等意识形态及其诸多矛盾等问题进行了研究。在第三章中，宏观经济问题被更为紧迫但鲜为人知的微观生态学问题所取代。本章将植物和种植园紧密结合在一起，讨论了茶叶虫害及其对茶叶生产、劳工生活、茶叶利润以及植物学"专业知识"所产生的多方面的影响。第四章着重讨论了三种在茶叶种植中肆虐的人类疾病，即霍乱、疟疾和黑热病，这些疾病在茶叶种植园中造成了惊人的高劳工死亡率。与传统的以治疗学和公共卫生为中心的流行病学解释不同，本章认为，在对阿萨姆地区的种植园的劳工健康和发病率进行评估时，需要综合考虑致病性、牟取暴利性和合法性等多方面因素。第五章揭示了森林部门和茶叶企业之间的关系，通过展示这两个主要资源利益相关者的财政需求，我们能够清晰地看到英属东印度的"科学林业"模式在利益驱动下进行了非同寻常的、且不受法律监管的调整。在第六章中，我们将目光转向了下一个世纪，随着生态学和经济学的融合，茶叶成为一种高度政治化的植物。在甘地首次发出"不合作运动"的呼吁的背景下，本章研究了1920年至1921年在阿萨姆地区的种植园爆发的一系列工人抗议活动。与现有研究侧重于劳工抗议活动的因果解释不同，本章将注意力转移到考察一种特殊的茶叶"商业文化"，它以法律、作物农艺学和工资篡改为中心特征。通过深入分析，我们能够了解这种"商业文化"是如何在劳工罢工的准备阶段造成工人的贫困和愤怒的。结论部分表明，本书探讨的茶叶的殖民主义起源所带来的农业经济、社会、生态成本与后果，至今仍然清晰可见。

第一章

种植帝国

茶叶的发现具有深远的影响，其重要性不亚于大自然之手将茶树这种灌木种植在大不列颠的广阔领土上。这一发现无疑对国家的命运产生了重大影响，它必将改变很多人的就业状况，同时，茶叶的发现也将改变商业的发展潮流，唤醒一个强大国家潜藏的农业活力。[①]

茶叶并非一种普通的植物。关于"野山茶树"被西欧帝国所掌控的历史，可以追溯到两千多年前，其命运与个人野心、宫廷阴谋、海洋贸易和帝国欲望的兴衰密切相关。关于茶叶的传说素材众多，其中既有口述记录的，也有想象虚构的。本章将探寻茶叶的早期历史，直至它于19世纪中叶在英属印度最东部的角落被"发现"。[②]

塞缪尔·鲍尔（Samuel Ball）指出，最早的关于茶的传说可追溯至公

---

① G. G. Sigmond, *Tea: Its Effects, Medicinal and Moral* (London: Longmans, 1839), p. 144.

② 参考了以下研究中关于茶叶起源的描述：William H. Ukers, *All About Tea*, Vol. I (New York, NY: The Tea and Coffee Trade Journal Company, 1935); Samuel Ball, *An Account of the Cultivation and Manufacture of Tea in China* (London: Longman, Brown, Green, and Longmans, 1848); Samuel Baildon, *Tea in Assam: A Pamphlet on the Origin, Culture, and Manufacture of Tea in Assam* (Calcutta: W. Newman & Co., 1877); Samuel Phillips Day, *Tea: Its Mystery and History* (London: Simpkin, Marshall & Co., 1877); David Crole, *Tea: A Text Book of Tea Planting and Manufacture* (London: Crosby Lockwood and Son, 1897); Sir Percival Griffiths, *The History of the Indian Tea Industry* (London: Weidenfeld and Nicolson, 1967); J. Ovington, *An Essay upon the Nature and Qualities of Tea*, Second edition (London: Printed for John Chantry, 1705), and William T. Rowe, *China's Last Empire: The Great Qing* (Harvard, MA: Belknap Press of Harvard University Press, 2009), especially chapter 5。

元前 2737 年左右，当时的中国皇帝神农氏（Shen Nung）在其撰写的《本草经》（*Pen Ts'ao*）中提到了茶。① 然而，鲍尔很快就评论说："这是一个错误的说法，因为这本小册子是在公元 25 年至 221 年的东汉时期创作的，而有关茶的文献引用是在公元 7 世纪'茶'一词开始使用后才开始的。"② 威廉·乌克斯（William Ukers）在其百科全书式的著作中指出，关于茶的"最早可靠记载"可能出现在公元前 4 世纪的秦朝。③ 不过，也有人持不同的观点，认为在基督教时代的第三个世纪之后，关于茶叶植物的参考文献变得越来越多，这种说法"似乎更加可信"。④ 无论如何，到公元 5 世纪，我们发现茶叶开始被作为一种物品被用于"交易"。乌克斯指出，在南朝宋（420~479 年）蒋侗的《蒋氏家谱》中，醋、面条、白菜和茶叶的销售被视作政府威严的一种体现。⑤

如果说这些记载很好地体现了茶叶的药用特性，那么到公元 6 世纪之后，中国的一些文献资料中已经提到了茶叶向"提神饮料"的转变。公元 780 年，中国著名的茶叶专家陆羽出版了一本专著，他对茶叶的园艺等各个方面进行了详细的评论。据报道，到两宋（960~1279 年）时期，茶叶饮料已在中国所有省份广泛流行开来。尽管这些记载及相关情况在历史证据的可信度方面存在一定的欠缺，但人们普遍认为茶叶的种植、贸易和使用的"起源地"是中国。然而，关于茶叶的植物学起源却存在很多争议。⑥ 例如，塞缪尔·拜尔顿认为，茶叶植物大约在 1200 年前从印度传入中国和日本。⑦ 然而，珀西瓦尔·格里菲斯爵士在他的《印度茶业史》中认为，茶叶原产于中国本土，尽管他也同意日本方面的相关观点。⑧ 尽管有这样不同的说法，但对茶叶植物起源这一问题给出明确的结论几乎是不可能的。植物学家科恩·斯图尔特坦言，尽管存在不同观

① Ball, *An Account of the Cultivation and Manufacture of Tea in China*, p. 1.
② Ukers, *All About Tea*, 其中第 2 页对这一辩论的讨论。
③ William H. Ukers, *All About Tea*, Vol. I, p. 2.
④ William H. Ukers, *All About Tea*, Vol. I, p. 3.
⑤ William H. Ukers, *All About Tea*, Vol. I, p. 3.
⑥ William H. Ukers, *All About Tea*, Vol. I, p. 3.
⑦ Baildon, *Tea in Assam: A Pamphlet on the Origin, Culture, and Manufacture of Tea in Assam*, pp. 8-10; 另外请参见 Ukers, *All About Tea*, p. 6。
⑧ Griffiths, *The History of the Indian Tea Industry*, p. 7.

点，但这个古老谜团的答案可以在中国边境的"大自然"中找到——比如"神秘的西藏高原，以及云南南部和印度支那半岛那些鲜有人涉足的丛林"。[①] 学者有时也会从生态学的角度对茶叶的植物学根源做出解释。[②] 例如，南亚和东南亚的季风地区，因其理想的土壤、气候、地形和降雨量，为野生植物、本土植物和杂交植物的自然繁殖创造了条件，形成了所谓的"原始茶园"。

目前，学界普遍认为，茶叶大约在 1610 年传入欧洲，当时是荷兰人将其带到了欧洲海岸。不过，关于茶叶植物的文字记载最早出现在 1559 年左右，当时，威尼斯[③]作家詹巴蒂斯塔·拉穆西奥（Giambattista Ramusio）在其著作《航海与旅行》（*Navigatione et Viaggi*）中提及了茶叶植物。[④] 拉穆西奥被誉为"威尼斯的哈克卢特"[⑤]（Hakluyt of Venice），据说他是通过波斯旅行者兼商人哈吉·马霍梅德（Hajji Mahommed）介绍而了解茶叶的。葡萄牙人在 1497 年通过好望角开辟了一条快速而高效的贸易路线，使得欧洲商人（当时由葡萄牙人主导）更密切地接触到东方的"茶叶文化"（cultures of tea）。

此后，葡萄牙商人、天主教传教士和旅行者们将茶叶的传说、故事和魅力带到了欧洲和其他地区，从 1516 年的马六甲到澳门，再到 1540 年的日本。随着茶叶这种珍贵饮料在欧洲的传播，一场围绕茶叶的竞争也即将拉开帷幕。1560 年，天主教神父加斯珀·达·克鲁兹（Father Gasper da Cruz）从中国归来后，出版了第一本关于茶叶的葡萄牙语笔记。[⑥] 同样，在 1565 年路易·阿尔梅达（Louis Almeida）神父出版了一部用意大利语创

---

① William H. Ukers, *All About Tea*, Vol. I（New York, NY: The Tea and Coffee Trade Journal Company, 1935）, pp. 6-7.

② 参见 William H. Ukers, *All About Tea*, Vol. I（New York, NY: The Tea and Coffee Trade Journal Company, 1935）, 文中阐述了这一观点。

③ 意大利东北部著名的旅游与工业城市，在公元 810 年至 1797 年是威尼斯共和国的首都。13 至 17 世纪末，威尼斯成为欧洲丝绸、谷物和香料等商品的重要商业中心，甚至还被认为是第一个真正的国际金融中心——译者注。

④ Griffiths, *The History of the Indian Tea Industry*, pp. 14-18; Ukers, *All About Tea*, p. 23.

⑤ 理查德·哈克卢特（Richard Hakluyt）是英国 16~17 世纪著名的地理学家、航海家和作家。他因发表的作品促进了英国对北美的殖民化而闻名。这里将詹巴蒂斯塔·拉穆西奥比作"威尼斯的哈克卢特"，旨在强调拉穆西奥作为探险家和航海家的身份属性——译者注。

⑥ Griffiths, *The History of the Indian Tea Industry*, p. 24.

作的著作，记录了他在日本的饮茶体验。① 两年后即 1567 年，俄罗斯旅行者伊万·彼得罗夫（Ivan Petroff）和布尔纳什·亚利谢夫（Boornash Yaly-sheff）不经意间指出"茶树是中国真正的奇迹"。② 在整个 16 世纪和 17 世纪，意大利、葡萄牙、法国和荷兰的旅行家和传教士的记载中都有关于茶叶的叙述，这些叙述风格各异，或丰富广泛，或娓娓道来，或寥寥数语。虽然这段历史的方方面面无需在此赘述，但需要注意的是，这些小册子中均提到了茶叶广泛的疗效、药用价值和提神效果。换句话说，这些茶叶文献在介绍茶叶益于身心健康的同时，还穿插了对茶叶在东方社会、植物和商业交往的细节的深入探讨。1653 年，亚历山大·德·罗德斯神父（Father Alexander de Rhodes）在其出版的《航海与传教》（*Voyages et Missions Apostoliques*）中指出，中国人长寿且健康状况良好，这在很大程度上得益于他们普遍饮用的"茶"（tay，爱尔兰方言，意为茶）。③

在这一时期，茶叶的流通和交换主要得益于教会人士和航海家的活动。直到 1596 年左右，葡萄牙人在商业海上航线上占据主导地位，他们将从东方获取的战利品带回欧洲。与此同时，荷兰船只则负责将货物从里斯本④运往法国、荷兰和波罗的海的各个港口。1596 年，荷兰航海家扬·哈伊根·范·林斯霍滕（Jan Hugo van Linschooten）在描述其航海经历时，首次在荷兰语中提及茶叶（荷兰语，thee），这一描述在 1598 年被翻译成英语，称为"茶"（英语，chaa）。⑤ 随着荷兰人在商业领域巩固了他们的地位，特别是在 1602 年成立了荷兰东印度公司（Dutch East India Company, VOC）之后，荷兰帝国开始与英国展开竞争，而英国也涉足了利润丰厚的香料贸易。虽然我们无意深入探讨英荷两国在印度洋沿岸展开的香料贸易竞争的具体细节，但其中与茶叶故事重叠的内容却是相当有趣的。

---

① Griffiths, *The History of the Indian Tea Industry*, p. 25.
② Griffiths, *The History of the Indian Tea Industry*, p. 25.
③ Griffiths, *The History of the Indian Tea Industry*, p. 27.
④ 里斯本是南欧国家葡萄牙的首都，西濒大西洋，是典型的海洋城市。在 16 世纪的大航海时代，里斯本是当时欧洲最兴盛的港口之一——译者注。
⑤ Griffiths, *The History of the Indian Tea Industry*；另请参见 Robert Parthesius, *Dutch Ships in Tropical Waters: The Development of the Dutch East India Company (VOC) Shipping Network in Asia, 1595-1660* (Amsterdam: Amsterdam University Press, 2010)。

1623 年，因争夺领土权而发生的"安博伊纳大屠杀"①（Massacre of Amboyna），使得 1600 年成立的英国东印度公司（English East India Company，EIC）不得不承认荷兰对香料岛的主权，并承诺撤退到印度次大陆和毗邻地区。原本，根据 1651 年的《航海法》②（Navigation Act of 1651），抵达英国的茶叶必须由英国船只运送。然而，大约在 1657 年，英国市场上出现的首批茶叶却全部来自荷兰。据记载，英国东印度公司首次大规模进口茶叶是在 1669 年，当时有 143.5 磅茶叶从爪哇的万丹（Bantam）运往伦敦。③ 在随后的两个世纪里，欧洲列强围绕茶叶的竞争愈发激烈。

实际上，茶叶在不列颠群岛的早期历史颇为坎坷，充满了争议和不同观点。尽管关于茶叶饮料的首次书面记载可以追溯到 1598 年的《林斯霍滕游记》（Linschooten's Travels），这是一本荷兰语著作的英译本。但苏格兰医生托马斯·肖特（Thomas Short）认为，茶叶可能在詹姆士一世④（James I）统治时期就已经为人所知，因为第一支东印度舰队是在 1601 年左右出航的。⑤ 虽然这些说法尚无定论，但值得注意的是，英属东印度公司并未采取更为有利的策略与荷兰在茶叶贸易方面展开竞争。1660 年 9 月

---

① 16 世纪，香料贸易在整个欧洲都在增长。1602 年，荷兰政府赞助成立荷兰东印度公司，以稳定荷兰香料贸易的利润并形成垄断地位，第一个永久性的荷兰贸易站于 1603 年在印度尼西亚的西爪哇建立，从 1611 年至 1617 年，荷兰东印度公司与英国东印度公司在印尼的香料贸易中展开了激烈争夺。1623 年，在印度尼西亚马鲁古省，荷兰东印度公司特工指控 21 名男子叛国罪（其中 10 人为英国东印度公司服务，另外还有日本和葡萄牙商人），并对其实施酷刑和处决，史称"安博伊纳大屠杀"。这是英国东印度公司和荷兰东印度公司在香料方面激烈竞争的后果，此后，英国东印度公司将香料贸易站从印度尼西亚转移到了亚洲其他地区，而荷兰东印度公司最终控制了整个亚洲的香料贸易——译者注。

② 全称为《一项增加航运和鼓励国家航海的法案》（An Act for Increase of Shipping and Encouragement of the Navigation of the Nation），于 1651 年 10 月 9 日由英国议会通过，它授权英联邦管理英格兰的国际贸易以及与其殖民地的贸易，强化了英国贸易和渔业应该由英国船只运输的政策原则。该法案的内容包括禁止外国船只从亚洲、非洲或美洲向英国或其殖民地运输货物，允许欧洲船只进口自己的产品，但禁止外国船只从欧洲其他国家的第三国向英国运输货物等。这些规则是针对荷兰人的，基本上将荷兰人排除在与英国的所有直接贸易之外，因为当时荷兰人控制着欧洲的大部分国际贸易，甚至英国的大部分沿海航运——译者注。

③ Ukers, All About Tea, p. 29.

④ 从 1567 年 7 月 24 日起，他以詹姆斯六世的身份担任苏格兰国王。而从 1603 年 3 月 24 日苏格兰和英格兰王室合并起，又以詹姆士一世的身份担任英格兰和爱尔兰国王，直至 1625 年去世——译者注。

⑤ Ukers, All About Tea, p. 37.

25 日，英国日记作家塞缪尔·佩皮斯（Samuel Pepys）记录了一杯茶的消费情况①，这表明当时英国咖啡馆和东印度公司的社交活动中，茶叶消费者已经出现。关于茶的疗效和是否具有"使人醉"的特性等争议持续不断，最终导致查理二世出台第二十一号法案（*Act XXI of Charles II*），其中的第 23 条和 24 条首次对茶叶征收消费税，规定每销售一加仑②（gallon）茶叶需征收八便士③（pence）。1669 年，英国禁止从荷兰进口茶叶，为东印度公司创造了早期的茶叶垄断机会。葡萄牙公主布拉甘萨的凯瑟琳（Catherine of Braganza）作为查理二世的妻子和英国女王，扩大了茶叶在英国社交圈的声誉，也提高了茶叶的财富价值。大卫·克罗尔（David Crole）指出，从 1664 年东印度公司赠送的两磅"罕见的美味"茶叶开始，到一个世纪后茶叶进口量达到近 4713 英镑，④ 凯瑟琳被认为是英国"第一位饮茶的女王"，她支持温和品质的茶叶商业，而非麦芽酒、葡萄酒等其他烈酒。⑤ 在 17 ~ 18 世纪，随着"喝茶"在英国的社会习俗、咖啡馆和会客厅中逐渐普及，茶叶成为英国的"国饮"。⑥

然而，在所有关于茶叶使用和流通的记载中，印度的贡献鲜有提及。关于莫卧儿帝国时期（1526 ~ 1857 年）茶叶出现的两个历史记载似乎存在矛盾。德国探险家约翰·阿尔布雷希特·冯·曼德尔斯洛（Johan Albrecht von Mandelslo）曾在 17 世纪访问过波斯和印度，均提到过饮茶问题。曼德尔斯洛提道："在我们每天的例行会议上，我们只喝在印度各地普遍使用的'茶'。"⑦ 约翰·奥文顿（John Ovington）在 1689 年出版的《苏拉特之旅》（*Voyage to Suratt*）中也有过类似的言论。⑧ 然而，伊尔凡·哈比卜

---

① Ukers, *All About Tea.*, pp. 40-41 for details on Pepys; also see Sigmond, *Tea: Its Effects, Medicinal and Moral.*

② 英制容量单位，是一种使用于英国、其前殖民地和英联邦国家的非正式标准化的单位——译者注。

③ 是英国货币辅币单位——译者注。

④ Crole, *Tea: A Text Book of Tea Planting and Manufacture*, p. 19.

⑤ Ukers, *All About Tea*, p. 43.

⑥ Julie E. Fromer, *A Necessary Luxury: Tea in Victorian England* (Athens, OH: Ohio University Press, 2008)；另请参考埃里卡·拉帕波特最近的研究，Erika Rappaport, *A Thirst for Empire: How Tea Shaped the Modern World* (Princeton, NJ and London: Princeton University Press, 2017).

⑦ Ukers, *All About Tea*, p. 134.

⑧ Ukers, *All About Tea*, p. 134.

（Irfan Habib）在其著作《印度莫卧儿王朝的土地制度》中质疑了茶叶广泛使用的可能性，他指出："茶叶还未在任何地区种植，尤其在阿萨姆地区，那里的茶叶可能处于野生状态。"① 哈比卜引用了希哈布乌丁·塔里什（Shihabuddin Talish）的《伊布里亚之法蒂亚》（*Fathiyai'Ibriya*），这部关于 17 世纪阿萨姆地区的编年史中并未提及任何与茶叶相关的内容。② 珀西瓦尔·格里菲斯爵士（Sir Percival Griffiths）为这一谜团提供了另一个视角，格里菲斯认为，在曼德尔斯洛访问印度后还不到三十年的时间，茶叶便开始出现在东印度公司的记录中，但这些记录仅仅是将茶叶标明为"货物"，并未对茶叶在印度的使用情况和消费习惯的流行程度进行详细描述。③ 对于这一历史争议的细节，我们无需在此赘述，但可以肯定的是，在莫卧儿王朝时期，饮茶在精英阶层圈子之外是被严格限制的。关于莫卧儿王朝时期的日常生活，有丰富的史料记载，但无论是阿拉伯语言、波斯语还是欧洲语言的文献资料，都没有提及这一时期茶叶在印度的广泛流通和生产情况。④ 事实上，哈比卜澄清说："印度现今的茶叶和咖啡种植园主要位于莫卧儿帝国的范围之外"。⑤

18 世纪中叶，东印度公司的贸易，尤其是与中国的贸易，开始面临政治紧张的局势。⑥ 从内部情况来看，东印度公司被指控存在诸多问题，例如肆意腐败、徇私舞弊，以及涉及"茶叶走私"和财务违规等情况。⑦ 事实上，在 1772 年，东印度公司曾向英国政府请求免除会费，并获得了一笔 100 万英镑的贷款，用以稳定其贸易平衡。⑧ 英国议会为了扩大对东印度

① Irfan Habib, *The Agrarian System of Mughal India 1556-1707*, Third edition (New Delhi: Oxford University Press, rpt. 2014), p. 51.
② Irfan Habib, *The Agrarian System of Mughal India 1556-1707*, Third edition (New Delhi: Oxford University Press, rpt. 2014), fn. 94.
③ Griffiths, *The History of the Indian Tea Industry*, p. 12.
④ 哈比卜（Habib）的专著附录中的参考书目，尤其是第 1J 部分，第 488 页至 494 页。
⑤ Habib, *The Agrarian System of Mughal India*, p. 62.
⑥ 关于这段历史，参见 William T. Rowe, *Hankow: Commerce and Society in a Chinese City, 1796-1889* (Stanford, CA: Stanford University Press, 1992), especially chapter 4。
⑦ 了解东印度公司的一般历史，参见 John Keay, *The Honourable Company: A History of the English East India Company* (New York, NY: Macmillan, 1994); Emily Erikson, *Between Monopoly and Free Trade: The English East India Company, 1600-1757* (Princeton: Princeton University Press, 2016); and Tirthankar Roy, *The East India Company: The World's Most Powerful Corporation* (New Delhi: Allen Lane, 2012)。
⑧ Ukers, *All About Tea*, p. 70.

公司事务的发言权，并引入经济责任制，于 1813 年撤销了该公司的垄断权。有趣的是，东印度公司对中国的贸易垄断，尤其是茶叶贸易方面的垄断，却被允许持续了 20 年，直到 1833 年才被废除。尽管东印度公司声名狼藉，但在 1711 年至 1810 年，英国政府通过茶叶税收从该公司获得了 7700 万英镑的收入。① 然而，到了 1831 年，广州（Canton）的清政府对东印度公司的事务，尤其是其秘密输入鸦片的行径感到极度愤怒，并对该公司在当地的船只、人员和行动实施了限制。1832 年，清政府颁布了一道诏书，命令中国所有沿海省份修建壁垒并准备船只，以抵御出现在其海岸的欧洲船只。随着中英双方矛盾的激化，最终导致了第一次鸦片战争（1839～1842）② 的爆发。在这场战争中，东印度公司不仅要应对政治层面带来的挑战，还要承受商业方面所面临的压力。1843 年，茶叶从广州的进口量达到了 3200 万磅③，使其成为英国与中国的贸易中最重要的商品。尽管东印度公司在之前一直保持沉默，但第一次鸦片战争的紧急局势，如通商口岸的关闭，以及对财政破产的担忧等因素，迫使东印度公司不得不考虑寻找茶叶这一"珍贵商品"的替代来源。事实证明，他们不必舍近求远。

"最辉煌的发现"：历史上的阿萨姆茶园

虽然英国与中国之间发生第一次鸦片战争的时机颇为偶然，但茶叶在印度政界其实已经流传了一段时间。例如，在 1788 年，约瑟夫·班克斯爵士（Sir Joseph Banks）在其回忆录中就曾提及，茶叶种植被视为对印度有利的农业投资项目。④ 据报道，大约在 1780 年，孟加拉的步兵上校罗伯特·基德（Robert Kyd）在加尔各答植物园（Calcutta Botanical Gardens，CBG）

---

① Ukers, *All About Tea*, p. 74.
② 关于鸦片战争的近代历史，参见茅海建《天朝的崩溃：鸦片战争再研究》，生活·读书·新知三联书店，2017；另请参见 Arthur Waley, *The Opium War Through Chinese Eyes* (Stanford, CA: Stanford University Press, 1958), and Roy Moxham, *Tea: Addiction, Exploitation, and Empire* (New York, NY: Carroll & Graf, 2003)。
③ Ukers, *All About Tea*, p. 77.
④ Ukers, *All About Tea*, p. 134.

担任第一任园长时，他在位于希布尔①（Shibpur）的私人花园里尝试种植了茶叶植物。此外，尼泊尔加德满都王室的荣誉居民爱德华·加德纳（Edward Gardner）曾注意到宫殿附近生长着一些类似茶叶的灌木。加德纳在1816年将这些灌木送给了后来担任加尔各答植物园主任的纳撒尼尔·沃利奇（Nathaniel Wallich）博士。但这些灌木最终被退还了，它们被认定为山茶（拉丁文：Camelia drupifera）而不是真正的"茶"（true tea）。②

尽管有这些错误的开端，但到1823年，英国对印度最东端以外地区的军事探索意外地改变了茶叶在该地区的前景。上阿萨姆地区（upper Assam）在当时还是缅甸领土的一部分，居住着来自穆托克族（Muttock）、景颇族（Singpho）和坎底傣族（Khampti）的山地部落。这些地区与东南部的邻国和中国的云南地区有着相似的生态特征。据报道，在1823年，罗伯特·布鲁斯少校（Major Robert Bruce）与当地的景颇族人在这里进行贸易考察时，发现了与生长在中国荒野的"茶树"相似的植物。③ 在一次回访中，这些"茶树"植物被移交给布鲁斯少校的兄弟查尔斯（Charles），当时正值第一次英缅战争④（First Anglo-Burmese War）期间（1825~1826年），查尔斯在萨迪亚⑤（Sadiya）担任炮艇师指挥官。⑥ 查尔斯·布鲁斯（Charles Bruce）对这些茶叶种子的质量和真实性心存疑虑，因此将其中一些种子转交给了时任东北边境总督代理人的大卫·斯科特（David Scott）。随着英国与缅甸的

---

① 西孟加拉邦（West Bengal）的豪拉市（Howrah City）的一个社区，是加尔各答大都会发展局管辖区域的一部分——译者注。

② Ukers, *All About Tea*, p. 135.

③ House of Commons Parliamentary Papers, 63, No. 63, 1839。尽管所有的茶叶历史都证明了布鲁斯的报告，但其资料来源的确切性质尚不清楚，参见 Crole, *Tea：A Text Book of Tea Planting and Manufacture*；Ukers, *All About Tea*；H. H. Mann, *Early History of the Tea Industry of Northeast India*（Calcutta：General Printing Co. Ltd, 1918）；H. K. Barpujari, *Assam：In the Days of the Company 1826-1858*（Gauhati：Lawyer's Book Stall, 1963）；and Jayeeta Sharma, "British science, Chinese skill and Assam tea：Making empire's garden," *Indian Economic and Social History Review* 43 (2006)：429-455 for an assessment of this question.

④ 这是19世纪英国和缅甸之间三次战争中的第一场。这场战争主要是为了争夺印度东北部地区的控制权，最终是以英国的决定性胜利而告终。英国完全控制了阿萨姆地区、察查尔（Cachar）等地，缅甸屈服于英国的要求，支付了100万英镑的赔款，并签署了一项商业条约。这场战争也是英属印度历史上代价高昂的战争之一，导致英属印度陷入严重的经济危机——译者注。

⑤ 是阿萨姆邦的廷苏基亚县（Tinsukia District）的一个城镇。

⑥ See "Papers Relating to the Burmese War," House of Commons Parliamentary Papers, No 6, February 1825.

战争愈演愈烈，在接下来的十多年里，这些"四处流浪"的茶树种子的命运一直不得而知，科学界也并未证明这些种子的真实性。

与此同时，英属印度东部的省份阿萨姆正在经历重大的政治变革。1826 年，在将缅甸人赶出阿萨姆地区后①，东印度公司迅速采取行动，重新任命阿洪王朝（Ahom Dynasty）的最后一位后裔布伦特尔·辛哈（Purandhar Singha）为上阿萨姆的傀儡王子。然而，新任总督威廉·卡文迪什·本廷克（William Cavendish Bentinck）在其任期即将结束时，开始重新审视茶叶种植问题。1834 年 1 月 24 日，他向理事会提交了一份"详细计划"，并成立了一个由 12 名成员组成的茶叶委员会（Tea Committee），其中包括纳撒尼尔·沃利奇、詹姆斯·帕特尔（James Pattle）、一位中国医生林呱（Mr. Lumqua）、戈登（G. J. Gordon）、拉贾·拉达坎塔·德布（Raja Radhakanta Deb）和兰姆·康芒森（Ram Comul Sen）等人。② 当戈登乘坐"水女巫"号（Water Witch）舰船前往中国和荷属爪哇岛，旨在收集这两个"生产茶叶"的国家的相关信息和标本时，有关阿萨姆地区生长着"本土茶树"（native tea plants）的报道如潮水般再次涌入加尔各答。在这些信息提供者中，阿萨姆地区的轻步兵团中尉兼掌控萨迪亚的军官安德鲁·查尔顿中尉（Lieutenant Andrew Charlton）发挥了重要作用。1831 年，他将在比萨（Beesa）发现的三四株野生的茶叶幼苗送给了加尔各答植物学当局，和布鲁斯一样，查尔顿也注意到当地的景颇族和坎底傣族人都有"饮用茶叶泡水的习惯"。③ 虽然当时查尔顿的运气不佳，因为据报道，他运往加尔各答的茶叶幼苗不久就夭折了，但他的发现还是引起了大卫·斯科特的继任者弗朗西斯·詹金斯上尉（Captain Francis Jenkins）——后来成为将军——的注意。④ 1834 年 3 月 3 日，茶叶委员会发出通知，就茶叶植物在英属印度的发展前景征求意见。在查尔顿的帮助下，詹金斯上尉寄来了一

---

① Barpujari, *Assam: In the Days of the Company*, and "Treaty of Peace with His Majesty The King of Ava," House of Commons Parliamentary Papers, No. 1, February 24, 1826.

② Ukers, *All About Tea*, p. 138.

③ Ukers, *All About Tea*, p. 137.

④ 从某种意义上说，詹金斯是第一位提议在阿萨姆大规模发展种植园经济的英国官员，种植作物包括甘蔗、荞菜、桑树和靛蓝等。据记载，詹金斯曾提议"政府的首要之策就是'让垄断变得不可能'，让阿萨姆的全国性茶叶贸易向所有人开放，就像孟加拉的靛蓝贸易一样"，引自 Barpujari, *Assam: In the Days of the Company*, p. 223.

份"完整的茶叶展品，其中包括茶叶的叶子、果实、花朵，以及山地部落经常用来制作原始茶饮料（primitive tea drink）的熟叶"①。尽管"原始主义"的语义内涵很重要，但詹金斯强烈建议这种茶叶灌木确实是本地产品，而不是进口物种，这一观点引起了加尔各答当局的共鸣。据报道，沃利奇博士在当年 11 月对其进行了细致检查，最终对它的植物学谱系表示满意。于是，茶叶委员会向政府欢呼道：

> 我们怀着无比满意的心情，向枢密院阁下郑重宣布：毫无疑问，这种茶树是上阿萨姆地区的原生植物……我们毫无疑问地宣布，迄今为止，在与英帝国的农业或商业资源有关的事务中，这一发现成为最重要、最有价值的发现②。

茶叶委员会还深信不疑地表示："如果对该茶叶植物进行适当的管理，那么它在商业上取得成功是毋庸置疑的。"1836 年，在沃利奇博士的监督指导下，政府迅速向阿萨姆地区派遣了一个"科学考察团"，该考察团成员包括地质学家麦克莱兰（J. McClelland）和植物学家威廉·格里菲斯博士（Dr. William Griffith），查尔斯·布鲁斯作为熟悉当地情况的向导和重要的信息提供者，加入了他们在萨迪亚的工作。1836 年 1 月 15 日至 3 月 9 日期间，他们对五个地方进行了调查，并在那些地方发现了大量生长的本土茶叶植物。③ 格里菲斯博士报告说，他们所考察的茶树的生命力都非常旺盛，从幼苗到成熟的各个年龄段的茶树都有。1836 年 2 月，当他们再次观察到这些茶树时，大多数成熟的茶树灌木都长满了种子芽，有些还在开花，茶树较老的叶子则呈现出一种细密的深绿色。

这一重大发现，不仅在印度东部地区得到了早期的广泛认可，而且在茶叶植物及其未来发展前景方面，获得了积极的评价。但在接下来的三年里，茶叶委员会和政府"专家"们围绕茶叶的商业价值和其蕴含的意识形态方面，产生了分歧，这表明在茶叶领域，商业利益和意识形态并不总是保持一致。正如隆达·席宾格所说："欧洲的博物学家不仅热衷于收集自

---

① Ukers, *All About Tea*, p. 139.

② Ukers, *All About Tea*, p. 139; also, Barpujari, *Assam: In the Days of the Company*, pp. 217-218.

③ Ukers, *All About Tea*, p. 140.

然界的各种物质，而且往往将自己的理性凌驾于自然界之上，因此，所谓的对自然的命名法和分类法……通常被用作'帝国的工具'来使用。"① 在我们的这一案例中，相对于中国同类的茶叶植物而言，阿萨姆地区的茶叶植物的真实性问题，不仅仅是植物学的问题，它还带有种族和文明的色彩。鉴于阿萨姆地区的茶叶植物"发现"于遥远的地方，以及据称第一批使用者被描述为所谓的"落后"与"愚昧"，阿萨姆地区的这种茶叶植物，在经历了几轮"科学"的实验审查后，才终于获得了成为"高雅的"大都市口味中有价值产品的资格。事实上，格里菲斯毫不掩饰他的观点："野生植物不可能像已经栽培了几个世纪的植物那样，产出更优质的产品。"② 因此，如果要提高野生茶树的产量，就必须要解决两个问题：首先，确定适合在阿萨姆地区种植的茶树植物类型，究竟是本土的还是中国的；其次，在英属印度境内确定开辟茶树种植实验园的位置。在后一个问题上，"专家"们的意见分歧很大，这对茶叶事业产生了长期的影响。一些人推荐将卡马翁-加尔瓦尔（Kumaon-Garhwal，位于今天的北阿坎德邦）北部的喜马拉雅山地区作为种植点，例如沃利奇博士、福布斯·罗伊尔博士（Forbes Royle）和萨哈兰普尔③政府植物园负责人休·法尔科纳博士（Hugh Falconer）等。然而，格里菲斯和麦克莱兰则认为上阿萨姆地区更适合茶树植物的未来发展。阿萨姆地区的第一个茶园选址位于库恩迪尔穆克（Koondilmukh）的一个河岸沙洲，但事实证明，这是一个严重的误判。该地区流沙不断移动，且冲积土较浅，导致这些沙洲并不适合茶苗发芽，茶苗在种植后很快枯萎死亡。④ 大卫·克罗尔（David Crole）诙谐地说："在很短的时间内……仁慈的雅鲁藏布江从这里流过……并在其水域中埋葬了一个可悲的失败。"⑤

当涉及第一个问题时，意见也同样存在分歧。格里菲斯和沃利奇倾向于进口中国的茶树种子进行试验，但麦克莱兰认为依靠本土的茶树植物就能取得成功。1836 年，关于物种和栖息地的争论持续了一整年，茶叶委员

① Londa Schiebinger, *Plants and Empire: Colonial Bioprospecting in the Atlantic World*, Cambridge, MA: Harvard University Press, 2004, p. 11.

② Ukers, *All About Tea*, p. 140.

③ 是印度北方邦的西北部城市——泽者注。

④ Ukers, *All About Tea*, p. 141.

⑤ Crole, *Tea: A Text Book of Tea Planting and Manufacture*, p. 26.

会的大多数成员最终达成一致，决定使用"中国的茶叶植物而不是退化的阿萨姆地区的本土植物"①。如果说英帝国的自给自足是一个重要的考虑因素，那么遵守"种族类型"则是一个更大的问题。同年，戈登先生再次被派往中国采集茶叶种子。据报道，他带回的茶叶种子数量足够在加尔各答植物园种植4.2万棵灌木。其中，约有2万棵被分发给了萨迪亚附近的赛夸卡（Saikhowa）地区的查尔斯·布鲁斯，但是只有8000株在旅途中存活下来。② 1836年，布鲁斯接替查尔顿上尉担任茶叶栽培的负责人，虽然他没有受过"正规"的植物学训练，但他凭借对茶乡的深入了解、与"山地酋长"的熟悉程度以及无畏的开拓精神，弥补了自身在所谓"深奥的茶叶专业知识"方面的不足。布鲁斯不仅与景颇族和坎底傣族取得了联系，还被要求与茶叶试验园里来自中国的种植者进行联络，这些种植者是为了保障茶叶试验园的成功而被引入的。次年12月，布鲁斯从位于焦伊布尔（Jaypur）附近的总部向加尔各答运送了12箱茶叶制成品，以便将其转运至英国。据称，这些茶叶制成品"与中国生产的茶叶品质一样好"③。为了增加成功的机会，政府聘用了一位著名的中文翻译家和茶叶专家林呱（Lum Qua），并将其纳入布鲁斯的团队。在林呱的帮助下，其他的华人种植者和劳工，特别是来自海峡殖民地（Straits Settlements）、槟榔屿（Penang）和新加坡的华人种植者和劳工也被带到了阿萨姆地区，但格里菲斯质疑引入他们的作用和他们的种族"纯洁性"。④ 然而，到1837年末，中国劳工对该地区茶叶事务的参与是毋庸置疑的，他们既作为实地的茶叶种植人员，也是将中国茶树与阿萨姆地区的茶树进行杂交的发明者。1838年，95箱红茶被运往伦敦，其独特的"烈度、辛辣味和涩味"引起了热烈的讨论。⑤ 茶业委员会因此兴高采烈地宣布，阿萨姆地区有望很快在如此"不可或缺"的茶叶商品领域与中国展开竞争。

然而，茶叶委员会与中国茶叶种植者及植物杂交品种的蜜月期很快被

① Ukers, *All About Tea*, p. 140; emphasis added.
② Ukers, *All About Tea*, p. 142.
③ Cited in Barpujari, *Assam: In the Days of the Company*, p. 220.
④ See Jayeeta Sharma, "British Science, Chinese Skill and Assam Tea: Making Empire's Garden," and Sharma, *Empire's Garden*, pp. 37–38 on this issue.
⑤ Barpujari, *Assam: In the Days of the Company*, p. 220.

证明是短暂的。为了给这种新兴的帝国茶叶种植园让路，其他政治策略也在暗中酝酿。为了在新的茶叶商业环境中获得独家权威，东印度公司在1838年以"管理不善"为由，将最后一位阿霍姆贵族——拉贾·布伦特尔·辛哈（Raja Purandhar Singha）赶下了台。五年后，东印度公司又镇压了景颇族在萨迪亚的叛乱，因为他们长期以来一直对英国人以茶叶为名入侵他们的土地深恶痛绝。

尽管东印度公司在政治上采取的策略取得了一些成果，但阿萨姆地区早期茶叶专家的植物学智慧并未完全对东印度公司有利。例如，关于中国与阿萨姆茶树植物杂交种植的决定就是一个典型的例子。对于种植者来说，克罗尔评论说，进口中国的茶叶种子并将其与本土的茶树植物嫁接是一个"严重的错误"。这些外来的中国的茶树灌木叶子小、身材矮小，并不适合上阿萨姆地区的生态环境。相比之下，阿萨姆地区的本土茶树品种在产量和质量上都显著优于中国的茶树品种，它们在伦敦市场上的价格甚至高于后者10%～20%。[①] 克罗尔认为，科学家们的"连续妄想"与阿萨姆地区的"自然环境"脱节，是导致中国茶树在阿萨姆地区生长"矮小"的主要原因。相反，孟加拉医疗服务中心（Bengal Medical Service）的贝瑞·怀特博士（Dr. J. Berry. White）后来将武夷红茶（Thea bohea）称为"悲惨的害虫"，认为引入武夷红茶是一个灾难性的错误，它孕育了一个不受欢迎的杂交品种，使得阿萨姆地区的本土茶树植物在国际市场上的潜力大打折扣。[②] 实际上，乌克斯更进一步指出，中国的茶树植物不可移植，并且在爪哇和锡兰也出现了类似的问题。[③] 尽管存在这种暗讽，但早期围绕茶叶和生态环境的争议，凸显了茶叶试验园中"科学"专业知识与实践知识之间的意识形态距离，这种现象在随后的几十年中多次出现。正如下一章所述，1886年，印度政府的过度扩张和税收政策引发了财政危机，这场财政危机再次引发了关于茶叶产业的讨论。然而，阿萨姆地区茶叶种植的最终成功，就其本身而言，不但是经济上的成功，更被视为国家的宝贵机遇。然而，到1840年时，中国茶叶专家林呱去世，第一批中国劳工和工

---

① Crole, *Tea: A Text Book of Tea Planting and Manufacture*, p. 25.

② *The Journal of the Society of Arts* XXXV, November 19, 1886 - November 11, 1887（London: George Bell and Sons, 1887），p. 736.

③ Ukers, *All About Tea*, p. 141.

匠因不满低工资、恶劣的气候条件及受限的工作环境而纷纷逃离。这一现象标志着中国人在阿萨姆地区的茶叶事业中的角色结束。

1839年末，在日益高涨的帝国主义和民族主义的热潮中，95箱茶运抵伦敦标志着阿萨姆地区的茶叶开始进入国际市场。1840年3月17日，这批茶叶由东印度公司挂牌销售，吸引了众多著名茶商和经纪人的关注，其中包括汤普森（W. J. & H. Thompson）、约瑟夫·特拉弗斯父子（Joseph Travers & Sons）、威廉和詹姆斯·布兰德（William & James Bland）以及川宁公司（Messrs. Twining & Co.）。在爱国情绪的推动下，原本每磅2先令11便士至3先令3便士的茶叶价格被推高至每磅8先令11便士。①

川宁公司对阿萨姆茶叶的未来持乐观态度：

> 总体而言，我们认为最近出产的茶叶样品让人们充满期待，相信阿萨姆地区的茶叶种植园能够生产出满足国际市场需求的茶叶产品，虽然目前阿萨姆地区生产了一些因具有强烈味道而只能适合一般用途的茶叶，但随着阿萨姆地区在茶叶培育和加工方面的经验积累，其产品能满足国际市场的需求，甚至可能接近中国所提供的优质的茶叶。②

伦敦和加尔各答之间建立了更稳固的商业伙伴关系。在克服了政治阻碍之后，阿萨姆地区现在已经准备好迎接英国投机者的蜂拥而至了，并为茶叶投机商做好服务。因此，1838年2月，一个由欧洲和"本地的"资本家组成的团体，共同出资100万卢比③，成立了孟加拉茶叶协会（Bengal Tea Association）。④ 该协会的秘书普林塞普（W. Prinsep）与英属印度总督的私人秘书科尔文（J. R. Colvin）合作，而奥克兰勋爵（Lord Auckland）请求，希望政府将茶叶试验园交给他们管理。1839年5月1日，普林塞普先生正式要求印度政府税务部接管上阿萨姆地区的茶园，并确保布鲁斯先生为这些茶园提供服务。随后，茶叶事业进一步整合，孟加拉茶叶协会在

---

① Ukers, *All About Tea*, p. 147.

② Ukers, *All About Tea*.

③ 印度、巴基斯坦、斯里兰卡、尼泊尔等国所使用的货币名称——译者注。

④ 在印度货币单位中，1 lakh等于100000卢比。

科克雷尔公司（Messrs. Cockrell & Co.）和博德公司（Boyd & Co.）的支持下，与另一家在伦敦上市、注册资本为50万英镑的公司联合成立了一家新公司。① 由此诞生了印度最早的茶叶企业——阿萨姆公司（Assam Company），该公司在伦敦和加尔各答设有两个董事会。自成立后，它在茶叶行业"龙头老大"的位置未受到任何挑战，直到1859年竞争对手乔尔豪特茶叶公司（Jorehaut Tea Company）成立。尽管如此，阿萨姆公司的初创阶段一直持续到1854年左右。其间该公司在伦敦成功拍卖了首批超过25万磅的阿萨姆茶叶。茶叶种植园在阿萨姆广泛分布，从西部的"下阿萨姆"地区的戈阿尔帕拉（Goalpara）和坎如普县（Kamrup），一路延伸到北部和东部的"上阿萨姆"地区的瑙贡（Nowgong，现在的Nagoan）、邦达朗（Darrang）、锡布萨格尔（Sibsagar）和勒金布尔（Lakhimpur）等地。总的来说，这些地区都是产茶的优质区域，且都属于雅鲁藏布江河谷地带，这是一个雅鲁藏布江定期泛滥的肥沃冲积洪泛平原。其中，苏尔马谷南部（southern Surma Valley）地势平坦，也属于冲积平原，是产茶的主要地带。该区域包括锡尔赫特（Sylhet）和察查尔（Cachar）两个区，但被卡西和詹蒂亚山脉（Khasi and Jaintiya Hill）从其北部分隔开来。② 本书关于阿萨姆地区的茶叶的研究将会以某种形式涉及上述所有地区。

1858～1859年期间，这些地区的18家茶叶工厂生产的近693249磅阿萨姆茶叶被运往伦敦市场。③ 随着茶叶贸易的不断扩张，阿萨姆地区被卷入欧洲殖民资本主义经济和贸易网络之中。在这种背景下，东印度公司的外科医生约翰·科什（John M'Cosh）的话似乎成为现实："比金银更珍贵的物品在她的山上疯长。"④ 本章开头引用了西格蒙德博士（Dr. G. G. Sigmond）于1839年在伦敦皇家医学植物学会（Royal Medico-Botanical Society）

① Barpujari, *Assam: In the Days of the Company*, p. 222.
② 有关阿萨姆地理情况的详细介绍，参见 John M'Cosh, *Topography of Assam*（Calcutta: Bengal Military Orphan Press, 1837）; B. H. Baden-Powell, *The Land Systems of British India: Being a Manual of the Land-Tenures and of the Systems of Land Revenue Administration Prevalent in the Several Provinces*, Vol. Ⅲ（Oxford: Clarendon Press, 1892）; Assam（India）, *Physical and Political Geography of the Province of Assam*（Calcutta: Assam Secretariat Printing Office, 1896）; and Barpujari, *Assam: In the Days of the Company*, especially the Introduction。
③ Barpujari, *Assam: In the Days of the Company*, p. 227.
④ M'Cosh, *Topography of Assam*, p. 31.

上的介绍性发言内容。他在演讲中强调了阿萨姆茶叶种植的意义，对他来说，这些"发现"不仅仅是"简单"的栽培成果，而且对于英帝国的意义远比迄今为止"最辉煌的发现或最辉煌的成就"，更能使英帝国受益。①

---

① Sigmond, *Tea: Its Effects, Medicinal and Moral*, p. 144.

| 第二章 |

农业还是工业？

从狭义的经济角度来分析农业活动时，我们往往仅限于简单地对作物的产量进行量化计算，比如计算蒲式耳①（bushel）和捆数，以及单纯地核算利润和损失。这种分析方式实际上掩盖了作物和种植者之间更微妙的关系。②

在意识形态领域，必胜主义和行动上的"权宜之计"之间往往难以达到和谐统一。第一次鸦片战争期间，英国利用植物学和农业"现代化"话语，将阿萨姆茶作为其宣扬的托词。然而，在面对严格的市场监管时，这种立场能否保持则成为另一个问题。尽管如此，对于种植者群体来说，意识形态权威并非一种抽象的存在。它源于种植者所宣称的深奥的"茶叶科学"知识、"看似专业"的园艺知识，以及他们对种植园农业的直接参与。印度政府（Government of India）与种植者和印度茶叶协会（Planters and the Indian Tea Association）之间，展开了一场激烈且旷日持久的司法斗争，这场斗争实质上是对种植者群体所宣称的权力领地的严格审查。这场争论从 19 世纪中叶一直持续到 20 世纪初，其源头出人意料地与财政政策有关。

1918 年 3 月 19 日，印度政府正式颁布法令，对之前免税的茶叶种植园收入开始征税。自 19 世纪 60 年代以来，虽然征税的"风声"一直笼罩着茶叶企业，但《1918 年第七号所得税法案》（*Tax Act VII of 1918*）的颁布，对于印度政府而言，其理由在于茶叶行业是一个使用"现代"机器、

---

① 英制容量及重量单位，在英国和美国通用，类似中国的斗、升等计量单位，该单位只用于固体物质的体积测量——译者注。

② T. H. Breen, *Tobacco Culture：The Mentality of the Great Tidewater Planters on the Eve of Revolution* (Princeton, NJ：Princeton University Press，1985)，p. 21.

先进制造技术和机械工艺使原材料 "适合市场" 的行业。[1] 以阿萨姆地区为例，茶叶种植园不再享有免税待遇。这一政策变化对种植者和种植园主产生了重大影响。

　　本章关注的不是所得税，辩论的焦点在于茶叶种植园究竟应被视为工业单位还是农业单位? 这一问题的探讨，涉及对茶叶生产过程的性质的深入剖析、经营方式的细致考量和经济活动的科学分类。从法律和科学的层面来看，茶叶在原始状态与加工后的成品的性质是否相同，对这一问题的探讨展示了茶叶产业的复杂性。茶叶种植园的历史与茶叶商品化过程中的意识形态和实践的结合，以及它们在实际运作中所受到的限制，是另一个值得深入探究的焦点。

　　然而，茶叶所得税与财政控制并无直接关联。事实上，在印度政府对茶叶征税的决策中，经济因素只是一个相对有限的考量方面。相反，对于参与争论的双方来说，支持和反对征税的论点，本质上是在试图界定企业（enterprise）的基本特征和文化内涵。双方都试图通过争论确定谁拥有 "对茶叶征税" 的天然权力和专业知识，并且要弄清楚为什么要使这种征税行为合法化。双方在争论过程中所援引的来自政治、植物学等不同层面的话语逻辑，虽然相互关联，但往往导致相互矛盾的结论。双方的争论过程还表明：一方面，茶叶企业自我认可的 "农业进步" 意识形态并非肤浅且充满矛盾的；另一方面，茶叶企业为了利润和贸易利益，它也可以在必要时果断地抛弃自身的 "农业进步" 意识形态。

法庭面前:"自然" 历史与种植园 "权威"

好茶是产自种植园，而非在工厂里制作出来的。[2]

---

① 这一措辞首次出现在《1886 年所得税法》（*Income Tax Act of 1886*），参见 W. H. Grimley, *An Income Tax Manual Being Act II of 1886, With Notes* (Calcutta: Thacker, Spink & Co., 1886), p. 7。

② Harold H. Mann, *The Factors Which Determine the Quality of Tea*, Indian Tea Association Bulletin No. 4/1907, reprinted September 1913, p. 23, MSS EUR F/174/1515, Asian and African Studies, British Library, London.

那么，究竟是什么赋予了种植者和印度茶叶协会话语权和物质上的筹码，让他们有足够的信心提出自己的观点？又是什么原因让他们能够如此激烈且持久地争辩，坚称茶叶企业是一个不可分割的、有机地运作的实体呢？在本节中，我将说明，尽管所得税责任为种植者和印度茶叶协会提供了经济层面的背景支撑，但他们的主张却是建立在自身长期的理论和实践历史基础之上的。①

如导言所述，印度茶叶企业的诞生与英帝国的地缘政治、园艺发展历程以及植物学家、科学家、管理者、旅行者、机构和军人所付出的共同努力密切相连，这些历史背景共同为茶叶贸易项目的开展奠定了基础。② 虽然我不

---

① 正如我们将在下一节看到的，除了穆克吉（Mookerjee）爵士在他的评论中所引用的莫尼中校（Colonel Money）和大卫·克罗尔（David Crole）的著作外，种植园主也应熟悉以下著作：G. D. Hope, *Memorandum on the Use of Artificial Manures on the Tea Estates of Assam and Bengal Decade 1907-1917* (Calcutta: Star Printing Works, 1918); C. A. Bruce, *An Account of the Manufacture of the Black Tea, As Now Practiced at Suddeya in Upper Assam* (Calcutta: Bengal Military Orphan Press, 1838); M. Kelway Bamber, *A Text Book on the Chemistry and Agriculture of Tea Including the Growth and Manufacture* (Calcutta: Law Publishing Press, 1893); Harold H. Mann, *The Tea Soils of Cachar and Sylhet* (Calcutta: The Indian Tea Association, 1903); A. F. Dowling, compiled, *Tea Notes* (Calcutta: D. M. Traill, 1885); C. H. Fielder, "On the Rise, Progress, and Future Prospects of Tea Cultivation in British India," *Journal of the Statistical Society of London*, 32, 1 (March 1869): 29-37; P. H. Carpenter and C. J. Harrison, *The Manufacture of Tea in North-East India* (Calcutta: The Indian Tea Association, 1927); W. T. Thiselton Dyer, *The Botanical Enterprise of the Empire* (London: Eyre and Spottiswoode, 1880); Samuel Baildon, *Tea in Assam: A Pamphlet on the Origin, Culture, and Manufacture of Tea in Assam* (Calcutta: W. Newman & Co., 1877); *Correspondence Regarding the Discovery of the Tea Plant of Assam, Proceedings of the Agricultural Society of India* (Calcutta: Star Press, 1841); H. A. Shipp, *Prize Essay on the Cultivation and Manufacture of Tea in Cachar* (Calcutta, 1865); J. W. Masters, "A Few Observations on Tea Culture," in *The Journal of the Agricultural and Horticultural Society of India*, Vol. III, Part I, January to December 1844 (Calcutta: Bishop's College Press, 1844); Spencer Bonsall, "Tea: Its Culture and Manufacture; With Directions for the Soil, Character of Climate, Etc., Etc., Adapted to the Culture of the Plant in the United States, From Practical Experience, Acquired by a Residence of Six Years in Assam," in *Report of the Commissioner of Patents for the Year 1860: Agriculture* (Washington, DC: Government Printing Office, 1861), 446-467, and The Tea Cyclopaedia: *Articles on Tea, Tea Science, Blights, Soils and Manures, Cultivation, Buildings, Manufacture Etc., With Tea Statistics* (London: W. B. Whittingham & Co., 1882); 这只是一份具有代表性的书单，并非详尽无遗。尽管大部分是关于阿萨姆茶园的，但这些研究适用于整个茶叶产业。

② Jayeeta Sharma, *Empire's Garden: Assam and the Making of India* (Durham and London: Duke University Press, 2011), especially Part I; Jayeeta Sharma, "British Science, Chinese Skill and Assam Tea: Making Empire's Garden," *Indian Economic and Social History Review*, （转下页注）

打算在这里重复这个故事，但有必要重新审视茶叶起源的农业背景。茶叶是一种单一栽培的经济作物，据相关记载，它最初在印度东北部边境地区的荒野中自然生长，后来才逐渐形成了独立的身份和特征。[①]正如我们在前面所看到的，这段教科书式的茶叶历史有着一个可预见的结局。这种在"自然状态"下被发现的、未经任何提炼的灌木，原本只是被阿萨姆地区的土著景颇族和坎底傣族当作日常饮品。最终，在大都市的科学家、管理者和专家的手中，它被正式认证为"可销售"的茶叶。因此，尽管布鲁斯兄弟在1824年以及安德鲁·查尔顿中尉在1834年分别对茶叶的"原生"标本进行了早期验证工作，但我们知道，阿萨姆地区的茶叶植物直到后来，在"茶叶委员会更有利的工作环境下"，才得到了应有的权威认证。[②] 1834年2月，印度总督本廷克（Bentinck）成立了茶叶委员会（The Tea Committee），其成员包括著名的出生于丹麦的植物学家纳撒尼尔·沃利奇（Nathaniel Wallich）。1835年7月，沃利奇、地质学家兼外科医生和博物学家约翰·麦克莱兰（John M'Clelland），以及另外一位植物学家威廉·格里菲斯（William Griffith），共同率领一个科学代表团前往阿萨姆地区，并汇报了早期的业余研究成果。在这支专家队伍中，"年轻的土耳其人"格里菲斯[③]宣称，只有进口"质量上乘的中国种子"，阿萨姆地区那些原本被视为"野蛮"的茶叶植物，才有可能被改造为优质茶叶。[④] 这一观点被广泛认同。1842年，有爱丁堡植物园工作经验的罗伯特·福琼（Robert Fortune）被派往中国，其任务是从中

（接上页注②）43, 4（2006）：429-455；Roy Moxham, *Tea: Addiction, Exploitation and Empire* (New York, NY: Carroll and Graf Publishers, 2004) and Bodhisatwa Kar, *Framing Assam: Plantation Capital, Metropolitan Knowledge and a Regime of Identities, 1790s-1930s*, Unpublished PhD Dissertation (New Delhi: Jawaharlal Nehru University, 2007).

① 劳雷尔琳·惠特提出"生物殖民主义"（bio-colonialism）概念，用以描述强势文化通过攫取、侵占、破坏和改造等各种手段来干预"土著"的生活方式、知识和价值体系以及环境，也包括生物转化（biological transformation）在内的系统性干预。在这一评估中，强制推行"单一种植"模式，导致本土作物多样性急剧下降，破坏了原有的生态平衡。参见 Laurelyn Whitt, *Science, Colonialism, and Indigenous Peoples: The Cultural Politics of Law and Knowledge* (New York, NY: Cambridge University Press, 2009)；关于茶在阿萨姆以种植水稻为主的文化中的出现而言，这场辩论仍然缺乏充分的理论依据。

② Sharma, "British Science, Chinese Skill and Assam Tea: Making Empire's Garden," p. 439.

③ 关于沃利奇的科学生涯，及其与格里菲斯的学术争论，参见 David Arnold, "Plant Capitalism and Company Science: The Indian Career of Nathaniel Wallich," *Modern Asian Studies*, 42, 5 (2008): 899-928。

④ Sharma, "British Science, Chinese Skill and Assam Tea: Making Empire's Garden," p. 440.

国带回茶叶种子和茶树。与此同时，戈登也收到了加尔各答植物园的指示，"从中国走私茶叶种子"。[1] 在这股热潮的推动下，中国茶农、劳工和种植专家也纷纷来到了上阿萨姆地区，将阿萨姆地区的"本土"茶叶植物与品质优越的"东方表亲"——中国茶树进行嫁接。鉴于中国产茶之地和阿萨姆地区在植物生物学、地形起源和气候带等条件方面具有相似性，人们认为这种杂交必将带来丰硕成果。然而，历史很快证明事实并非如此。随着茶叶种植园的大规模开垦和英国殖民主义的兴起，大都市的科学和技术专家在茶叶栽培的专业知识领域依旧占据主导地位。然而，到了1865年，一股绝望之风开始在阿萨姆地区的茶叶行业中蔓延，整个行业陷入了一场类似于"南海泡沫"[2]（South Sea Bubble）的危机之中。[3] 虽然造成这一后果的因素众多，但相较于茶叶种植的实地经验，大都市那些看似高深的茶叶专业知识在实际应用中并未发挥预期优势，反而在一定程度上造成了损失。

1868年，茶叶委员会的委员们在一份官方报告中，严厉谴责自1852年以来"疯狂扩大茶叶种植规模"导致的经济崩溃，报告毫不掩饰地指出"铺张浪费"的设施、不计后果的支出、对劳工健康的漠视、管理不善、不合适的选址、未开垦的空地以及缺乏资金等问题，认为这些因素是导致茶叶行业经营惨淡的主要原因。[4] 更重要的是，该报告指出，由于缺乏种植经验以及给出了不当建议，"茶叶种植园的管理者们承受着巨大的压

① Sharma, "British Science, Chinese Skill and Assam Tea: Making Empire's Garden," p. 442.
② "南海泡沫"又被称为"第一次世界金融危机"（World' First Financial Crash）。1711年，根据英国议会法案成立了一家名为"南海公司"（The South Sea Company）的英国股份公司，其性质为公私合营公司，旨在控制和减少国家债务，并助力增加英国在美洲的贸易和利润。为了实现这一目标，公司在1713年获得了向"南海"和南美洲岛屿供应非洲奴隶的垄断权，但当时西班牙和葡萄牙仍控制着南美洲大部分地区，事实证明，该公司从未获取任何可观利润。然而，1720年初，议会允许南海公司接管英国国债，以750万英镑的价格购买了3200万英镑的国债，于是公司股价大幅上涨。到1720年8月，股票价格飙升至令人瞠目的1000英镑，随后又突然暴跌，由此产生了臭名昭著的经济泡沫，即"南海泡沫"。英国议会最终于1720年通过《泡沫法案》，该法案禁止在没有皇家特许状的具体许可下成立诸如南海公司之类的股份公司——译者注。
③ 有关茶叶的繁荣以及随后急转直下的崩溃惨状，参见 Sir Percival Griffiths, *The History of the Indian Tea Industry*, especially chapters 6, 7, and 8; also see Rana Partap Behal, *One Hundred Years of Servitude: Political Economy of Tea Plantations in Colonial Assam*.
④ *Report of the Commissioners Appointed to Enquire into the State and Prospects of Tea Cultivation in Assam, Cachar and Sylhet*（Calcutta: Calcutta Central Press Company Ltd., 1868）, especially pp. 12-18, ASA.

力……开始只追求数量而忽视质量"①。显然，对于一个以茶叶品味为最终衡量标准的行业来说，这是一种严重的指控。在一次深入的调查与分析中，人们发现从中国引入的茶叶植物在阿萨姆地区种植不当的情况十分突出，这被视为导致茶叶产量下降的主要原因。"本土品种和杂交品种不仅在强度上，而且在生产能力和制造工艺方面都更胜一筹。"② 在种植园的发展历史中，这种植物学方面的疏忽令人尴尬，至少对政府部门而言是这样，因为它忽视了整整一代专家的意见。不过，在茶叶种植园里，尤其是种植园主，他们对中国茶叶经验的批评态度倒并不那么尖锐。1872 年，爱德华·莫尼（Edward Money）凭借其 11 年的茶叶栽培经验，发表了一篇关于茶叶种植和制作的获奖论文。③ 这本小册子有三个版本，其传达的信息很明确：阿萨姆地区的本土茶叶品种价格更高，味道也比中国同类茶叶品种更为浓郁。然而，让莫尼沮丧的是，这种原生茶叶植物的"纯种标本"已经彻底消失，如今只剩下杂交品种。换句话说，在当时的阿萨姆地区，没有一个茶叶种植园能够做到"完全本土化"或"完全中国化"。回顾过去，莫尼对印度政府"有偏见的"茶叶政策所造成的"巨大损失"深感惋惜。④ 在他看来，没有让阿萨姆地区原生的茶叶灌木"蓬勃生长"，无疑是错失了良机，因为"它产出的茶叶比中国茶叶更出色，就如同黄金之于白银一般"⑤。

莫尼的论点中存在一个颇具争议之处。他指出，从中国进口的茶叶种子虽然耐寒且易于种植，但印度政府不计后果的鲁莽进口行为，致使印度东部茶叶种植园的规模迅速膨胀。这种过度扩张已然超出了管理和赢利的可控范围。尽管茶叶的种植面积持续增加，但茶叶企业更为精细且重要的方面——

---

① *Report of the Commissioners Appointed to Enquire into the State and Prospects of Tea Cultivation in Assam, Cachar and Sylhet* (Calcutta: Calcutta Central Press Company Ltd., 1868), p. 14.

② *Report of the Commissioners Appointed to Enquire into the State and Prospects of Tea Cultivation in Assam, Cachar and Sylhet* (Calcutta: Calcutta Central Press Company Ltd., 1868), p. 15.

③ Lieutenant-Colonel Edward Money, *The Cultivation and Manufacture of Tea*, third edition (London: W. B. Whittingham & Co., 1878).

④ Lieutenant-Colonel Edward Money, *The Cultivation and Manufacture of Tea*, third edition (London: W. B. Whittingham & Co., 1878), pp. 48–51.

⑤ Lieutenant-Colonel Edward Money, *The Tea Controversy (A Momentous Indian Question). Indian versus Chinese Teas: Which are Adulterated? Which are Better? With Many Facts About Both and the Secrets of the Trade* (London: W. B. Whittingham & Co., 1884), p. 7.

生产的茶叶质量，受到了负面影响。① 后来，在 1884 年出版的关于这场激烈争论的小册子中，莫尼中尉为先前主张提供了更多依据。除再次强调本土茶叶植物的优点外，他还阐述了其他因素：

> 印度［茶］优于中国茶，是因为……［它］是由受过教育的英国人监督，在……种植园里，通过技术和资本的有机结合生产制造出来的，如此产出的茶叶品质上乘。而在中国，茶叶很多时候是在贫穷阶层的小屋周围种植，采集和制造过程相对粗放……除了上述差异，印度还拥有更优越的气候条件，因此印度生产的茶叶自然品质更佳。②

根据莫尼的评估，阿萨姆茶的优越性是气候、种族和植物等多种因素相互作用的结果。在欧洲农业监管机构的引导下，这些不同因素相互配合、协同作用，才孕育出阿萨姆茶这一珍贵商品。诚然，这种评判是对早期"科学正统"（scientific orthodoxy）的一种有趣却又充满矛盾的颠覆。③原生于阿萨姆地区的野生茶叶植物，本身价值极高，而英国种植园主的"善举"更是让其身价倍增。正如莫尼在不指名道姓的情况下诙谐评论道："那些从未见过茶叶种植或制造的人，在讨论他们所不了解的事务时，写出一些荒谬言论，这并不奇怪。"④ 前面提到的大卫·克罗尔对这一错误的批评更为直言不讳。1897 年 3 月，克罗尔在英国切尔西⑤（Chelsea）地区发表的一篇文章中指出，这一"愚蠢"行径带来的教训主要是，让人们认识到"一个完全由科学专家组成却无实践者参与的茶叶委员会，根本就不该成立"⑥。同样，孟加拉医疗服务中心的贝瑞·怀特博士称武夷红茶是一

---

① Edward Money, *The Cultivation and Manufacture of Tea*, p. 48.
② Money, *The Tea Controversy*, p. 8.
③ 借用了夏尔玛的"科学正统"一词，参见 Sharma, "British Science, Chinese Skill and Assam Tea: Making Empire's Garden," p. 442。
④ Money, *The Tea Controversy*, p. 8.
⑤ 位于泰晤士河北岸，是英国伦敦西部的一个繁华区域，也是文艺界人士的聚居地——译者注。
⑥ David Crole, *Tea: A Text Book of Tea Planting and Manufacture* (London: Crosby Lockwood and Son, 1897), p. 25.

种"可怜的害虫",他认为将武夷山红茶引入印度是一个致命的错误。因为这一错误催生了一种不受欢迎的茶叶杂交品种,致使阿萨姆地区的本土茶叶在国际市场上的真正潜力被掩盖,从而黯然失色。[1]

从历史的角度来看,将这种观点归类为"对理论与实践的肤浅解读"并不恰当。[2] 在茶叶企业的发展历程中,茶叶事业的相关政策、利润和业绩紧密相连。事实上,莫尼、克罗尔等"务实者"所倡导的植物学分类理论,已经被印度东部的种植园主、茶农和种植园代理人内化于心。对他们来说,茶叶种植园的成功高度依赖于对土壤、气候、湿度、水文、树叶和土壤有机成分的精确评估。尽管技术改良和机械化在一定程度上有助于提高茶叶的产量和质量,却无法取代传统的农业功能。

种植园主、管理者与种植者之间的复杂权责关系,构成了这种关系的核心。"实用的园丁"(Practical Gardener 或其缩略语 P. G.)在早期的茶农群体中颇为流行。人们普遍认为,那些具备畜牧、英式园艺和苗圃工作经验的人,自然有足够的资格选择这一职业。像威廉·特纳·西斯尔顿-迪尔爵士(William Turner Thiselton-Dyer)等权威人士都曾指出,热带农业是英国园艺学的延伸。[3]

随着茶叶企业运营经验的逐渐丰富,现场工作人员开始意识到,要想实现茶叶种植和生产的高效与优质,就必须对各阶段予以密切关注。对种植园主来说,劳动力仍然是影响茶叶利润的关键因素。与此同时,茶叶种植过程中的其他环节也彰显出其重要性,被赋予了全新的意义。1844 年,阿萨姆公司的负责人马斯特斯(J. W. Masters)在《印度农业和园艺学会》(*Agricultural and Horticultural Society of India*)杂志上发表文章。他批判了

---

[1] *The Journal of the Society of Arts*, Vol. XXXV, November 19, 1886-November 11, 1887 (London: George Bell and Sons, 1887), p. 736.

[2] Sharma, "British Science, Chinese Skill and Assam Tea: Making Empire's Garden," p. 441.

[3] 引自 *Bulletin of Miscellaneous Information*, Royal Botanic Gardens, Kew (London: His Majesty's Stationery Office, 1906), 97; 1885 年至 1905 年, 西斯尔顿·迪尔担任邱园园长; 也可参阅他的这一文章, *The Botanical Enterprise of the Empire* (London: George E. Eyre and W. Spottiswoode, 1880)。在 1885 年精心设计的一份林奈幻想(Linnaean conceit)中, 种植园主将自己称为"阿萨米亚属"(genus Assamiensis), 有五种类型的人员, 分别是资本不多的年轻人、民辛巷专家(Mincing Lane expert)、有关系的年轻人、实践工作者和"实用的园丁"或"全面实用"的人。引自 *The Indian Planters' Gazette and Sporting News*, July 7, 1885, Microfilm Collection MFM. MC1159, Asian and African Studies, British Library, London。

一种当时颇为流行的观点，即认为肆意砍伐树木、大规模清理丛林和随意采摘树叶，就能自动带来茶叶生产的暴利。他以一种幽默的方式指出："每一个长出叶子的芽都会生出根来。"① 换句话说，马斯特斯强调茶叶企业的收益与茶叶作物的种植方法紧密相关。他认为，在对茶树种植的利润和损失进行估算之前，茶树种植者必须掌握一套详尽的"茶叶栽培"文化知识。后来的一些作家们在此基础上进一步扩展了这一农业术语的内涵和应用范围。例如，在 1861 年提交给美国专利局（United States Patent Office）的报告中，在阿萨姆地区拥有六年茶树种植经验的斯宾塞·邦萨尔（Spencer Bonsall）建议，在美国南部地区种植茶树很有可能取得成功。② 毕竟，茶叶作为农业产品的一种，与葡萄树的栽培和葡萄酒的酿造极为相似，生产好茶和酿造好酒一样，都需要精心的照料和精湛的制作技巧。③ 邦萨尔还自豪地提到，他自己"制造了一台机器"用于轧制树叶。不过他承认，这台机器并不能让树叶实现"适当地螺旋扭曲"。④ 他强调，采摘茶叶这一环节，需要人类的双手来完成，因为目前还无法发明出一种能够区分老叶和嫩叶的工具。

邦萨尔提到的这些农作技巧包括 6 点。

（1）清理丛林：茶叶种植的过程通常从清理丛林开始，同时保留对茶树有益的植物，如豆科植物，以提供营养。

（2）土地准备：人们要开始锄地、打杈和手工除草，为种植茶树准备

---

① J. W. Masters, "A Few Observations on Tea Culture," in *Journal of the Agricultural and Horticultural Society of India*, Vol. Ⅲ, Part I（January to December 1844），p. 4；阿萨姆公司（Assam Company）成立于 1839 年 2 月，是印度茶叶历史上第一家股份制企业，但直到 1859 年才实现盈利。关于它的"官方"历史，参见 H. A. Antrobus, *A History of the Assam Company 1839-1953*（Edinburgh：T. and A. Constable Ltd. , 1957）。

② Spencer Bonsall, "Tea：Its Culture and Manufacture：with Directions for the Soil, Character of Climate Etc. , Etc. , Adapted to the Culture of the Plant in the United States, from Practical Experience, Acquired by a Residence of Six Years in Assam," in *Report of the Commissioner of Patents for the Year 1860：Agriculture*, House of Representatives Papers, 36th Congress, 2nd Session, No. 48（Washington, DC：Government Printing Office, 1861），p. 453.

③ Spencer Bonsall, "Tea：Its Culture and Manufacture：with Directions for the Soil, Character of Climate Etc. , Etc. , Adapted to the Culture of the Plant in the United States, from Practical Experience, Acquired by a Residence of Six Years in Assam," p. 453.

④ Spencer Bonsall, "Tea：Its Culture and Manufacture：with Directions for the Soil, Character of Climate Etc. , Etc. , Adapted to the Culture of the Plant in the United States, from Practical Experience, Acquired by a Residence of Six Years in Assam," p. 464.

好适宜的土壤条件。

（3）苗圃管理：在苗圃或种植园内明确指定的地方种植茶树幼苗，确保它们在雨季到来前发芽，然后通过实践熟练掌握移植技巧。

（4）修剪：随着茶叶植物逐渐成熟，修剪便成为种植园中一个重要的操作环节。修剪或者修枝的目的在于促进叶片生长，保持茶树的整体健康。通常在完全修剪过的区域再进行施肥和锄地。而真正的考验则出现在下一个季节。因为多汁的叶子（俗话说的两叶一芽）和坚韧的嫩芽是整个茶叶企业的核心，也是最珍贵的财产。

（5）采摘：根据不同的地理位置、气候条件、土壤状况、降雨量和是否有枯萎病等因素的影响，茶树的第一轮生长旺盛期通常在 2 月至 4 月出现，并持续到 12 月底左右。茶农们普遍认为，树苗需要两到三年的时间才能产出第一批茶叶。随着茶叶被采摘，"使其适合市场"进行销售的下一个阶段开始了。[①]

（6）加工：茶叶加工的关键步骤，包括通过机械或人工方式进行萎凋、揉捻、发酵、干燥等操作。[②] 这些步骤将茶叶原料转化为"深色、清脆的商业茶"。但关于这一环节的操作准则，始终强调经验和判断力才是关键性的因素。例如，莫尼中尉认为，检验失水的最佳方法是人的耳朵："把新鲜的叶子捏在手里，放在耳朵附近，会发出噼啪声，但是枯萎的叶子则听不到任何声音。"[③] 克罗尔主张，对于"普卡茶"（pucca tea）来说——他用方言将其比作完美的作物，在"普卡茶"的制作过程中，必须防止过度萎凋以及萎凋不足的情况发生。他认为，人工干预是造成茶叶出现过度萎缩和易碎问题的主要原因。[④] 正如曾在印度茶叶协会担任化学家的凯尔韦·班伯（M. Kelway Bamber）所说："一旦造成损害，就无法

---

① 《印度所得税法案》（*Indian Income Tax Act*）中相关条款的表述，可追溯至上一节讨论的《1886 年第 2 号法案》（*Act II of 1886*）和《1918 年第 7 号法案》（*Act VII of 1918*）。可以肯定的是，绝大多数繁重的体力劳动由庄园工人在恶劣和缺乏弹性的工作条件下完成的。事实上，劳工史学家（尤其是专注阿萨姆研究的学者）认为，茶叶种植和复杂的制作过程，客观上需要一种特殊的管理模式，这种劳动制度本质上体现了一种"强制居住的利益"，参见 Behal, *One Hundred Years of Servitude*，尤其是第 2 章。

② 接下来是筛分、分拣、包装和运输成品，尽管我在本书中并没有重点介绍茶叶制作的这些阶段。

③ Money, *The Cultivation and Manufacture of Tea*, pp. 120–121.

④ Crole, *Tea*: *A Text Book of Tea Planting and Manufacture*, p. 139.

补救。"① 揉捻是茶叶制作过程中的一个中间环节，其目的是使枯萎的叶子流出必要的汁液，为后续的发酵做好准备。班伯将发酵或氧化步骤描述为"整个茶叶制造过程中最重要的一步"，原因在于茶叶最终的色泽、风味和品质都取决于这一阶段。② 最后一道工序是炒茶，目的是去除发酵叶子中的所有水分，并且在理想状态下，尽可能地保留叶片中的精华成分。这一步骤为筛选、分类和最终运往加尔各答和伦敦民辛巷（Mincing Lane）的拍卖行做准备。

随着机械化逐渐取代了上述传统的制作流程，特别是在19世纪80年代之后，针对这一变化，管理者和茶农收到了不少警示。除了天气条件决定发酵的程度和性质外，还必须注意发酵室的卫生状况，应该对其进行消毒以防止"微生物"的滋生。③ 此外，在发酵过程中使用的镀锌铁皮和锌板，如果分离不当，就有可能会在最终的茶叶成品中留下痕迹。19世纪中叶，许多揉茶机器品牌的兴起，如金蒙德（Kinmond）、海沃斯（Hayworth）、尼尔森（Nelson）、杰克逊（Jackson）、克鲁克尚克（Cruickshank）等。尽管这些机器大大缩短了茶叶的生产时间，但由于在刚开始时施加的压力过大，它们往往会在处理萎凋的茶叶时出现折断叶片的情况。塞缪尔·拜尔顿（Samuel Baildon）指出："机器轧制中驾驶员的行为至关重要……手工轧制叶片的人在刚开始工作时速度通常较慢，但随着叶片加工越接近终点，他轧制的速度就会越快。机器的操作也应该遵循同样的规律。"④ 莫尼上校认为，揉茶机只是为揉茶做准备的工具，并不能完全取代人工。莫尼指出，这些机器"并不能像手工那样最终捻出最漂亮的茶叶"⑤。对于凯尔韦·班伯来说，这些揉茶机器让他联想到"类似于苦力双手的动作"。⑥ 吉

① Bamber, *A Text Book on the Chemistry and Agriculture of Tea including the Growth and Manufacture*, pp. 221-222.
② Bamber, *A Text Book on the Chemistry and Agriculture of Tea including the Growth and Manufacture*, p. 225.
③ Harold H. Mann, *The Factors Which Determine the Quality of Tea*, p. 25, MSS EUR F/174/ 1515, Asian and African Studies, British Library, London.
④ Samuel Baildon, *Tea in Assam: A Pamphlet on the Origins, Culture, and Manufacture of Tea in Assam* (Calcutta: W. Newman & Co., 1877), p. 29.
⑤ Money, *The Cultivation and Manufacture of Tea*, p. 116.
⑥ Bamber, *A Text Book on the Chemistry and Agriculture of Tea including the Growth and Manufacture*, p. 222.

布斯（Gibbs）、维多利亚（Victoria）、迪普莱（Duplex）、戴维森（David-son）、西洛可（Sirocco）等品牌的机器，是公认的优质茶叶干燥器。克罗尔明确指出，尽管自动化机器在充分的监督下，能够"令人满意"地完成茶叶制造过程的前两个阶段，即萎凋和揉捻，但在炒茶这一关键步骤中，却需要"非常精细的技巧"，否则难以放弃人工操作。[①] 这是因为温度的控制至关重要，过高的温度会不可逆转地烧焦卷起的叶子，并耗尽茶叶中的咖啡因。1927 年，印度茶叶协会的卡朋特（P. H. Carpenter）和哈里森（C. J. Harrison）认为，咖啡因是茶叶的主要特征之一，在茶叶加工的阶段，虽然咖啡因的流失现象很常见，但这个问题是可以通过温度控制来避免的。[②] 哈罗德·曼恩（Harold Mann）懊悔地说："在目前市场上所有的自动机器中，叶片在机器操作的前期阶段或多或少都会被'焖熟'，目前看来，理想的烧制条件似乎还无法完全达到。"[③] 拜尔顿的说法更直接，甚至带有一定的夸张性，他认为太阳比任何自动化机器或其他设备都能更好地烘干茶叶。[④] 班伯提醒管理人员，在炒茶阶段，如果没有给予持续的监督，那么大量的茶叶"最有可能因烧制过度或不足而变质"[⑤]。戴维·弗里斯（David Foulis）曾在阿萨姆地区的察查尔地区从事茶叶种植工作，他在自己未出版的日记中写道："茶叶价值的获得不是靠信口开河和详尽的账目，也不是靠办公室里的工作，而是靠个人对茶叶种植的浓厚兴趣和持续的关注……以及工作中那些看似最微不足道的细节，只有这样，种茶事业才能获得更多的回报。"[⑥]

[①] Crole, *Tea: A Text Book of Tea Planting and Manufacture*, p. 150.

[②] P. H. Carpenter and C. J. Harrison, *The Manufacture of Tea in North-East India*, *The Indian Tea Association* (Calcutta: Catholic Orphan Press, 1927), pp. 3-4.

[③] Mann, *The Factors Which Determine the Quality of Tea*, p. 28.

[④] Baildon, *Tea in Assam*, p. 36.

[⑤] Bamber, *A Text Book on the Chemistry and Agriculture of Tea*, p. 235；当然，机械也被广泛应用于茶叶加工的后续阶段（包括筛选、分拣、混合和包装）。然而，关于机械的使用范围和功效的认知存在显著分歧。例如，莫尼上校并不相信有何种机器可以筛选茶叶，其质疑的依据在于：筛选过程不符合常规生产流程的标准。参见 Money, *The Cultivation and Manufacture of Tea*, p. 132, emphasis in the original；也可参阅 Claud Bald, *Indian Tea: Its Culture and Manufacture, being a Textbook on the Culture and Manufacture of Tea*, second edition (Calcutta: Thacker, Spink and Co., 1908).

[⑥] Journal of D. Foulis, "The Tea Assistant in Cachar," MS 9659, National Library of Scotland Manuscript Collection.

当种植者具备了被茶叶"专家"认可的栽培知识，以及得到实践验证的相关知识后，他们和印度茶叶协会便开始宣称自己对植物及其生产空间拥有天然的、不可分割的权威。随后，印度殖民政府与种植者和印度茶叶协会之间展开了一场围绕所得税的辩论，而这场辩论所揭示的远不止是财政僵局的现实。接下来，让我们探讨下这些争论。

征税还是不征税

茶树种植者每天都要在自己的种植园里辛勤劳作无数个小时，他们满怀希望和焦虑地关注着作物的生长情况，花费了大量的时间和精力去研究土壤、施肥和排水的问题，时刻关注着农业科学的进步。对于他们来说，认为茶业产业本质上不属于农业范畴的观点，似乎非常荒谬。

——《印度茶叶协会系列会议记录》，1919 年 1 月 8 日①

英属印度的种植园部门历来不在直接征税的范围之内。作为一个农业企业，种植园向政府缴纳土地收入。此外，有人认为若再对种植园征收所得税，无疑是双重征税，这种做法既不合理也不公正。② 此外，额外的所得税征收还违反了《康沃利斯 1793 年禁令》③ （*Cornwallis' 1793 injunction*），

① *The Indian Planters' Gazette and Sporting News*，January 25，1919，Microfilm Collection MFM. MC1159，Asian and African Studies，British Library，London.
② Sir Percival Griffiths，*The History of the Indian Tea Industry* （London：Weidenfeld and Nicolson，1967），p. 557. 阿萨姆茶园根据专门制定的法规缴纳税金，这些法规旨在刺激欧洲殖民者在该省定居和殖民扩张。《1838 年荒地规则》（*Wasteland Rules of 1838*）、《1854 年旧阿萨姆规则》（*Old Assam Rules of 1854*）、《1862 年永久地产权规则》（*Fee-Simple Rules of 1862*）、《1876 年租赁规则》（*Leasehold Rules of 1876*）、《1886 年阿萨姆定居规则》（*Assam Settlement Rules 1886*），这些法规持续到 20 世纪 20 年代，规定了茶树种植土地的购买价格、耕地面积和收入评估政策。尽管这些法规表面上宣称对所有投资者开放，但实际上直到 1920 年前后，地方资本都被排除在大型种植园企业投资之外，第五章将详细阐述这些土地制度政策的农业经济影响。
③ 它是《1793 年康沃利斯法典》的重要组成部分。该法典是东印度公司在时任孟加拉总督的康沃利斯勋爵（Lord Cornwallis）的指导下，于 1793 年颁布的系统性立法，旨在改善英国在印度领土的治理。标志着英属印度行政体系的重大变革，该法典确立了"康沃利斯制度"或"孟加拉制度"。主要内容包括治安管理、司法和民政管理的重要 （转下页注）

特别是在永久定居的地区。①

因此，《1886年第二号法案》(*Act II of 1886*) 第五条规定：

> 任何东西均不需缴纳税款——
> （a）从用于农业目的的土地上所产生的任何租金或收入，或按土地收入计算，或者按照政府官员评估和征收的地方税率计算；
> （b）来自以下方面的任何收入：
> （i）农业；
> （ii）耕种者或实物地租接收者出售其种植或接收的产品（适于投放市场）而通常采用的任何工序过程；
> （iii）耕种者或实物租赁接收者出售其种植或接收的产品，而他并没有为出售这些产品而开设商店或摊位。②

在重申先前农业免税逻辑的同时，《1886年第二号法案》却无意中为茶叶和靛蓝产业以及其他类似企业打开了一个充满问题和悖论的"潘多拉魔盒"。例如，茶叶种植者是否需要纳税？茶叶企业能否在其农业和非农业单位之间进行税收分摊？目前，法律似乎已经给出了答案。

在种植者和茶叶协会反对征税的一片抗议声中，孟加拉总检察长保罗（G. C. Paul）作出如下裁定：茶叶和靛蓝种植者作为农业产品的"生产者"，因此可以免税。③ 但是，企业中领取固定工资和福利的雇员则不在免

（接上页注③）条款，其中最著名的条款就是"永久定居"（Permanent Settlement）制度，即"柴明达尔制度"（Zamindari System），该制度承认柴明达为法定土地所有者，并永久固定他们的土地税额。这种"永久定居"实际上在印度培养了一个支持英国统治权威的土地阶级。总体而言，该制度为孟加拉带来了社会和政治稳定，但代价是剥夺了小土地所有者和小佃农的权益保护，并将印度本土精英排除在行政管理之外——译者注。

① Griffiths, *The History of the Indian Tea Industry*, p. 557. 康沃利斯勋爵（Lord Cornwallis）于1793年3月22日颁布的公告，又被称为"永久定居"制度，旨在将土地税额永久固定，给地主阶级以产权保障，使他们免受价格波动的影响。然而，实际上，这种重农主义的土地"改良"理论带来了灾难性的后果；Ranajit Guha's *A Rule of Property for Bengal: An Essay on the Idea of Permanent Settlement*（Durham and London: Duke University Press, rpt. 1996）仍然是对其历史、思想渊源和影响的最好阐述。也请参阅 S. M. Pagar, *The Indian Income Tax: Its History, Theory, and Practice*（Baroda, 1920）。

② W. H. Grimley, *An Income Tax Manual Being Act II of 1886, With Notes*, pp. 6-7.

③ W. H. Grimley, *An Income Tax Manual Being Act II of 1886, With Notes*, p. 7.

税范围之内。同样地，任何"在土地附近拥有和占用的建筑物"或"经营所需土地的宅基地附属物"，如前述（b）条款中所述，这些也可免征税款。对于任何其他房屋，企业都必须缴纳税款。[1] 然而，这些部分的收入比例并不固定。保罗试图将看似不可分割的事物分开进行界定，但他的解释只会让人更加难以置信。正如 1886 年 5 月 11 日的一份报纸所强调的那样：

> 对茶园和靛蓝工厂的管理者免税，而对其助理人员征税，这种想法既不合逻辑，也谈不上理智。[2]

不过，种植园主怎样成为基本自然形式的农业产品生产者，以及他们在何种逻辑下被视为不受机械化影响的种植者，这些问题目前已通过法律争论得到了一些分析性的解答。于是，在回应比哈尔邦的靛蓝种植者是否应缴纳所得税的指控时，伍德罗夫和埃文斯（Woodroffe and Evans，以下简称 W&E）提出了不同的观点。尽管他们的意见是于 1886 年 6 月 30 日针对靛蓝提出的，但这些意见对茶叶企业产生了直接影响。[3] 首先，W&E 试图对《1886 年第二号法案》中含糊的"农业"和"种植者"概念加以界定。他们着重强调了种植者和作物、耕作者和产品之间的关系，这种关系在相关立法中有明确规定。在他们看来，种植者与最终用户的区别在于，种植者对一种高度"不稳定"且"特殊"的作物进行了"风险"投资，作物的成败取决于土地质量、天气、气候、劳动力、技术和监督等多种因素。换句话说，种植者和被种植的作物之间的耕作关系被认为是一种有机的关系，这是获取茶叶或靛蓝内在价值的必要且不可分割的步骤。机械化工艺能够将其转化为"适销"形式，是因为作物在其原始的生物状态下除对种植者外没有其他价值。因此，W&E 反对将这两个过程分解为农业和工业两个独立过程的企图，并且反驳了《1886 年第二号法案》的逻辑，他们提出：

---

[1] W. H. Grimley, *An Income Tax Manual Being Act II of 1886, With Notes*, pp. 7–8.

[2] *The Indian Planters' Gazette and Sporting News*, May 11, 1886, Microfilm Collection MFM. MC1159, Asian and African Studies, British Library, London.

[3] Judgment of Messrs. Woodroffe and Evans, "The Liability of Indigo Planters to Assessment of Income Tax," reprinted in *The Indian Planters' Gazette and Sporting News*, July 27, 1886, pp. 82–83.

如果有可能——实际上这是不可能的——区分靛蓝种植者从植物中获得的收入和从着色剂中所获得的收入（当着色剂是通过普通且必要的工艺从植物中提取时），那么根据该法案第5（Ⅰ）（ii）条，这种收入也将免税……但我们认为，本条可以不予考虑，在这种情况下，没有任何收入可以单独归因于任何工序。[1]

在 W&E 提出反驳意见的过程中，他们实际上所指的很可能是茶叶。果不其然，阿萨姆地区的种植园主们便引用他们的"反驳意见"来争取免税。种植园主们对印度政府仓促制定《1886年第二号法案》的条款提出批评，并对政府"考虑不周"和"非商业性的失误"表示惋惜，也就是为了征税的目的而将茶叶生产的某些领域分割开来的做法。[2] 正如一份报告愤怒地宣称："我们要么是农学家，要么不是！"[3] 甚至还有人提议向法庭提起诉讼，以迅速解决这一问题。然而，印度政府并不愿意这么做[4]，直到20世纪的第二个十年，茶叶企业基本上都没有被纳入所得税的征收范围。如今，种植园主的观点得到了证实：茶叶企业在本质上属于农业企业，是在他们的密切监督和参与下进行管理的。在茶叶生产过程中使用的机械并未改变种植者和作物之间的有机联系。这是一种奇特且自相矛盾的法律构想。因此，虽然茶叶行业的其他雇员有缴税义务（从而被归为非农业人员），但种植者无需纳税。对于法律而言，助理、工程师和会计虽然协助将茶叶转化为"适销"状态，但他们的服务显然是机械的、间接性的，缺乏免税所需的"园艺直接性"。从理论上讲，《1886年第二号法案》使茶叶企业处于分裂状态。

在随后的三十年左右时间里，情况相对平稳。但随着第一次世界大战日益临近，比哈尔邦和奥里萨邦（Orissa）的地方政府在1914年宣布，这两个地区的制糖业必须纳税。印度政府同意这一立场，并认为《1886年第二号法案》被错误适用了。在辩论中，印度政府及其法律顾问引入了一个本

---

[1] 最近对英属印度靛蓝的研究，参见 Prakash Kumar, *Indigo Plantations and Science in Colonial India* (Cambridge and New York, NY: Cambridge University Press, 2012)。

[2] *The Indian Planters' Gazette and Sporting News*, September 14, 1886, p.277.

[3] *The Indian Planters' Gazette and Sporting News*, September 7, 1886, p.248.

[4] Sir Percival Griffiths, *The History of the Indian Tea Industry*, p.558.

体论前提，即"粗放农业"（crude agriculture）与"现代制造工艺"（modern manufacturing processes）的处理有所不同。换言之，印度政府颁布的《1886 年第二号法案》的第五条只针对基本的"家庭加工"，这一条款并未涵盖那些采用"最新生产线、以商业经营为目的"的制造工厂。[①] 当时，孟加拉政府（Government of Bengal，以下简称 GOB）在考虑对茶叶企业实施类似规定时，征求了总检察长肯瑞克（G. H. B. Kenrick）的意见。随着印度茶叶协会和种植园主再度成为权力斗争的焦点，一场围绕茶叶加工税收政策的激烈辩论就此拉开帷幕。1915 年 12 月，在肯瑞克的判决中明确指出：

> 在我看来……《1886 年第二号法案》第 5 条考虑的，是种植者为了将农产品推向市场而通常会采取的那些简单工序，然而对于配备现代先进科学机器或设备的复杂制造工序，该条款并未纳入考量范围。……对于那些使用现代科学机器或设备来生产茶叶的茶厂，其所产生的收入应被视为英属印度产生的收入，并且应予以征税。[②]

这一立场遭到了印度茶叶协会和种植园主的强烈反对，他们和印度政府之间的这场争论持续了六年之久。直到 1918 年 3 月 19 日，一项新的立法——《第七号所得税法》（*The Income Tax Act Ⅶ*）的正式通过，才为这场旷日持久的争议画上了句号。

1918 年《第七号所得税法》引入了"现代性"的概念，明确规定茶叶企业的"制造部分"应当纳税。这一变化实际上界定出了一个更为模糊的领域。它所涉及的不仅仅是一个单纯的经济问题。对于种植者和印度茶叶协会而言，这一立场的转变意味着他们不得不放弃以茶叶作为有机物质为核心的精心运作安排。如前文所述，这场争议所涉及的层面远不止农业理念，它更深层次地关联到种植园主的合法权威和权力观念，其中也涵盖了对生产空间的控制权。这种悖论是难以避免的。长期以来，茶叶企业一直自诩为英帝国"落后"地区社会和物质进步的先驱，他们通过不断强调

---

① 引自印度政府财政部秘书致印度茶叶协会秘书的一封信，参见 *The Indian Planters' Gazette and Sporting News*, August 3, 1918, pp. 115 – 116, National Agricultural Library（hereafter NAL），United States Department of Agriculture（USDA），Beltsville, MD。

② *The Indian Planters' Gazette and Sporting News*, August 3, 1918, p. 116.

茶叶企业基本的农业特征，来对抗与之相悖的意识形态立场，这在理论和实践层面都构成了某种双重束缚。为了摆脱这种尴尬局面，种植园主试图通过强调茶树在所谓的"自然的"（农业）和"制造的"（商业）部分之间的有机不可分割性，来化解这种讽刺。20 世纪初，印度政府与茶叶企业之间的这场所得税辩论，表面上看只是一个财务问题，但实际上更像是一场意识形态和植物学之间的拉锯战。[①]

与此同时，1918 年 3 月 27 日，印度茶叶协会的阿萨姆分会收到了一封来自印度政府的信函，信中明确要求他们协助评估茶叶行业收入的"工业"部分。[②] 随着外部战争的爆发，在接下来的一年半时间里，种植园部门和政府之间展开了一场激烈且有时颇为恶毒的斗争。这封写给印度茶叶协会阿萨姆分会的信，让愤怒的会员们察觉到，印度政府已经通过了新修订的所得税条款。印度茶叶协会和种植者们指责政府在推行这项新的征税政策时，采取了"暗箱操作"和"走后门"的方式，他们决心竭尽全力对1918 年《第七号所得税法》提出质疑。[③] 首先，他们认为这种新的"不公平"且"不公正"的税收政策是在毫无警告或通知的情况下，强加给茶叶行业的。其次，他们争辩说，在《1886 年第二号法案》中，"工厂"一词一直被视为种植者农业职能的必要延伸，然而，新立法的第 5（1）(c）条却删除了该词，他们认为其唯一目的就是针对茶叶企业。再次，种植者和印度茶叶协会对1918 年《第七号所得税法》的第 43（2）条予以嘲讽。该条款明确规定，总督会同枢密院有权指示地方政府在"农业收入"（agri-cultural income）和"商业收入"（business income）之间进行分配。[④] 在印

---

① 关于这一主题，参见 Prakash Kumar, "Plantation Indigo and Synthetic Indigo: European Plant-ers and the Redefinition of a Colonial Commodity," *Comparative Studies in Society and History*, 58.2 (April 2016): 407-431; Kristin Adal, "The Problematic Nature of Nature: The Post-Con-structivist Challenge to Environmental History," *History and Theory*, Theme Issue 42 (December 2003): 60-74; William Cronon, *Nature's Metropolis: Chicago and the Great West* (Chicago, IL: W. W. Norton, 1991); and Leo Marx, *Machine in the Garden: Technology and the Pastoral Ideal in America* (New York, NY: Oxford University Press, 1964).

② *The Indian Planters' Gazette and Sporting News*, April 27, 1918, pp. 477-478, NAL, Beltsville, MD.

③ *The Indian Planters' Gazette and Sporting News*, May 18, 1918, p. 557, NAL.

④ 《1918 年第 7 号法案》（Act VII of 1918）全文，参见 *The Unrepealed General Acts of the Gover-nor General in Council: From Act I of 1914 to Act XI of 1919*, Vol. VIII (Calcutta: Superintendent of Government Printing, 1919), pp. 250-274.

度茶叶协会对政府的抗议行动中，阿萨姆地区的种植园主、兼国会议员加纳沙姆·巴鲁阿（Ghanashyam Barua）给予了坚定支持。加纳沙姆在帝国立法议会上积极游说，力挺英国同行提出的论点。[1]

在双方争论的最后阶段，印度政府明确指出，新征税政策实际上是对先前未征收的旧税进行补征，而非针对茶叶企业额外加税。政府进一步澄清，"工厂"一词之所以被删除，是为了确保与"农业"条款相兼容，同时消除纳税人对自身地位的疑惑[2]。印度政府明确规定，只有在满足以下两个条件时，才会对"农业收入"部分进行评估：第一，茶叶企业的全部原材料需源自其作为耕种者的土地，或是通过实物收取的地租；第二，除了耕种者通常采用的方法外，企业不得采用任何其他方法来确保农产品"可销售性"[3]。此外，印度政府的财政委员威廉·迈耶（William Meyer，1860-1922）早在1916年至1917年就曾发出警告，除了对茶叶和黄麻产业征收出口税外，在必要时还可以征收额外税款：

> 鉴于茶叶和黄麻这两个行业在战争期间呈现出极为繁荣的景象，尤其是黄麻产业，在面临战争造成的财政压力时，将成为征收大量额外税收的首选行业之一。对于茶叶行业，尽管其具有明显的"工业属性"（industrial character），但在过去三十年里一直享受免征所得税的待遇。[4]

茶叶征税的争议尚未平息。将茶叶企业定性为"工业企业"的新举措，引发了种植园主及其领导组织——印度茶叶协会对核心问题的深刻思考。长期以来，在阿萨姆地区认真开展茶叶试验的七十多年间，种植者、田间实践者、茶叶专家、昆虫学家，植物学家和化学家们始终强调，专业

---

① Amalendu Guha, *Planter Raj to Swaraj: Freedom Struggle and Electoral Politics in Assam, 1826-1947* (New Delhi: ICHR, 1977), p. 70.

② 参见印度政府财政部秘书致印度茶叶协会秘书的一封信，《印度种植园主公报》和《体育新闻》进行了转载：*The Indian Planters' Gazette and Sporting News*, August 3, 1918, pp. 115-118, NAL。

③ *The Indian Planters' Gazette and Sporting News*, May 18, 1918, p. 555.

④ 引自印度政府财政部秘书致印度茶叶协会秘书的一封信，《印度种植园主公报》和《体育新闻》进行了转载：*The Indian Planters' Gazette and Sporting News*, August 3, 1918, p. 117, NAL, Beltsville, MD。

种植（expert cultivation）是茶叶种植园在国际市场上取得成功的关键所在。在他们看来，放弃这一基本特征，意味着在意识形态和经济层面遭受双重失败。

因此，在 1918 年 5 月之后，印度茶叶协会再次对印度政府的税收政策提出抗议，对新法案予以尖锐批评，指责其逻辑"简单化"且"粗糙"。该协会通过运用修辞手法，对政府所定义的"现代性"提出质疑，怀疑机械是否能成为古代与现代的界线。他们嘲讽政府的推理逻辑，质问难道仅仅因为企业使用"过时"的设备，就应免除纳税义务。更为重要的是，种植者和印度茶叶协会质疑政府是否要求他们采用古代中国制造茶叶的方法①，这一质疑再度引发了关于印度东部茶叶种植方法以及中国杂交茶叶品种使用的争论②，此时争论焦点集于如何区分茶叶企业的农业和工业性质。有趣的是，孟加拉马哈詹萨巴协会（Bengal Mahajan Sabha）也加入了这场辩论，并于 1918 年 6 月左右坚定地站在了反政府的立场。该协会在致孟加拉政府的财政部门秘书的一封信中指出，尽管茶叶种植园运用了复杂的机器设备，但从任何合理的角度推理，都无法证明茶叶经过保存过程后就变成了与农业属性截然不同的材料③。为进一步支撑这一观点，孟加拉马哈詹萨巴协会以黄麻和水稻为例，表明这些作物在经历类似机械化过程时，仍然保留着自身基本的农业特征。他们告诫政府，对茶叶企业征税可能会给其他农业经营者开创一个令人担忧的先例。1918 年 6 月 7 日，一份由茶叶特别专员（special tea commissioner）撰写的详细报告更为直接地向政府发出提醒。报告指出，影响茶叶生产的因素因地区而异。所以推行统一的应税收入分摊政策，即便算不上鲁莽之举，也注定徒劳无功。此外，报告还指出，茶叶行业的主要利润源自茶叶种植过程。具体来说，在茶叶运往工厂之前，其精华成分就已存在于叶子之中。④ 基于此，该专员特别建议，即便严格按照 1918 年《第七号所得税法》的文字表述和精神内涵来执行，也很难清晰地将茶叶行业的"农业"和"工业"两部

---

① *The Indian Planters' Gazette and Sporting News*, May 18, 1918, p. 555, NAL.

② 有关详细说明，请参阅上一节。

③ *The Indian Planters' Gazette and Sporting News*, June 8, 1918, p. 635, NAL.

④ "A Surprise Attack. And a Vigorous Counter Offensive," *The Indian Planters' Gazette and Sporting News*, June 8, 1918, p. 635, NAL.

分区分开来，而且从所谓的"工业"部分所获收益"微乎其微，根本不值得征税"。①

可以确定的是，种植园主和印度茶叶协会的反对立场，并非仅仅基于法律逻辑。面临来自爪哇、锡兰（现斯里兰卡）和中国的激烈国际竞争，他们抗议将所得税与现行的进出口税合并征收的政策，认为这一政策违背经济理论的基本原则，极具破坏性。更重要的是，他们指出，政府的推理路线与 1918 年提交的《印度工业委员会报告》（*Report of the Indian Industrial Commission*，以下简称 RIIC）相互矛盾：

> 改进农业是必要的，因为它构成了几乎所有印度工业的基础，推广改进农业方法的知识，特别是使用动力或手动机械的知识也是必要的，因为它能够增加农民的收入，并对他们起到教育作用。因此从印度工业发展的角度来看，加强农业改进的重要性不言而喻。②

虽然 1918 年《第七号所得税法》和《印度工业委员会报告》的出台看似具有一定的偶然性，但不可忽视的是，工业委员会的报告无疑为反对派针对政府税收政策的批评提供了有力支撑。在一份措辞极为强硬的章节中，种植者和印度茶叶协会言辞激烈地指出，新的税收制度实则是历史的倒退，与政府在其他场合公开声明的立场严重不符。③ 1918 年《第七号所得税法》规定对茶叶企业的"商业收入"征税，而对"农业收入"免税，这种看似明确的规定，在印度国家经济增长的两个关键行业——农业和工业之间，人为地制造了不公正的差距。正如一篇报道后来以一种挖苦的口吻提问："农业难道不是一种商业吗？"④ 种植者和印度茶叶协会巧妙借助印度工业委员会的报告，进一步指责新税收政策对改进的农业方法予以惩罚，导致国家农业进步出现倒退趋势。⑤ 他们坚定地认为，茶叶企业的

① Ibid. , p. 635, NAL.
② *Report of the Indian Industrial Commission*, *1916–1918*（London：His Majesty's Stationery Office, 1919），pp. 52–57, Command Papers 51, House of Commons.
③ *The Indian Planters' Gazette and Sporting News*, August 3, 1918, p. 109, NAL.
④ *The Indian Planters' Gazette and Sporting News*, January 25, 1919, p. 104, NAL.
⑤ *The Indian Planters' Gazette and Sporting News*, August 3, 1918, p. 109, NAL.

"工业"和"农业"这两个部分是不可分割的有机整体,这一观点也得到了印度政府专家团体的认同。这种看似矛盾的立场,实则凸显出政府政策中潜藏的深层次矛盾。

审判日

面对来自种植者和印度茶叶协会前所未有的抗议和诉讼压力,印度政府最终选择妥协[①],同意对茶叶企业实行恩惠政策,将原本的豁免期限延长到 1919 年 3 月 31 日。然而,随着最后期限的日益临近,争议却仍未平息。在慌乱且一时找不到有效对策的困境下,印度政府决定依据 1918 年《第七号所得税法》第 51 条,向加尔各答高等法院(Calcutta High Court)提起诉讼,试图通过司法途径来解决这一难题。根据该法案条款的明确规定,首席税务当局有权将因对法案任何条款的解释而产生的评估问题提交至法院审理。[②] 在行政审议未能得出明确结论的情况下,印度政府认为法律或许是打破僵局的最终解决方案。当然,一旦进入司法审查和裁决程序,其结果将对整个茶叶行业适用。因此,经过一番考量,位于阿萨姆地区的瑙贡的基林谷茶叶有限公司(Killing Valley Tea Company)被选中作为此次诉讼的对象。该公司隶属于加尔各答的詹姆斯-芬利管理公司(James Finlay and Company)。由代理首席大法官苏托什·穆克吉(Asutosh Mooker-jee)、弗莱彻(J. Fletcher)和乔杜里(J. Chaudhuri)领导的审判法庭审理了基林谷茶叶有限公司诉印度国务大臣(The Secretary of State for India)一案,并于 1920 年 5 月 31 日宣布了判决。[③]

基林谷茶叶有限公司占地 553 英亩,是一家规模庞大的种植园。其拥有运营资金 10 万卢比,估值约为 7.7 万卢比,还雇用了一名欧洲经理、一

---

① Vide, letter from the Secretary to the GOI (Finance Department) to the Secretary, ITA, reprinted in *The Indian Planters' Gazette and Sporting News*, August 3, 1918, p. 118, NAL.

② *The Unrepealed General Acts of the Governor General in Council: From Act I of 1914 to Act XI of 1919*, Vol. Ⅷ, p. 272.

③ No. L. S. 83/8/6/20 in the High Court of Calcutta, see *Indian Law Reports* (hereafter ILR), Calcutta Series, Vol. XLⅧ, January to December 1921 (Calcutta: Bengal Secretariat Legislative Department), pp. 161-176.

名经理助理和大约 800 名苦力，① 并且广泛采用机器生产出口茶叶。在此背景下，印度政府向加尔各答高等法院提出请求，要求对几十年来争论的核心问题做出裁决：基林谷茶叶有限公司的运营和利润是否源于"农业"活动，进而是否应继续享受免征所得税待遇。换句话说，法律责任的焦点在于确定茶业行业是否存在"农业收入"这一类别和实践。在本案中，双方的陈述都颇具看点，基林谷茶叶有限公司的代表律师辩称：

> 茶树栽种成熟后，嫩叶会被精心挑选出来，通过手工采摘。之后，这些嫩叶会经过干燥或萎凋、揉捻、烘干和储存等工序。经过烘干和揉捻的茶叶，也就是茶树的最终产品，随后被送往市场。在茶叶种植早期，绿叶会在阳光下晒干或萎凋，然后手工揉捻，这种原始方法后来被机器取代。不过，即便这些工序由机器完成，也不会改变茶叶的整体制造过程或影响其最终结果，只是加快了加工速度。要是没有上述工序，茶树叶片就毫无市场价值可言。②

然而，印度政府的代理律师并不认同这一观点，他们主张：

> 谨代表政府声明，现代茶厂配备了科学设备和先进机器，其生产工艺与传统种植者为适应市场而采用的工艺截然不同。③

虽然印度政府重新搬出"现代性"这一论点，试图证明茶业不应仅被视为农业活动，但面对这些陈旧的观点，最高法院并未支持任何一方。代理首席大法官穆克吉爵士试图终结双方在法律层面的争论，他强调说："我们认为，这两种观点都是错误的。"④ 加尔各答高等法院最终做出裁定，争论的核心焦点实际上是分配问题。也就是说，茶叶企业既不完全归属于农业企业范

---

① No. L. S. 83/8/6/20 in the High Court of Calcutta, see *Indian Law Reports* (hereafter ILR), Calcutta Series, Vol. XLVIII, January to December 1921 (Calcutta：Bengal Secretariat Legislative Department), p. 161.

② Vide, *ILR*, Calcutta Series, Vol. XLVIII, January to December 1921, p. 169; emphasis mine.

③ Vide, *ILR*, Calcutta Series, Vol. XLVIII, January to December 1921, pp. 169 – 170; emphasis mine.

④ Vide, *ILR*, Calcutta Series, Vol. XLVIII, January to December 1921, p. 169.

畴，也不完全属于工业企业范畴。这一判决体现了早期智慧的痕迹，尤其是让人联想到保罗爵士（G. C. Paul）在《1886 年第二号所得税法案》出台后的判决，毕竟可分割收入的问题始终没有得到有效解决。在本案中，在最初征收税款的三十多年后，利润分割问题再次成为争论的焦点。穆克吉爵士援引了著名茶人——即爱德华·莫尼中校和大卫·克罗尔的权威文献，认为茶叶种植园的"早期经营部分"，也就是种植茶树和采摘茶叶这一系列环节，能够被视为农业范畴的活动。① 然而，法院坚持认为，在不违背语言逻辑的情况下，不能把使用机器将茶叶变成"适销商品"的"加工过程的后半部分"简单地定义为工业。② 换句话说，法律并不认同基林谷茶叶有限公司关于这两个过程不可分割的观点，在法院看来，这两个过程从本质上来说始终是完全不同的。正如法院裁定的那样：

> 毫无疑问，在我们看来，茶叶制造的整个过程是农业和制造业的结合。③

加尔各答高等法院在提出可分割收入的理由时，提到了许多先例。例如，法院援引了国内税务专员诉兰森案（Inland Revenue Commissioners v. Ransom, 1918 2 K. B. 709）的判决，在该案中，该公司主要从事化学制品和草药的生产和销售，其化学家和草药制造商就其第一要素被征收超额利润税。高等法院经过审理后认为，没有理由否定这样一种现象，即"为什么一个公司不能像一个人那样，在同一时间从事一种以上的贸易或业务"。④ 高等法院驳回了基林谷茶叶有限公司的主张，即未加工的茶叶没有商业价值，需要经过工业阶段才能出售：

---

① 莫尼中校的获奖论文包括：*The Cultivation and Manufacture of Tea*（London：W. B. Whittingham & Co.，1878），这篇论文在 1872 年被印度农业和园艺协会授予金质奖章。也请参见他的以下文章：*The Tea Controversy（A Momentous Indian Question）. Indian versus Chinese Teas. Which are Adulterated? Which are Better? With Many Facts About Both and the Secrets of the Trade*（London：W. B. Whittingham & Co.，1884）. 大卫·克罗尔（David Crole）是一位老茶工，曾经是阿萨姆乔凯茶园（Jokai tea estate）的经理，这本书让他闻名遐迩，*Tea：A Text Book of Tea Planting and Manufacture*（London：Crosby Lockwood and Son，1897）。
② Vide, *ILR*, Calcutta Series, Vol. XLVIII, January to December 1921, p. 170.
③ Vide, *ILR*, Calcutta Series, Vol. XLVIII, January to December 1921, p. 171.
④ Vide, *ILR*, Calcutta Series, Vol. XLVIII, January to December 1921, p. 172.

　　　　绿叶并非可以直接作为食品的适销商品，而是能够被拥有必要机器的人加工成适合人类消费的茶叶的适销商品。[①]

　　不难看出，这显然是一种带有马克思主义观点色彩的论断。在马克思主义理论中，商品具有使用价值和交换价值双重属性，其中使用价值是商品的自然属性，交换价值则是商品的社会属性。[②] 基林谷茶叶有限公司虽然强调茶叶的"叶子"对他们而言没有"使用价值"，但法院却认为茶叶的"使用价值"正是其作为原材料的固有属性，并且可通过机械化加工转化为交换品。实质上，法院的判决是对茶叶商品的"交换价值"部分进行征税。尽管基林谷茶叶有限公司和种植者一直声称茶叶商品的"使用价值"和"交换价值"都是农业专业技术的结果，但法院并没有具体说明在制茶过程中，"农业经营"何时结束以及"制造业"从何开始。换句话说，截至1920年5月31日，这两个所谓的可分离的阶段的收入数额仍然模糊不清，悬而未决。事实上，穆克吉爵士指出，当时并没有任何规则可用于分配这两种收入：

　　　　当这些规则被作为法定规则制定和实施时，就可以对公司的茶叶利润中不属于"农业收入"的部分进行评估。[③]

　　很明显，在基林谷茶叶有限公司诉印度国务大臣一案中，虽然规定所有的茶叶企业都必须遵守法院的判决，但并没有真正解决这个问题。印度茶叶协会很快就表示，这种"半心半意的判决"不可能持续太久。[④] 它指责法律的思维方式无法理解"茶叶生产的美妙之处"，并有预见性地指出，该裁决会招致无休止的操纵和纠纷。[⑤] 基林谷茶叶有限公司的米特（B. C. Mitter）律师辩称，不可能向枢密院提起反诉，因为该判决"仅仅只是为

①　Vide, *ILR*, Calcutta Series, Vol. XLⅧ, January to December 1921, p. 171.

②　Karl Marx, *Capital*, Vol. I, trans. Ben Fowkes (New York, NY: Vintage, rpt. 1977), p. 179.

③　Vide, *ILR*, Calcutta Series, Vol. XLⅧ, January to December 1921, p. 173.

④　*The Indian Planters' Gazette and Sporting News*, June 5, 1920, p. 754, NAL.

⑤　*The Indian Planters' Gazette and Sporting News*, June 5, 1920, p. 754.

税务局提供指导而表达的意见"。① 这既不是具有强制执行力的命令，也不是具有普遍适用性的法令。在关于分配应纳税所得额的问题上，印度政府委派了一个由四位专家组成的委员会，这四位专家分别是：孟加拉政府统计局的斯普赖（H. E. Spry）、财政部统计局的西姆（G. G. Sim）、阿萨姆劳工委员会的米利根（J. A. Milligan）和印度茶叶协会的克劳福德（T. C. Crawford），他们共同就法律判决造成的税收局面提出报告。② 他们的建议以及随后政府与茶叶协会之间的妥协取得了一些成果——根据《1922 年所得税（修订版）第十一号法案》[Tax (Revised) Act XI of 1922]，双方同意将 25% 的茶叶生产收入作为商业收入，因此应缴纳税款。③ 目前尚不清楚这个数字是如何得出的。当然，印度茶叶协会抗议说，这一 25∶75 的分配比例显然是不合法的。该协会声称，与棉花等其他经济作物不同，茶叶不能无限期保存，然后再投入使用。换句话说："茶叶的种植者就是而且必须是制造商。"④ 印度政府默许并放弃了这些百分比数字，转而制定了一项更普遍的规则，即由评税官员来决定他们认为茶叶企业等各个行业的"合理利润"如何分配。⑤

可以肯定的是，印度政府与种植者以及印度茶叶协会之间的争论问题远远不止这些。除了农业和工业收入的分摊问题外，关于雇员福利（例如免租金住宿）以及茶叶企业的其他固定资产和流动资产的税收状况等问题也时常出现争议。另外，麦克切尔（W. G. McKercher）先生身兼数职，他既是位于阿萨姆地区的阿姆戈瑞尔茶叶种植园（Amgoorie Tea Estates）的总经理，同时兼任印度茶叶协会阿萨姆分部的副主席，在 1927 年，他向印

① Vide, letter no. 10300, Calcutta, June 28, 1920 from M/S. Orr, Dignam & Co. , to ITA in *Detailed Report of the General Committee of the Indian Tea Association for the Year 1920* (Calcutta: Criterion Printing Works, 1921), pp. 138-139, Assam State Archives (hereafter ASA), Guwahati, Assam.

② Vide, Circular No. 84, Calcutta, December 7, 1921, from ITA to All Members of the Association in *Detailed Report of the General Committee of the Indian Tea Association for the Year 1921* (Calcutta: Criterion Printing Works, 1922), p. 222, ASA.

③ Sir Percival Griffiths, *The History of the Indian Tea Industry*, p. 559.

④ *The Indian Planters' Gazette and Sporting News*, June 5, 1920, p. 754, and *The Indian Planters' Gazette and Sporting News*, June 12, 1920, p. 782, NAL.

⑤ Draft Paper of the Finance Department, GOI, Lord Winterton to Mr. David Grenfell, MP, No. F/6297/27 dated October 5, 1927, MSS EUR F 174/1217, Asian and African Studies, British Library, London.

度皇家农业委员会（Royal Commission on Agriculture in India，以下简称 RCAI）提供的证词中提到，对茶叶企业征收的一系列过渡性税款，例如出口税、所得税、汽油税和茶箱进口税等，对阿萨姆地区的发展造成了严重的阻碍。① 麦克切尔毫不留情地称这些税收是该省的"害群之马"。他认为，1927 年高达 30 万卢比的出口税极具破坏性，并且认为应该在其作为战争物资的作用充分发挥之后再予以征收。在他看来，印度政府对茶叶企业的征税政策不利于包括农业在内的全方位发展。他直言不讳地评价道："我们缴纳了三倍的税收……但对阿萨姆地区的经济发展来说仍然毫无用处。"② 如果这种观点是阿萨姆人经常持有的普遍看法，那么麦克切尔确信，所得税的荒谬逻辑只会"让伤口更加严重"。③

更为重要的是，种植园主和印度茶叶协会抗议称，根据当时的规定，税务官员在确定表面上不可分割的茶叶利润（农业和制造业部分）方面被赋予了太多的权力和权限。为了尽快解决这一长期存在的混乱和难题，印度政府在 1927 年意识到，只有对税收百分比做出明确规定，才能结束这场旷日持久的辩论。换句话说，必须对相关法律进行修订，赋予中央税收委员会明确的权力，由他们具体规定有多少部分来自农业收入，有多少部分来自商业收入。④ 修订法案最终于 1927 年 9 月 22 日得到了总督的批准。⑤ 根据该法案：

---

① Statements of Mr. W. G. McKercher, *Royal Commission on Agriculture in India: Evidence Taken in Assam*, Vol. V (London: His Majesty's Stationery Office, 1927), pp. 205-228.

② Statements of Mr. W. G. McKercher, *Royal Commission on Agriculture in India: Evidence Taken in Assam*, Vol. V (London: His Majesty's Stationery Office, 1927), p. 217.

③ 麦克切尔在谈到所得税分配时说："你可以说，我们有一家工厂，仅仅是因为我们有一台蒸汽机或其他什么东西，然后就从我们身上榨取更多的钱。"参见 *Royal Commission on Agriculture in India: Evidence taken in Assam*, 216；根据麦克切尔的估算，1926 年至 1927 年，茶叶行业向殖民地财政贡献了 300 万卢比的出口税、150 万卢比的所得税和 100 万卢比的进口税（茶盒）。

④ Letter marked "Confidential," No. 666-I. T. /26, from Deputy Secretary to the GOI to Her Majesty's Under Secretary of State for India, Financial Department, India Office, London, dated August 24, 1927, p. 2, in MSS EUR F 174/1217, Asian and African Studies, British Library, London。

⑤ 这成为《1927 年第 28 号法案》（*Act XXVIII of 1927*），实际上，它仅对《1922 年法案》（*1922 Act*）的第 59 条款进行了修订，授权中央税务局决定这些数字的权力，参见 *A Collection of the Acts of the Indian Legislature for the Year 1927* (Calcutta: Govt. of India Central Publication Branch, 1928)。

现在规定：卖方销售自己种植和制造的茶叶所取得的收入，应当视同经营收入所得来进行计算，其中40%的收入应被视为应纳税的收入、利润和收益。[①]

这种分配方式一直延续至1947年印度独立之后。[②]

茶叶，作为具有政治属性的植物，在整个所得税辩论的进程中，成为高度争议的焦点。[③] 其中，阿萨姆地区的"野山茶树"更是成了争论的核心。对种植者和印度茶叶协会来说，茶叶企业并非各个部分的简单叠加，而是一个有机的整体。他们始终坚信，茶树的基本特征在整个生产过程中，即便到了机械化生产阶段，依然保持着其固有的本质。茶叶所具有的固有品质，关键在于其叶片本身未受到任何影响。市场上所销售的茶叶，虽然在外观上可能有形状、颜色和质地等方面的变化，但这些

① *The Gazette of India*, November 19, 1927, Part I, p. 1057；该百分比数字已于当年9月30日确定，参见 MSS EUR F 174/1217, Asian and African Studies, British Library, London.

② 虽然超出了本研究的范围，但考虑到所得税辩论的更大财政背景也是很重要的。印度的经济历史学家认为，在第一次世界大战之前，政府的大部分税收来自土地收入（1855年至1856年占总收入的55.5%）。更多"现代性"的税收，例如所得税、关税和消费税，在英属印度的公共财政中贡献非常有限（1858年至1859年占总收入的12%）。蒂坦卡·罗伊（Tirthankar Roy）指出，这种对土地收入的重度依赖所造成的一个严重后果是，政府预算仍然缺乏灵活性和弹性。另外两项商品税，即鸦片税和盐税，也是收入弹性很低的税种。换句话说，即使经济发展了，来自这些税收来源的相应收入却没有同步增长。因此，与英法在亚洲的热带殖民地相比，殖民政府的税收收入占国内生产总值的比例极低。罗伊认为，这种情况在1919年前后发生了变化，当时土地税的重要性和贡献显著下降，农产品价值下降、土地商人和协会的持续运动、永久定居地区的收入不灵活，以及莱特瓦尔（Ryotwari）地区的政治因素考虑，都在这方面有所帮助。就印度政府的财政而言，所得税、关税和消费税取而代之，具有了新的意义。如下面的一组数据所显示的，从1858年至1859年，到1920年至1930年之间，关税从8%升至26%，土地税从50%下降到20%，盐税和鸦片税从24%下降为负数，而特许权税从4%升至17%，收入税也从0.3%升至10%。引自 Tirthankar Roy, *The Economic History of India*, *1857–1947*, third edition (New Delhi：Oxford University Press, 2011), pp. 252–257; see also, Dharma Kumar, "The Fiscal System," in Dharma Kumar and Meghnad Desai, eds., *The Cambridge Economic History of India*, *Vol. 2*, *c. 1751–1970* (Cambridge：Cambridge University Press, 1983), pp. 905–944；从经济的角度来看，印度政府坚持征收茶叶所得税，必须根据这一历史背景来解读。

③ 借用隆达·席宾格对洋金凤（Poinciana pul cherrima，俗称"孔雀花"）进行研究时所使用的"政治植物"（political plant）这一术语，参见 Schiebinger, *Plants and Empire：Colonial Bioprospecting in the Atlantic World* (Cambridge, MA and London：Harvard University Press, 2004).

变化并不会影响茶叶本身的内在品质。从植物学的视角来看，对于种植者而言，茶树和种植园被视为农业设施的一部分。可以确定的是，茶叶在商业上取得成功，主要依赖于其独特的风味，这种风味是茶叶本身所具备的特质，而不是种子或果实所具备的。

正如本章第一节所述，茶叶企业在"技术"和"机械"知识方面的进步，与植物学因素紧密相连。[1] 当然，试图将茶叶的种植与其工业残余物分离开来，这种做法无论在实际操作层面，还是其他相关方面考量，都显得重复且不精确。考虑到这是历史经过长期积淀所形成的价值，特别是印度政府早期在对待中国植物时所出现的"失误"，种植者和印度茶叶协会认为，他们对茶叶行业的各个方面，诸如产品品质把控、独有特性的保持和运营管理等，都拥有天然的权威。[2] 正如埃德加·汤普森曾经指出的："种植园是作为种植园主的个人财产而产生的，其发展方向始终从种植园主的利益出发。它首先是一个权力单位。"[3] 因此，作为茶叶企业自封的代表，印度政府在税收分配问题上所持的相反观点和展现出的财政姿态，在很多层面上都显得具有威胁性。它打破了种植园主和印度茶叶协会对茶叶商品及其生产空间那种受到严密保护的、所谓受到专家认可的管辖权。

但是，对于反政府派来说，这场争论并未完全结束。如前文所述，1886 年和 1918 年的税收法案给种植园主和印度茶叶协会带来了理论上的双重束缚。同时，这些法案也在某种程度上证实或鼓吹了印度本土茶叶优于中国茶叶的说法。1870 年后，随着印度茶在种植园主、大都市和国际市场中的接受度逐步提升，一种"精心设计"的意识形态也随之产生。除了强调"种族"（英国监管）和气候原因外，机械自动化也被认为是导致印度茶更加"纯净"和"清洁"的关键因素。1884 年，莫尼中尉如此论证："印度斯坦（Hindustan）的茶叶现在都是用机械制造的，而中国的茶叶则

---

[1] 在这一点上，我对贾耶塔·夏尔玛的相反论点持不同意见。参见 Sharma, "British Science, Chinese Skill and Assam Tea: Making Empire's Garden," p. 443。

[2] 关于殖民地印度靛蓝中"天然"成分的辩论，参见 Prakash Kumar, "Plantation Indigo and Synthetic Indigo: Redefinition of a Colonial Commodity," *Comparative Studies in Society and History* 58, 2 (April 2016): 407-431。

[3] Edgar T. Thompson, "The Climatic Theory of the Plantation," *Agricultural History*, Vol. 15, No. 1 (January 1941): 49-60。

是手工制造的。"① 换句话说，在他的观点中，最后阶段"完全不用手接触"的茶叶自然品质更优。在莫尼看来，这便是印度茶相较于中国茶——在生产过程中使用"肮脏"且"艰苦"的人力——所具备的决定性优势。② 在印度茶叶的世界里，机械并非无害之物，对机械的认识也充斥着意识形态上的宣传和讽刺。③

所得税争夺战在印度茶叶产业的各个层面和各条战线上，都呈现出异常复杂且难以解决的局面。从 1886 年到 1918 年，茶叶种植者和印度茶叶协会采取了一种"回归自然"的策略，试图在税收辩论中占据有利地位。这一策略的核心在于强调茶叶产业的自然属性，而刻意淡化其机械加工的工业部分。然而，这一策略实际上深刻反映出茶叶产业内部的复杂性，具体而言，农业与工业在茶叶产业中的界限并非人们想象的那么清晰。在这个问题上，种植者在辩护时，往往会引用茶叶专家的观点来支撑自己的立场，但这些专家自身的观点有时也存在矛盾之处。比如，在一些关于茶叶加工技术的研究报告中，部分专家一方面强调机械化生产能够提高茶叶生产效率，另一方面却又在某些场合暗示机械化可能会影响茶叶的品质。更为关键的是，他们否认机械化在茶叶制造中具有新颖性和现代性的立场，与种植者所宣称的发展和进步理念相冲突。

从政府的角度看，将茶叶企业的"前半部分"划分为农业企业，"后一部分"划分为工业企业，在理论层面和法律层面上确实具有一定的便利性，但在实践中却面临诸多复杂的问题。其中，给这些不同的生产过程分配确切的数字，便是一个极为棘手的问题，无论是 1922 年确定的 25/75 比

---

① Lieutenant-Colonel Edward Money, *The Tea Controversy*, p. 9.

② Lieutenant-Colonel Edward Money, *The Tea Controversy*, p. 9.

③ 毫无疑问，茶叶产业的推广超越了简单的市场竞争行为。对于殖民地行政官员、印度茶叶协会和种植园主来说，茶叶企业被塑造为阿萨姆乃至英属印度实现"进步"和"现代性"的核心载体——涵盖经济、社会和物质方面的进步。其中，机械化的引入是"改善"进程中不可或缺的，甚至值得庆贺的里程碑。例如，阿萨姆人口普查专员、著名公务员爱德华·盖特（Edward Gait）认为："茶叶产业给该省带来的好处是多方面的。最适合种植茶叶的土地并不适合种植水稻，如果没有茶叶种植者的清理，大部分土地仍然隐藏在茂密的丛林中……受过教育的阶层在茶园中获得了许多文职和医务方面的职位……贸易也得到了很大的推动，在全省各地都开辟了新的市场，也促进了铁路、河流和公路交通网络的完善。"参见 Gait, *A History of Assam*（Calcutta: Thacker, Spink, rpt. 1967），p. 413. 如前所述，尽管殖民地话语强调茶叶产业的农业属性及其现代性贡献，但这种宣称与产业实践存在显著矛盾。

例，还是 1927 年确定的 40/60 比例，都存在着一定的不合理性。穆克吉通过引用克罗尔和莫尼的话来支撑自己的观点，这在一定程度上显示了他对资料来源的严谨态度。然而在对所引用的资料进行解释的过程中，可能由于个人观点或其他因素的影响，存在一定的偏颇之处。

关于所得税的辩论，在印度茶叶经济史上，不仅仅是一场简单的财政争论。它还涉及商业、植物学、意识形态和政治等多方面的复杂关系。这些关系虽然相互关联，但并不总是能够协调一致。1886 年、1918 年和1920 年的多次讨论，以及关于茶叶种植和制造的大量文献资料，为我们揭示了印度殖民地时期茶叶植物、种植者和茶叶种植园之间那段充满争议但往往被人们遗忘的关系。这些珍贵的文献资料，为我们提供了一个珍贵的视角，有助于我们深入了解茶叶产业在印度殖民时期的发展历程和所面临的诸多挑战。

| 第三章 |

茶园里的虫害

无论人类在何处开疆拓土，无论人类对哪些前沿领域进行了探索，他们都会发现自己是后来者，始终追随着昆虫那六条腿的脚步前行。①

如果说关于"自然"的财政辩论在宏观层面映射出了茶业产业的农业经济问题，那么在微观层面，茶叶产业还需要应对一系列细微且不易察觉的竞争对手。可以确定的是，茶叶害虫和枯萎病几乎是和阿萨姆地区的种植园一同出现的。布鲁斯（C. A. Bruce）作为茶叶种植和生产领域的公认先驱②，在1838年对上阿萨姆地区的景颇（Singpho）和穆托克（Muttock）茶叶产区进行描述时，就提到了蝼蛄（mole cricket）。在那个炎炎夏日，布鲁斯专注于茶叶种子和幼苗的试验，他注意到，蝼蛄这种昆虫不仅会啃食茶叶的嫩叶，还会将它们埋在根部附近的地下。③ 而这一系列行为，导致茶树生长前景黯淡无光。

阿萨姆地区的茶叶种植者面临着多种害虫的威胁，包括茶蚊虫（Helopeltis theivora）、红蜘蛛或茶螨（Tetranychus bioculatus）、蓟马（Scirtothrips dorsalis）、茶蚜（tea aphis）、尺蠖毛虫（looper caterpillars）以及水疱疫病（blister blight）。当然，这份害虫清单并非毫无遗漏地详尽罗列，但这些确定都是茶树的主要天敌，它们给茶叶种植园带来的损害也最为严

---

① May Berenbaum, *Bugs in the System: Insects and Their Impact on Human Affairs* (Reading, MA: Helix Books, 1995), Preface, p. xii.

② Antrobus, *A History of the Assam Company*, p. 22.

③ C. A. Bruce, *An Account of the Manufacture of the Black Tea as now Practiced at Suddeya in Upper Assam, by the Chinamen Sent Thither for that Purpose, with Some Observations on the Culture of the Plant in China and its Growth in Assam* (Calcutta: Bengal Military Orphan Press, 1838), p. 15.

重。总体而言，本章对茶叶害虫和气候的关注，揭示了茶叶种植园经济与其周围环境之间被广泛忽视的关系。茶叶害虫就像花园里众所周知的虫子①一样，它们啃噬着茶叶产业的利润，蚕食着科学控制的理念以及专家们关于农业进步的美好愿景。事实上，这些茶叶疫病的产生并非单纯由外部因素诱发，而是在很大程度上源于内在的自然条件，尤其是遮阴的树木和降雨，它们共同作用，为疫病的滋生提供了温床。最终，这些疫病通过劳工的身体、风、采摘篮、鸟类和维持茶叶行业运转的各个环节传播出去。换句话说，这些并不是由远道而来的虫子引起的，而是茶园内部生态系统失衡的结果。② 而对于这些未知的、鲜为人知的生态竞争者，农作物的质量和最终的利润都在下降，阿萨姆地区的种植者们深知问题的严重性，他们积极寻求当地的害虫管理和根除方法，在这个过程中，他们与英帝国的同行结成同盟，共同探索应对之策。然而，对于那些虽有破坏性但大多无效的实验室"修复"方法和大都市的相关技术，他们却嗤之以鼻。在这些互动中，人类参与者和非人类参与者之间的关系也让我们重新思考。③ 如果说茶叶劳工中疟疾、霍乱和黑热病死亡的高发病率揭示了

① 虫子（bug）和昆虫（insect）这两个词现在看起来似乎可以互换，但历史上并非如此。梅·R. 贝伦鲍姆（May R. Berenbaum）写道："在亚里士多德的《动物历史》（*Historia Animalium*）问世约四个世纪后，老普林尼（Pliny the Elder）在其巨著《自然史》（*Historia Naturalis*）中提出了他对昆虫分类的解释……尽管有不准确之处，但它在随后 1400 年里成为自然史研究的权威参考书。中世纪的编纂工作大多借鉴了他的文本，例如，巴托洛缪斯·安格利库斯（Bartholomaeus Anglicus）在 1230 年左右编撰的《物性论》（*De Proprietatibus Rerum*）延续了这一传统。这部作品旨在对宇宙进行完整的描述……'虫子'一词最早用于指代幽灵或者小妖怪——一种难以察觉且令人不适的事物。另一方面，'insect'这个词直到 1601 年才在英语中出现，那年菲利蒙·霍兰德（Philemon Holland）翻译了普林尼的《自然史》。一年后，意大利人乌利塞斯·阿尔德洛万多斯（Ulysses Aldrovandus）提出创新性分类方案。他根据'昆虫'的栖息地将其分为陆栖昆虫（Terrestria）和水栖昆虫（Aquatica）。根据附肢存在与否划分为有足类（Pedata）和无足类（Apoda）；最后再根据有无翅膀分为有翅类（Alata）和无翅类（Aptera）……1758 年，卡尔·林奈（Carl Linné）在《自然系统》（*Systema Naturæ*）中首次系统应用二项式命名法。该系统具有划时代意义，所有先前发表的学名都被废止，后续研究必须遵循林奈系统（Linnaean system）。"参见 Berenbaum, *Bugs in the System*, pp. 3-4。

② William Cronon, "The Uses of Environmental History," *Environmental History Review*, 17 (3) (1993): 10.

③ Richard White, "Discovering Nature in North America," *Journal of American History* 79 (1992): 874-891; 请参阅 White, *The Organic Machine: The Remaking of the Columbia River* (New York, NY: Hill and Wang, 2005); Matthew Mulcahy, *Hurricanes and Society in the British Greater Caribbean, 1624-1783* (Baltimore, MD: The Johns Hopkins University Press, （转下页注）

农业操纵的社会后果，而茶叶病虫害的持续暴发，揭示了在茶叶商品的故事中，茶叶利润和致病性虫害之间存在着千丝万缕且至关重要的核心联系。①

植物（以及后来人类）病原体的历史，与约翰·罗（John Law）、布鲁诺·拉图尔（Bruno Latour）等人在 20 世纪 80 年代后期提出的批判社会学理论惊人地契合。这一理论便是"行动者网络理论"（Actor-Network Theory，即 ANT），该理论主张对社会机构进行彻底的重组，它引导我们将社会机构的理解视为由无数"网络"、"行为者"和"集合体"构成的复杂产物，其中包括动物、机器和非人类。② 在他们看来，社会结构、组织和过程并非由自主的、全知的且能够完全掌控局面的行为者单向构成的。在拉图尔看来，社会现实（包括资本主义）是一系列"关联"的有机组成部分，更是这些"关联"相互作用的结果。但这些"关联"并没有一个被明确指定的"权威"或预先设定的"方向"。

这种"关联"的观点，对于揭示经济活动的不确定性具有极大的启示作用。以虫害为例，我们在后续的讨论中将会看到，阿萨姆地区的茶叶种植园的政治经济结构是一个由联盟、参与者和力量相互交织而成的网络。在这个网络中，虽然其中一些关系，例如劳动力和资本之间的关系，在一定程度上可以通过各种手段加以控制和操纵。但另一些关系，比如虫害和茶叶微气候（tea microclimate）之间的关系，却很难控制，甚至从实际操作层面来看，几乎不可能将其分离并准确预测。事实上，阿萨姆地区的茶叶种植园中病虫害的急剧增长，让人们清醒地认识到，种植者和茶叶"专

（接上页注③）2006）；J. R. McNeill, *Mosquito Empires*：*Ecology and War in the Greater Caribbean*, *1620-1914*（Cambridge：Cambridge University Press, 2010）；Robert E. Kohler, *Lords of the Fly*：*Drosophila Genetics and the Experimental Life*（Chicago, IL：University of Chicago Press, 1994）；Timothy Mitchell, "Can the Mosquito Speak?" in *The Rule of Experts*：*Egypt*, *Techno-Politics*, *Modernity*（Berkeley, CA：University of California Press, 2002）；Paul S. Sutter, "Nature's Agents or Agents of Empire? Entomological Workers and Environmental Change during the construction of the Panama Canal," *Isis* 98（4）（2007）：724-754. 这些是作为人类与非人类重叠的进一步案例研究。参见 William Beinart and Lotte Hughes, *Environment and Empire*（Oxford：Oxford University Press, 2007），p. 10. 用于讨论帝国鼎盛时期商品"欲望"的案例研究。

① 在接下来的章节，我将讨论劳工健康（labor health）和疾病环境（disease environments）。

② Bruno Latour, *Reassembling the Social*：*An Introduction to Actor-Network Theory*（New York, NY：Oxford University Press, 2005）；also Latour, *We Have Never Been Modern*（Cambridge, MA：Harvard University Press, 1993）；John Law and J. Hassard, eds. , *Actor Network Theory and After*（Oxford：Blackwell, 1999）.

家"对于茶商品企业的认知存在着明显的局限性，他们并非完全了解茶商品企业内部的运作机制，更不是这种商品企业的绝对主宰——"无冕之王"。正规的昆虫学"科学"在管理虫害方面的作用，也因此受到更大质疑。因为在大多数情况下，昆虫学"科学"不仅难以提供可持续的补救措施，而且诸如化学杀虫剂等技术性补救措施往往会引发一系列原本不存在的新问题。最后，人类与非人类之间的这些中介（指病虫害），让我们深刻意识到，茶叶种植经济的成本和后果并非仅仅局限于物质层面和人类范畴，而是同时涵盖生态层面和经济层面。

当然，从方法论的角度来看，"行动者网络理论"存在一定的局限性。① 虽然它并非要全盘否定"行动者网络"的全部内容，但已有的一些评价确实精准地触及了社会行动的层面。"行动者网络理论"最为突出的局限之一在于，它难以将责任明确地归咎于具体的行为者。② 正如后文将要阐述的，阿萨姆地区的种植园中的虫害问题，并非仅仅是茶叶种植园企业历史发展的必然产物，而是茶叶产业生产经济模式所带来的结果。具体而言，英帝国在茶叶种植园的经营过程中，对利润的过度追求、对土地资源的疯狂争夺、大规模灌溉工程的广泛建设、不健康的森林砍伐行为和单一经济作物的广泛种植等因素，都直接或间接地导致了该地区病虫害的发生和破坏。其次，"行动者网络理论"将权力分析为无休止的关系链，这种分析方式使得我们难以将权力的起源和影响置于历史脉络中进行考察。③ 换句话说，这些害虫不仅仅是茶叶经济学中人类与非人类网络的一部分，它们也是"伊甸园式进步"这一意识形态的生产制约和后果的体现。如果说政治经济学是一个复杂的关系网络，那么不同行为者网络之间存在着不平等和力量的差异。④ 否则，就容易导致权力话语的扁平化，尤其会忽视殖民权

---

① Donna J. Haraway, *Modest_Witness@Second_Millenium.FemaleMan©_Meets_OncoMouse™* (London: Routledge, 1997); Steve Fuller, "Why science studies has never been critical of science: Some recent lessons on how to be a helpful nuisance and a harmless radical," *Philosophy of the Social Sciences* Vol. 30, No. 1: 5-32; and Scott Kirsch and Don Mitchell, "The Nature of Things: Dead Labor, Non-Human Actors, and the Persistence of Marxism," *Antipode* Vol. 36 (2002): 687-705 to name a few.

② Kirsch and Mitchell, "The Nature of Things," p. 689.

③ 正如基尔希（Kirsch）和米切尔（Mitchell）所主张的，这些态度原则上排除了对人类和非人类行为者视野的权力影响的探寻，参见 Kirsch and Mitchell, "The Nature of Things," p. 692。

④ Kirsch and Mitchell, "The Nature of Things," p. 690.

力及其对英帝国中人类生活和生物社会工程所产生的深远影响。

茶园里的虫害

塞缪尔·皮尔（Samuel E. Peal）是锡布萨格尔（Sibsagar）地区的一名茶叶种植园主，他很可能是第一个关注到茶虫问题的人，这种茶虫是一种类似于常见蚊子的节肢动物。[①] 塞缪尔·皮尔颇具先见之明，提醒人们这种害虫在未来几年极有可能成为茶叶种植者面临的最大敌人，并明确指出，这种害虫的肆虐可能会致使茶叶的产量大幅降低，进而严重削弱茶业产业的利润。那些原本沉浸在30%和40%利润美好憧憬中的种植者们，当他们发现自己的茶叶利润锐减到仅有3%或4%时，想必很快就会从美梦中惊醒过来。[②] 皮尔在《印度农业和园艺协会》（*Journal of the Agricultural and Horticultural Society of India*）杂志上，精心附了七张色彩鲜明的图版，这些图版详细记录了他对这种害虫外貌特征以及其对茶叶和嫩芽所造成的影响的深入观察。然而，皮尔心中更为忧虑的，并非仅仅是害虫的外在表现，而是这种害虫的生态特性和生物特征，尤其是其所具备的恶性的寄生特性（parasitism），这种特性使得该害虫能够在茶园的栖息地中顽强生长并肆意汲取养分。因此，塞缪尔·皮尔推翻了当时流行的过度遮阴或缺乏丛林清理会导致茶蚊害虫增加的理论。为了深入探究这一现象，他对相对

[①] S. E. Peal, "The Tea Bug of Assam," *Journal of the Agricultural and Horticultural Society of India* (New Series) Vol. 4, No. 1 (1873): 126-132.

[②] S. E. Peal, "The Tea Bug of Assam," *Journal of the Agricultural and Horticultural Society of India* (New Series) Vol. 4, No. 1 (1873), p. 126. 据报道，早在1868年，塞缪尔·皮尔就曾撰写了多篇有关"茶叶水疱疫病"（The Blister Blight of Tea）的文章，但这一关键术语的原始出处至今为止仍未被找到；引自 Harold H. Mann, "The Blister Blight of Tea," *Indian Tea Association Circulars*, No. 3 (Calcutta, 1906), 1; MSS EUR/F 174/11, *Asian and African Studies*, British Library, London. 这里还需要注意的是，昆虫学和帝国扩张的深刻关联。实际上，克拉克（J. F. M. Clark）认为："1880年至1914年，昆虫经济学通过建立专业教育课程和社会认可的职业体系，获得了学术界的正式认可。将昆虫视为疾病传播媒介的研究，推动了热带医学框架下医学昆虫学的发展。帝国控制和消灭昆虫的经验不仅塑造了英国昆虫学家的职业轨迹，也深刻影响了其研究方法和知识体系。作为一门机构或学科，英国的应用昆虫学是在农业科学和热带医学的基础上发展而来的，属于经济昆虫学的范畴。"参见 J. F. M. Clark, *Bugs and the Victorians* (New Haven, CT and London: Yale University Press, 2009), p. 188。

开阔的茶园和新近被清理过的茶园中发生的虫害案例进行了深入研究，经过不懈的努力和细致的分析，皮尔得出了令人震惊的结论：茶叶成功采摘所创造出的必要条件，竟然在无意间为茶蚊害虫创造了宿主环境。① 虽然皮尔无法提供科学的补救措施，但他基于自己的观察和思考，还是给出了极具建设性的建议。他诚恳地告诫人们，不要采用人工方法去清除害虫，也不要盲目地给茶叶注射药水。他认为，这些措施并非都是"徒劳无益"的，因为这些人工干预的措施常常会被突如其来的暴雨无情冲走，难以发挥实质性的作用。而茶虫繁殖所需要的完美的湿度条件，恰恰是在这样的自然环境中形成。带着无奈却又怀揣希望的复杂心情，皮尔写道："在大自然适时地创造出它自己的治疗方法之前，我看不到任何治愈方法；当然，最终肯定会出现治疗茶蚊虫的方法，尽管可能不会在二十至五十年内出现。"② 在阿萨姆地区的茶叶种植历史长河中，存在着一个独特的生态系

---

① S. E. Peal, "The Tea Bug of Assam," p. 128.

② S. E. Peal, "The Tea Bug of Assam," p. 130; 无可否认，在早期阿萨姆种植园主群体中，皮尔（Peal）是一个殿堂级的人物。作为博物学家、民族志学家、鸟类学家和地理学家，皮尔在一个被英国民族主义者、大都市精英贬低为追求感官愉悦的职业领域中脱颖而出。将皮尔与莫里斯·汉利（Maurice Hanley）、查尔斯·韦伯（Charles Webb）、贝斯（Beth）、麦克莱恩（McLean）这些同时期种植园主进行对比研究颇有启发性，他们分别是库里—卡希尼和查卡—达尔潘的种植园主；参见 Maurice Hanley, *Tales and Songs from An Assam Tea Garden* (Calcutta and Simla: Thacker, Spink and Co., 1928); Biswanath Mukho-padhyay, ed., [Ramkumar Vidyaratna's] *Kuli Kahini* (Calcutta: Jogomaya Publications, 1886); and Dakshinacharan Chattopadhyay, *Cha-kar Darpan Natak in Bangla Natya Sankalan* (Calcut-ta, 2001), for a discussion of these other characters. 皮尔于 1897 年 8 月 12 日逝世，其学术贡献得到了高度认可，被授予皇家地理学会院士称号，讣告中特别强调其"阿萨姆的博物学家"的身份。撰稿人记载道："认为皮尔先生是一位种植园主，这也许是个错误，本质上他是一个博物学家。"参见 Obituary, *The Journal of the Polynesian Society* Vol. 6, No. 4 (1897): 216–218; reprinted from Calcutta Englishman, August 12, 1897; 有关这一观点的延伸，参见托尼·巴兰坦的文章, Tony Ballantyne, "Mr. Peal's Archive: Mobility and Exchange in Histories of Empire," in Antoinette Burton, ed., *Archive Stories: Facts, Fictions and the Writing of History* (Durham, NC: Duke University Press, 2005), pp. 87–111. 这些并不是空洞的意指或不假思索的符号；皮尔经常为《印度农业和园艺协会》杂志、《皇家地理学会会刊》（*The Proceedings of the Royal Geographical Society*）、《科学》（*Science*）、《自然》（*Na-ture*）、《皇家亚洲学会杂志》（*The Journal of the Royal Asiatic Society*）以及其他许多杂志撰稿。除了在期刊发表学术成果外，皮尔还被公认为皮尔帕姆蝶（Peal Palmfly）或锯眼蝶属（Elymnias peali）的发现者，该物种由伍德—梅森（Wood Mason）于 1883 年对其进行了分类。引自 J. Wood-Mason, "Description of a new Species of the Lepidopterous Genus Elymni-as," 伍德—梅森引自 Major G. F. L. Marshall and Lionel De Nicéville, *The Butterflies of India, Burmah and Ceylon* (Calcutta: The Calcutta Central Press, 1882), p. 277. 据历（转下页注）

90

统，在这个系统里，茶叶生长与虫害发展有时呈现出一种相互有利的态势（偶尔也会产生有害的情况）。在这个生态系统中，害虫的规模和破坏能力往往呈现反比关系。以茶蚜（tea aphis）为例，种植者常常感到奇怪的是，一种几乎无法用肉眼观察到的昆虫却拥有惊人的繁殖能力，它们能够在短时间内迅速地繁殖，给茶叶种植造成广泛的破坏。[1]面对茶蚜这种神秘而强大的繁殖能力，寻找茶蚊虫的传播媒介就成了亟待解决的重要问题。加尔各答的印度博物馆副馆长詹姆斯·伍德·梅森（James Wood-Mason）认为，昆虫间的交错分散是导致阿萨姆地区茶叶种植园虫害发生的一个重要原因。[2] 然而，气候和农业生态并不总是这些害虫的有力盟友，它们与害虫之间的关系并非一成不变，而是会根据具体情况发生变化，有时甚至会对害虫产生对抗作用。像蚜虫这样的小型茶叶害虫经常被暴雨冲走或者由于长期干旱而死亡，尽管并不总是如此。在两千多英里之外的南方，锡兰（今斯里兰卡）的咖啡种植者也面临着惊人的虫害。随着英帝国的种植园经济占据了锡兰岛的中部高地，寄生动物群所带来的一些生态挑战也开始凸显出来。咖啡鼠（Golundus ellioti）造成了严重的破坏，咖啡锈病（coffee rust）以及黑色、褐色和白色的各种虫害同样造成了不小的破坏。与阿萨姆地区的情况颇为相似，斯里兰卡种植园里的自然盟友同样既能对害虫起到一定的抑制作用，也能成为害虫蔓延的助力。[3] 为了应对这些害虫，种植者们有时会采取大面积的焚烧或使用土铲将其刨出的方式，然而，这样做随之而来的问题是土壤侵蚀和养分的流失。

（接上页注②）史记载，皮尔甚至还提供了上阿萨姆玛格丽塔（Margherita）地区丰富的煤炭和石油储量的早期信息，引自 Rajen Saikia, *Social and Economic History of Assam 1853-1921* (New Delhi: Manohar, 2000), p. 151. 从某种程度上说，将皮尔视为“种植园主”的看法存在明显局限。他在锡布萨格尔（Sibsagar）的职业居所提供的研究条件使其超越了传统种植园的局限，使他在茶叶种植、自然科学、人种学和昆虫学等多个研究领域都有建树。

[1] Reprinted in Section on "Tea Blights and Pests" in *The Tea Cyclopaedia: Chapters on Tea, Tea Science, Blights, Soils and Manures, Cultivation, Buildings, Manufacture Etc., With Tea Statistics* (London: W. B. Whittingham & Co., 1882), pp. 34-66.

[2] Reprinted in Section on "Tea Blights and Pests" in *The Tea Cyclopaedia: Chapters on Tea, Tea Science, Blights, Soils and Manures, Cultivation, Buildings, Manufacture Etc., With Tea Statistics* (London: W. B. Whittingham & Co., 1882), p. 38.

[3] James L. A. Webb, Jr., *Tropical Pioneers: Human Agency and Ecological Change in the Highlands of Sri Lanka, 1800-1900* (New Delhi: Oxford University Press, 2002).

令人惊讶的是，在皮尔于 1873 年发表文章的十年之后，阿萨姆地区的种植园中茶蚊虫的肆虐才引起了加尔各答科学界的注意。伍德-梅森受命进行了详细的实地考察，他的报告最终于 1881 年 6 月 8 日提交。[①] 虽然伍德-梅森重复了皮尔的一些观点，但他的研究更多是基于实验室对事实的交叉检验。他建议大力、坚持不懈地清除茶树的枯萎部分，然而，这一举措无疑需要增加茶叶种植园本就已经十分繁重的劳动工时，给种植者们带来了更大的负担。他还提出了一个假设，即茶汁的气味质量提供了对蚊虫的不同免疫力。据他所称，阿萨姆地区的本地茶树植物因具有刺鼻和辛辣的味道而使其免受茶蚊虫的侵袭，而中国的杂交茶树由于散发着温和的气味，使其更容易受到茶蚊虫的损害。[②] 然而，阿萨姆地区的所有茶叶品种接二连三地遭受茶蚊虫的袭击，这一事实有力地推翻了他的这些想法。事后看来，伍德-梅森的报告虽然确实提供了一些关于茶蚊虫的有趣见解和分析，但整体上仍然是相当不确定的、草率的。更重要的是，他的报告是最早将茶螨（tea mite，俗称红蜘蛛）列为阿萨姆茶叶寄生虫的报告之一。

据报道，红蜘蛛对茶叶生长的影响更具破坏性。[③] 伍德-梅森观察到，这种螨虫以小型"社团"的群体形式生活在成熟树叶的表面，以及它们为保护自己而编织的精致的网下。在四月的大雨中，这些网为红蜘蛛提供了庇护和生存空间，使它们能够不受外界干扰地生活而不被人轻易察觉。虽然阿萨姆地区的种植园的雨水和茶虫治理之间的有趣关系已经被多次评论，例如，长时间的暴雨经常会破坏错综复杂的蛛网，导致害虫消失。但这并不是一种切实可行的治疗策略。伍德-梅森的报告强调，红蜘蛛虽然隶属于印度-马来亚动物群的蛛形纲属，但并非外来物种，而是阿萨姆茶园的本土物种。[④] 这一观点也证实了皮尔最初对阿萨姆地区茶树和害虫之

---

① James Wood-Mason, *Report on the Tea-Mite and the Tea-Bug of Assam* (London：Taylor and Francis), 1884.

② James Wood-Mason, *Report on the Tea-Mite and the Tea-Bug of Assam* (London：Taylor and Francis), 1884, p. 18.

③ 关于红蜘蛛与茶树关系的科学研究，参见 G. M. Das, "Bionomics of the Tea Red Spider, Oligonychus Coffeae (Nietner)," *Bulletin of Entomology*, Vol. 50, No. 2 (1959)：265-274。

④ Wood-Mason, *Report on the Tea-Mite and the Tea-Bug of Assam*, p. 13.

间互利寄主关系的怀疑。① 皮尔曾在《印度茶叶公报》(*The Indian Tea Gazette*) 上指出，红蜘蛛是最古老、分布最普遍且分布范围最为广泛的害虫之一，其活动范围极为广泛，从海平面一直延伸到喜马拉雅山的雪峰。② 后续的研究进一步表明，红蜘蛛即便在寒冷季节也依然能够繁殖，并且在茶树整个生长周期中都能被发现。③ 这意味着天气条件对红蜘蛛繁殖率和攻击强度有着决定性的影响。④ 红蜘蛛的传播方式多样，风、牛、羊、鸟和其他昆虫，甚至种植园的劳工，都有可能在不经意间成为其传播的媒介，比如劳工通过衣服和茶篮将红蜘蛛带到其他地方。⑤

　　在世纪之交，阿萨姆地区的茶叶种植园遭受了水疱疫病的严重威胁。这种真菌病害在 1906 年 4 月和 5 月肆虐，对茶园造成了重大损失。当年，印度茶叶协会的官员哈罗德·曼恩 (Harold H. Mann) 在访问了受水疱病影响的上阿萨姆地区之后，发表了一份详尽的报告。报告指出，真菌的影响范围虽然是局部的，但却具有流行性的特点。曼恩在评论这一特点时特别指出，该病害在上阿萨姆地区的影响极为广泛，像勒金布尔 (North Lakhimpur)、戈拉加特 (Golaghat) 和乔尔哈特 (Jorhat) 等地区都未能幸免。水疱疫病的暴发对这些地区的气候条件产生了显著影响，导致了感染强度的增加。⑥ 为了应对水疱疫病带来的严峻挑战，受影响地区采取了一系

---

① 最近的一项科学研究重申了这一点，表明树龄、种植面积和害虫之间存在明显的相关性。研究表明，单一茶园作物形成的特殊微环境为各种 "植食性节肢动物" (phytophagous arthropods) 提供了持续的食物来源，害虫和群数量随茶树生长呈现阶段性变化，在 35 年树龄时达到生态饱和状态。统计数据显示，印度东北地区拥有全国最多的茶园害虫物种 (250 种)，这与种植面积 (1981 年为 361663 英亩) 和茶园年龄 (平均树龄达 138 年) 密切相关。研究表明，大多数茶叶害虫具有明显的地域局限性，只有约 3% 的害虫表现出跨区域分布特性。参见 Barundeb Banerjee, "An Analysis of the Effects of Latitude, Age and Area on the Number of Arthropod Pest Species of Tea," *Journal of Applied Ecology* Vol. 18 (1981): 339-342。

② Reprinted in Section on "Tea Blights and Pests" in *The Tea Cyclopaedia: Chapters on Tea, Tea Science, Blights, Soils and Manures, Cultivation, Buildings, Manufacture Etc., With Tea Statistics* (London, 1882), p. 38.

③ Das, "Bionomics of the Tea Red Spider, *Oligonychus Coffeae* (Nietner)," *Bulletin of Entomology*, Vol. 50, No. 2 (1959): 265-274.

④ Das, "Bionomics of the Tea Red Spider, *Oligonychus Coffeae* (Nietner)," *Bulletin of Entomology*, Vol. 50, No. 2 (1959), p. 272.

⑤ Das, "Bionomics of the Tea Red Spider," p. 272.

⑥ Harold H. Mann, *The Blister Blight of Tea*, Indian Tea Association Circular No. 3/1906, MSS EUR/F/174/11, Asian and African Studies, British Library, London.

列旨在减少和控制害虫的措施，但仍面临着一定的困难。在 1908 年至 1909 年，真菌专家麦克雷肩负起研究大吉岭地区水疱疫病的重任，他经过深入调查后发现，尽管这种真菌疫病早在 1895 年就被发现并且起初局限在布拉马普特拉河流域，但对于阿萨姆地区的茶叶种植区来说，它确实是一种"新"的疫病。[1] 麦克雷在研究过程中指出，该疾病的危害程度与茶树的品种密切相关。高品质的阿萨姆本土和杂交品种更易受水疱疫病的影响；而中等品质的茶叶品种和曼尼普尔变种则相对具有免疫力。麦克雷还证实了曼恩早期关于降雨量、修剪和水疱疫病暴发之间关系的假设。他发现，"7 月和 8 月的潮湿天气是导致损失的主要原因，受损最严重的茶田是经过重度修剪的"[2]。麦克雷还提出，大吉岭地区的真菌可能是通过茶籽转移等生态和人为因素从阿萨姆山谷传播过来的。[3]

除了水疱疫病带来的困扰外，蓟马在此期间也对阿萨姆和邻近地区的茶树造成了损害。[4] 蓟马喜欢在茶树的树阴下聚集繁殖，大量的蓟马会吸食茶树嫩叶和嫩芽的叶液阻碍其正常生长。不仅如此，蓟马的侵害还可能导致茶叶变硬、变脆，使得茶叶品质下降，从而影响茶叶产量和风味。[5] 对于以口味为独特标志的茶叶商品来说，这无疑是一个重大问题。

除了昆虫学的发现和种植者的报告外，帝国花园中的虫子还出现在政府信件、税收记录和年度茶叶资产的报表中。虽然政治气候、种子品质、采摘方法、劳动力、死亡率和机械等诸多因素都在不同程度上导致了茶叶

---

[1] W. McRae, "The Outbreak of Blister-Blight on Tea in the Darjeeling District in 1908–1909," ITA Circular No. 3/1910, MSS EUR/F/174/1517, Asian and African Studies, British Library, London；值得注意的是，麦克雷（McRae）并没有提及 1868 年由皮尔撰写的有关"茶叶水疱疫病"的章节。

[2] W. McRae, "The Outbreak of Blister-Blight on Tea in the Darjeeling District in 1908–1909," ITA Circular No. 3/1910, MSS EUR/F/174/1517, Asian and African Studies, British Library, London, p. 6.

[3] W. McRae, "The Outbreak of Blister-Blight on Tea in the Darjeeling District in 1908–1909," ITA Circular No. 3/1910, MSS EUR/F/174/1517, Asian and African Studies, British Library, London, p. 7.

[4] C. B. Antram, "The 'Thrips' Insects of Tea in Darjeeling: Investigations During the Season 1908," ITA Circular No. 3/1909, MSS EUR/F/174/1516, Asian and African Studies, British Library, London.

[5] C. B. Antram, "The 'Thrips' Insects of Tea in Darjeeling: Investigations During the Season 1908," ITA Circular No. 3/1909, MSS EUR/F/174/1516, Asian and African Studies, British Library, London, p. 1.

产量的波动，但害虫、降雨和气候这三者对茶叶质量和产量的影响是巨大的。有趣的是，1883 年，时任阿萨姆地区首席专员秘书的莱尔（C. J. Lyall）在报告冰雹和红蜘蛛水疱疫病的肆虐时，批评了伍德-梅森的害虫实验过于理论化，与种植者在实地面临的实际挑战相距甚远。[①] 在这种情况下，这一点是不言而喻的。下面的表 3-1 列出了阿萨姆地区的一些主要产茶区在十年间（1884~1895 年）茶叶产量的变化情况。

可以肯定的是，阿萨姆地区的茶叶企业是一个庞大而复杂的企业，没有任何一个环节会单独影响茶叶产量和总产量的变化。[②] 小茶园合并成大茶园、更精细地采摘、劳动力专业技能的提高、机械的使用、市场需求以及过度采摘等因素，都极大地改变了茶叶的种植面积和产量。然而，有三个因素是造成这些波动的重要原因，即降雨、虫害和天气条件。例如，1884 年不可预测的季风、长期的干旱和蚊虫疫病的肆虐严重降低了瑞贡和察查尔的茶叶产量，而 1887 年前后勒金布尔的干旱天气和选择性地采摘使茶叶产量比前一年下降了 2.87%。

表 3-1　阿萨姆产茶区在 1884~1895 年茶叶产量变化

年份	地区	每英亩产出率（磅）	总产量（磅）	与前一年相比增加（+）或减少（-）（磅）	增加（+）或减少（-）的百分比（%）
1884	瑞贡	332	3074115	-629360	-16.99
	邦达朗	314	2805940	-268175	-8.72
1887	锡布萨格尔	338	12854864	-309885	-2.35
1888	勒金布尔	487	13011899	-383892	-2.87
1889	察查尔	319	15477096	-1079202	-6.52
	戈阿尔帕拉	302	92083	-10317	-10.08
1890	瑞贡	340	3521.60	-241499	-6.42

① *The Annual Report on Tea Culture in the Province of Assam for 1882*, no. 1207, p. 5, IOR/V/24/4278, British Library, London.
② *Annual Reports on Tea Culture in the Province of Assam, 1883-1895* (hereafter ARTC), IOR/V/24/4278-9, British Library, London and the *Annual Reports on the Administration of the Province of Assam, Assam State Archives* (hereafter ASA), Guwahati, Assam；这里的"产量"（outturn）指的是茶叶的产量或农作物的产量。

年份	地区	每英亩产出率（磅）	总产量（磅）	与前一年相比增加（+）或减少（−）（磅）	增加（+）或减少（−）的百分比（%）
1891	坎如普县	194	1152086	−11641	−1
	邦达朗	467	8433809	−12107	−0.14
1892	坎如普县	209	1019378	−132078	−11.52
	邦达朗	310	3375417	−447960	−11.72
	察查尔	310	16506444	−3287107	−16.66
	锡尔赫特	463	18649385	−1310052	−6.56
	坎如普县	168	769384	−249994	−24.52
	瑙贡	296	3209496	−165921	−4.91
	锡布萨格尔	358	18094557	−2370039	−11.58
1894	勒金布尔	475	15567207	−412119	−2.58
	察查尔	339	18348061	−917495	−4.76
	坎如普县	194	776495	−158337	−16.94
1895	勒金布尔	465	17431270	−1381526	−7.34
	坎如普县	136	660328	−116167	−14.96
	邦达朗	455	11036662	−1537808	−12.23

资料来源：汇编来自《阿萨姆茶文化年度报告（1883~1895）》（*Annual Report on Tea Culture in Assam, 1883—1895*），西隆：阿萨姆秘书处出版社。

表 3-1 显示了每亩茶叶产量、增减百分比以及与往年相比变化的统计数据。请注意，此表并未显示所有地区的收益率，阿萨姆各个地区之间的产量差异很大。

1888 年的冰雹和红蜘蛛侵袭使得察查尔的茶叶产量下降。据报道，枯萎病、红蜘蛛袭击、潮湿的天气和不稳定的降雨都大大降低了 1892 年的茶叶产量，尤其是在上述地区。1894 年，察查尔、坎如普县、勒金布尔地区的茶叶产量都明显低于前一年，原因是采摘精细、水疱疫病和整个收获季节的恶劣天气。虽然阿萨姆地区的种植园的生态基础和制约因素无需过多强调，但有些数字令人困惑，值得进一步说明。例如，在 1884 年至 1888 年和 1884 年至 1887 年，察查尔和勒金布尔地区的每英亩茶叶产量数据分别呈现出上升趋势，在 1890 年至 1891 年，坎如普县也是如此。1892 年至 1894 年，察查尔和坎如普县的每英亩的茶叶产量也出现了类似的增长。乍一看，这种增长似乎是机器的密集使用、劳动力技能的提高以及这些地区的茶叶种植园总面积的扩大所导致的。然而，需要指出的是，尽管在这些因素的作用下，相关指标呈现出增长的态势，总产量的百分比却继续下降。①

害虫、种植者和自然世界

　　长期以来，阿萨姆地区的种植园主一直饱受诟病。他们被批评是缺乏足够科学训练的、行事风格特立独行且让人觉得不太可靠的群体。在 19 世纪的阿萨姆地区，虫害的持续肆虐和降雨的不稳定，给种植园主带来了前所未有的挑战。如前文所述，1884 年之后，大都市对这些问题的干预力度虽然很大，但这种干预往往是临时性的，缺乏系统性和长期规划，而且大多数时候是教条式的，没有充分考虑到当地的实际环境和情况。② 尽管在当时已经有许多关于害虫管理主题的手册、指南和学术论文问世，但阿萨姆地区的种植者们还是不得不依靠彼此之间的交流和总结，来获取害虫管理和控制方面的实际经验。他们在实践中不断尝试并实施各种当地的控制和根除措施，尽管这些努力并不总是能够取得成功，但他们的探索精神值得肯定。这一时期的通信记录表明，阿萨姆地区的茶叶种植园的管理人员非常注重与外界同行的交流。他们经常与爪哇（Java）、坎格拉县（Kan-

---

① 诚然，对于熟悉阿萨姆茶叶历史的学者来说，这些数据和我的论点可能显得牵强。可以肯定的是，印度尤其是阿萨姆地区的茶叶产量总体上从未呈现明显下降趋势。这里的重点并不是暗示茶叶产量在数量上受到了这些茶园害虫的影响，而是说，这些茶园害虫持续威胁茶叶产量与品质的稳定性，增加了种植园管理成本，挑战了"农业专业知识必胜信念"的殖民叙事。对于这个问题的现代研究，参见"Rains, pests hit tea output in State," *The Assam Tribune*, July 6, 2010。

② 参见 J. Wood-Mason's *Report on the Tea-Mite and the Tea-Bug of Assam*（Calcutta, 1884）; M. K. Bamber, *A Textbook on the Chemistry and Agriculture of Tea: Including the Growth and Manufacture*（Calcutta, 1893）; E. C. Cotes, *An Account of the Insects and Mites which Attack the Tea Plant in India*（Calcutta, 1895）; David Crole, *Tea: A Text Book of Tea Planting and Manufacture*（London, 1897）; Sir George Watt, *The Pests and Blights of the Tea Plant*（Calcutta, 1898）; Claud Bald, *Indian Tea: Its Culture and Manufacture*（Calcutta, 1908）; and E. A. Andrews, *Factors Affecting the Control of the Tea Mosquito Bug*（Helopeltis theivora Waterh.）（London, n. d., Calcutta, ITA, rpt. 1910）是关于该主题的一些最重要的科学研究; 最近的贡献包括 L. K. Hazarika, M. Bhuyan, B. N. Hazarika, "Insect Pests of Tea and their Management," *Annual Review of Entomology* 54（2009）: 267-284。

gra)、大吉岭（Darjeeling）、锡兰（Ceylon）甚至遥远的加利福尼亚（California）的同行们互相交流意见并向他们寻求帮助。以皮尔为开拓者，这些种植园主通过信件、回忆录和文章等多种形式，展示了观察和分析问题的敏锐眼光，他们在实践中积累的经验和见解，对该领域的正式知识体系做出了重要贡献和补充。而且他们并非作为昆虫学专家孤立存在。①

与其他生产要素一样，虫害防治措施虽然有一定效果，但实施成本往往非常昂贵，或者在茶叶种植园的实际操作环境中难以推行。例如，为了应对阿萨姆地区的茶叶种植园的水疱疫病，大吉岭的一位茶叶种植者建议，在采摘季节，按照每英亩两莫恩德②（maunds）的比例施用四次盐，并且还在茶树下撒石灰。③ 这些措施在特定情况下虽然能起到一定的缓解作用，但从实际来看，并非切实可行的长久之计。就盐和石灰的案例而言，种植者遗憾地发现，昂贵的费用极大地限制了试验和推广的范围，具体来说，盐的成本接近每公斤 1 卢比。此外，即便实施了这些措施，它们很少能长期有效地控制水疱疫病。害虫通常在暂时消失一段时间后，又会再次卷土重来。④ 利润政治在很大程度上影响了虫害防治措施的选择和实施。那些不会过多干涉资金计划或种植园原有计划的控制机制，往往可能会受到欢迎并得到尝试。例如，长期以来，劳动条件和工资一直是种植园主、地方官员和殖民地政府之间争论的焦点。在竞争激烈的劳动力市场上，阿萨姆地区的种植园声名狼藉，除此之外，并没有获得太多其他方面的好处。因此，种植园主们不太赞成一些虫害控制方法，如大量修剪和点

① 英国皇家园艺学会会员、印度政府经济产品报告员（1887 至 1903 年）乔治·瓦特（George Watt）对茶园害虫问题提供了重要见证。他提到，其获取信息和帮助来源中，有一大部分是种植园主，"我很庆幸在我的旅行中遇到了他们"。他还谈道："皮尔（S. E. Peal）先生在其有关'蚊子'（Mosquito）或者他更倾向称之为'茶虫'（Tea Bug）的开创性论文，首次系统研究了茶园害虫这一主题。在皮尔的研究发表前，它被模糊地称为'枯萎病'（Blight），被视为一种神秘的天敌。皮尔先生证明：所谓的"枯萎病"实际上是由昆虫引起的。"引自 Watt, *The Pests and Blights of the Tea Plant: Being a Report of Investigations Conducted in Assam and to some Extent Also in Kangra*（Calcutta: Superintendent of Government Printing, 1898），p. 180。

② 1 莫恩德（maund）约为 37. 32 千克，40 "希尔"（seers）为 1 莫恩德。

③ Section on "Tea Blights and Pests," in *The Tea Cyclopaedia: Chapters on Tea, Tea Science, Blights, Soils and Manures, Cultivation, Buildings, Manufacture Etc., With Tea Statistics*（London, 1882），pp. 34–66.

④ "Tea Blights and Pests," in *The Tea Cyclopaedia: Chapters on Tea, Tea Science, Blights, Soils and Manures, Cultivation, Buildings, Manufacture Etc., With Tea Statistics*（London, 1882），p. 40.

燃山林，因为这些方法不仅会改变种植园节奏，还需增加劳动力、工时和工资。采用致命的化学药剂来消灭害虫和植物同样是一把双刃剑，皮尔、伍德-梅森等人都强烈反对使用化学药剂来对付红蜘蛛。[①] 然而，矛盾的是，昆虫之间的竞争激烈往往有助于虫害的自然控制，并且对单一物种的过度繁殖起到一定的抑制作用。皮尔在评论红蜘蛛时说道："如果有什么东西吃掉了蜘蛛，那一定是另一种昆虫，而不是鸟类。"[②] 有时候，针对虫害控制提出的建议听起来可能非常离奇甚至荒诞。例如，有来自加利福尼亚的建议称，虾壳曾经作为肥料和防治害虫的药剂出口给中国的茶叶种植者。尽管其实际效果尚未得到证实，即便如此，这一提议竟然也被视作一种可行的解决方案。[③] 面对各种纷繁复杂、良莠不齐的建议，种植者们经常会提醒大家留意那些尚未被发现或仅存在于特定栖息地和庄园中的害虫。例如，一位在察查尔地区的种植者提到，他希望同行们能关注并解决他种植园中出现的一种特殊水疱疫病。这种水疱疫病属于裸蕨属科家族（Psychida family）的大型物种，而皮尔似乎已经遗忘或根本一无所知。[④] 此外，还有人讨论了一种"瓢虫"，这种小昆虫会袭击茶树顶端，导致茶树下垂，然而这一情况在现有的茶叶害虫手册以及种植者的描述中却是一个明显的遗漏。[⑤] 即使在阿萨姆地区的有关茶叶种植园的回忆录中，虫害问题也是无处不在。例如，一名公务员的妻子阿特丽克斯·斯科特（Beatrix Scott）女士记录了一个名叫达库（Daku）的小男孩通过摘取茶树上的红蜘蛛和病菌来赚取外快的故事。[⑥]

[①] 尽管不在本文的讨论范围之内，但值得注意的是，阿萨姆茶树种植中杀虫剂的使用及其对当地生态环境的影响，已引发了广泛的科学辩论和受到了公众的持续关注。参见 B. Bhuyan and H. P. Sharma, "Public Health Impact of Pesticide Use in the Tea Gardens of Lakhimpur District, Assam," *Ecology, Environment and Conservation* Vol. 10, No. 3 (2004): 333-338 for an example. 另请参阅结论部分的"茶虫之谜？"一节。

[②] *The Tea Cyclopaedia: Chapters on Tea, Tea Science, Blights, Soils and Manures, Cultivation, Buildings, Manufacture Etc., With Tea Statistics*, p. 39.

[③] *The Tea Cyclopaedia: Chapters on Tea, Tea Science, Blights, Soils and Manures, Cultivation, Buildings, Manufacture Etc., With Tea Statistics*, p. 45.

[④] *The Tea Cyclopaedia: Chapters on Tea, Tea Science, Blights, Soils and Manures, Cultivation, Buildings, Manufacture Etc., With Tea Statistics*, pp. 40-42.

[⑤] *The Tea Cyclopaedia: Chapters on Tea, Tea Science, Blights, Soils and Manures, Cultivation, Buildings, Manufacture Etc., With Tea Statistics*, pp. 50-52.

[⑥] "Daku: A Little Boy from an Assam Tea Garden," Lady B. Scott Papers, Box Ⅱ, Assam 1917/1926, Given by G. P. Stewart, Center for South Asian Studies, Cambridge University, Cambridge.

尽管茶叶虫害具有明显的地方性特征，但阿萨姆地区的种植者们依然积极寻求解决日常问题的方案。在此过程中，他们与英帝国其他地区的同行构建起了知识网络，意识到在相互竞争的农业景观中存在着类似的问题。例如，阿萨姆和大吉岭的种植者发现了麦肯齐（Mackenzie）关于北美小麦霉变、锈病和黑穗病的第一版研究书籍。麦肯齐的研究结果表明："水疱疫病源于潮湿或多雾的天气和霜冻，当冰霜被烈日消融时，其影响首先在麦秆上显现。"[1] 红蜘蛛对英国小麦的损害与阿萨姆茶叶的受害情况非常相似，因此麦肯齐提出的防治建议受到了当地种植者的认真讨论。锡兰的茶农来信说，季风和热带气候变化对他们的作物的影响比阿萨姆更为明显。[2]

在这种情况下，密切关注当地的害虫方言和防治方法十分必要。在一种"奇特的小昆虫"的攻击下，占地 40 英亩的加亚巴雷茶园（Ghyabaree Tea Estate）陷入了虫害的困扰之中。该茶园的经理决定向他的茶树喷洒蒂塔帕尼（titapani）。这是一种从印度楝树中提取的略带苦涩而刺鼻的混合物。据该经理后来报告，这种措施在当时并未取得成功，但令人意想不到的是，后来它却作为一种杀虫剂被当地人广泛接受，并且被认为是对付茶叶害虫的有效方法。[3] 害虫识别是一个复杂的过程，在 19 世纪阿萨姆地区的种植园中，当地的名称和标志符号已成为种植园交流的特定词汇。一位种植园主在评论茶叶蛴螬时提到，这种虫子会使损坏的茎秆和树枝呈现出淡褐色，阿萨姆人称之为贝塔·邦达·帕克（Batea Banda Puk），意为"自己筑巢或结茧的昆虫"。[4] 种植园主需要定期向下级职能人员，特别是孟加拉和阿萨姆的办事职员征求意见和建议。在种植园根深蒂固、等级分明的权力体系中，这种跨层级的交流往往会打破赞助人与客户、主人和仆人之间原有的关系模式。据报道，1905 年被任命为印度帝国昆虫学家的哈罗德·麦克斯韦尔·勒弗罗伊（Harold Maxwell Lefroy）声称："从马姆拉

---

① *The Tea Cyclopaedia*: *Chapters on Tea*, *Tea Science*, *Blights*, *Soils and Manures*, *Cultivation*, *Buildings*, *Manufacture Etc.*, *With Tea Statistics*, p. 43.

② *The Indian Planters' Gazette and Sporting News*, 25 August 1885, p. 182, Asian and African Studies, Microfilm Series MFM. MC1159, British Library, London.

③ Letter to the Editor, *The Indian Planters' Gazette and Sporting News*, 21 September 1886, Asian and African Studies, British Library, London.

④ Lady B. Scott Papers, Box II, p. 55.

特达尔（Mamlatdar）或塔希达尔（Tahsildar）等地区税收官的调查中可以学到很多东西，特别是关于种植者对害虫的态度。"[1] 当地的虫害防治方法往往展现出惊人的创新性，并且能够有效地遏制昆虫的生长。朗利（P. R. H. Longley）回忆起他所在地区的"本地职员"是如何巧妙地在庄园的稻田中杀死绿色甲虫（green beetles）的，他们的方法是将死蛤蟆放置在木桩上引诱甲虫，因为死蛤蟆作为食物对甲虫具有极大的吸引力，当甲虫食用后会致命。这种方法在遏制绿色甲虫威胁方面起到了很好的效果。[2] 虽然绿甲虫是一种水稻害虫，但它所涉及的防治案例却极具启发性。尽管水稻是当地的主食，但茶园及其周边水稻种植的蓬勃兴起，与管理者的大力推动密不可分。茶叶种植园外围遍布水稻田，并且这些水稻田常常与劳工居住区紧密相邻。种植园主大力鼓励种植水稻，将其视为一种廉价的食物来源；此外，水稻种植还被当作一种巧妙的经济手段，用于招募新的劳动力以及应对合同期满劳工的相关事宜。[3] 然而，这种政策的实施并非一成不变。其后续所产生的影响将在后续章节中详细揭示，尤其是它如何引发了一系列连锁反应，导致疟蚊的泛滥，进而影响种植园劳工的健康。[4]

有趣的是，在阿萨姆茶园害虫管理的历史中，还隐藏着一些微妙且鲜为人知的劳工抵抗记录。虽然那些更为明显的劳工抗议形式，如身体暴力和大规模逃跑事件，已经被充分记录在案[5]，但劳工们的反抗行为往往以一些意想不到的方式呈现出来。其中一个典型例子是，由于种姓制度的严格规定，种植者使用骨灰作为茶叶肥料时遇到了极大的阻碍。对许多人来说，动物的骨灰被视为"污染"，因此工人们集体罢工，并坚决要求种植园主使用

---

[1]　J. F. M. Clark, *Bugs and the Victorians*, pp. 187−215.

[2]　朗利（Longley）写道："我只能提出这样一个假设，即肉食性饮食虽然美味，但对于冈底斯甲虫（ghundi beetle）来说确实有毒的。"引自 P. R. H. Longley, *Tea Planter Sahib: The Life and Adventures of a Tea Planter in North East India*（Auckland: Tonson Publishing House, 1969），p. 108. 文章还提到了红蛞蝓（red slug）和尺蠖毛毛虫（looper caterpillar）的掠夺行为。

[3]　关于这个问题的详细阐述，请参阅第4章。皮尔在他关于"茶蚊虫"的章节中也对绿色甲虫进行了评论，他写道："我一直在寻找治疗方法，但都徒劳无功，当地人说，当'甘地'（Gandhi，即稻虫 the rice bug）袭击水稻时，没什么办法能拯救庄稼。"参见 S. E. Peal, "The Tea Bug of Assam," p. 130。

[4]　对于稻虫，可参见 Department of Agriculture, Eastern Bengal and Assam Bulletin, No. 17, IOR/V/25/500/229, Asian and African Studies, British Library, London。

[5]　有关这些文献的讨论，请参阅导言。

替代肥料。直到种植园主雇用了社会地位相对较低、种姓规定对其限制较少的"低种姓苦力"来处理骨灰相关事宜后，这种肥料才得以顺利使用。[1]

然而，并非所有关于茶叶的创新举措都能带来理想的结果。虽然土地持续不断地被分配给那些怀揣着投机想法的茶叶公司，但阿萨姆地区的独特地形、复杂的水文模式和微妙的茶叶生态学，仍存在很多不为人知的未知因素。在 20 世纪初，邓肯兄弟公司（Messrs. Duncan Brothers and Co.）投资了大片荒地用于种植茶叶，但最终发现所投资的这片荒地并不适宜种植茶叶。1901 年，他们向地方政府请愿，要求放弃约 798 英亩的土地，经过一番审议，地方政府最终于 1902 年 4 月批准了他们的请求。[2] 公司在提交的报告书中明确指出，不合适的土壤条件和突如其来的洪水，是导致他们放弃该处地产的两个主要原因。[3] 同时，邓肯兄弟公司还在报告中指出，最初的成本估算未能充分考虑到茶叶种植所需的规模化排水工程和土壤处理。即使在茶叶种植已然开始 60 年后，茶叶种植在业界依然被视为一门充满"缺陷"的科学。直到 1907 年，印度茶叶协会的科学官员哈罗德·曼恩（Harold H. Mann）才提醒广大种植者，优质茶叶的生产并非易事，它取决于众多细微的因素和环境条件。其中，有些因素尚在种植者的控制范围内，但大多数因素则远远超出了他们的控制范围，甚至超出了他们现有的知识范畴。曼恩认为："我们的茶叶行业是一个独特的行业，我们踏入的仍是一个未知的领域……我们的茶叶种植知识还非常不完善……"[4] 正如卡洛琳·麦茜特所言，茶叶的制造过程始终处于"能动的自然"与"被动的自然"之间的紧张关系之中。前者指的是一种活跃的、有创造力的、潜在的且难以完全控制的自然力量；而后者则是指一种据称可以通过科学的精确性和实验来描述和创造的世界。[5] 曼恩为深入了解和完善茶叶制造

[1] *The Indian Tea Gazette*, reprinted in *The Tea Cyclopaedia: Chapters on Tea, Tea Science, Blights, Soils and Manures, Cultivation, Buildings, Manufacture Etc., With Tea Statistics*, p. 44.

[2] Letter No. Rev/831/4375 dated April 1, 1902, Revenue Files, Jorhat District Record Room, Jorhat, Assam.

[3] Petition No. 1334, dated August 26, 1901, Court of the Collector and Deputy Commissioner of Sibsagar, Revenue Files, Jorhat District Record Room Archives, Jorhat, Assam.

[4] Harold H. Mann, *The Factors which Determine the Quality of Tea*, Indian Tea Association Bulletin No. 4/1907, 2; 29, Mss Eur. F/174/1515, British Library, London.

[5] Carolyn Merchant, *Autonomous Nature: Problems of Prediction and Control from Ancient Times to the Scientific Revolution* (New York, NY and London: Routledge, 2016), pp. 164-165.

所付出的努力一直持续至今①，这种种植园经济的生态后果凸显了植物学的胜利和茶叶在印度东部建立的"科学"秩序的局限性。

自然灾害对茶叶种植园的正常运营构成了新的挑战。阿萨姆地区作为地震活跃区，自有历史记载以来，地震频发，特别是 1897 年 6 月 12 日的那场地震，其破坏性尤为严重，对茶叶种植园的生活和景观造成了重大影响。据弗雷泽（W. M. Fraser）回忆，地震时地动山摇，每个人都失去了平衡。这场地震对劳工来说无疑是一次可怕的经历，在灾难过后，种植园的工作在此后的一段时间里实际上陷入了停顿状态。② 官方报告详细描述了地震引发的一系列灾难性后果，包括巨大的风暴潮席卷而来，严重受损的农作物，牲畜伤亡惨重，道路和财产也遭受了严重破坏。③ 将近 50 年后，1950 年 8 月 15 日的地震再次给多奥姆多奥马（Doom Dooma）、帕尼托拉（Panitola）、迪布鲁格尔（Dibrugarh）和北勒金布尔（north Lakhimpur）等地的茶区造成了广泛的破坏。地震引发了山体滑坡，德兴河和苏班西里河（Dehing and Subansiri Rivers）上游出现了前所未有的决堤情况，最终导致大面积洪水泛滥，农作物和种植园受损严重，被砍伐的林木形成的漂浮物严重阻碍了交通和内陆水道的正常通行。④ 野火同样具有极大的破坏性。1867 年 3 月 7 日上午，一场突如其来的暴风雨引发了一场无法控制的大火，烧毁了一家茶馆，并烧死了一名试图灭火的工人。⑤ 许多年后，据报道，仅 1918 年的一场致命的流感⑥就导致农作物减产 50 万磅。⑦

一位种植园主的感叹有效地总结了茶叶种植园中经济和生态之间令人

① 请参考过去七年该地区主要英文日报上关于茶叶的各种标题，*The Assam Tribune*："Super bugs threaten to eat into vitals of the industry"（March 2011）；"Tea Industry Passing Through Critical Times"（November 1, 2015）；"Adaptation to Climate Change in Tea Mooted"（May 28, 2016）；"Rains to Impact Tea Output in State"（July 29, 2016）；"All is Not Well with Tripura Tea Industry"（August 5, 2016）；"Irregular Gas Supply Hits Tea Factories"（September 1, 2016）。
② W. M. Fraser, *The Recollections of a Tea Planter*（London：Tea and Rubber Mail, 1935），p. 68.
③ *Report on the Earthquake of the 12th June 1897*, No. 5409G/A4282, ASA, Guwahati, India.
④ Antrobus, *A History of the Assam Company*, pp. 238-239.
⑤ Orunodoi, March 1867, 34, in Arupjyoti Saikia, re-edited, *Orunodoi: Collected Essays 1855-1868*［in Assamese］（Nagaon：Krantikaal Prakashan, 2002），p. 440, translation mine. Originally published by the Sibsagar Mission Press, Sibsagar, Assam.
⑥ 是指 1918 年的大流感，它暴发于第一次世界大战末期——译者注。
⑦ Antrobus, *A History of the Assam Company*, p. 201.

头疼的复杂关系：

> 别跟我谈什么大自然的仁慈秩序……在这里，每四个星期中有三个星期都在下雨，而且气温一直保持在 68 度左右……因为该省的气象条件不利于茶叶的预期生长，我不得不将管理人员调离，这也许是我祖母所称的"奇怪的、不合逻辑的"事情之一。①

茶园虫害始终是种植园主通信和回忆录的核心问题。这些通信和回忆录表明，实地的经验观察比科学手册、指南和论文中的理论性"解决办法"更为宝贵。尽管所谓的"大都会知识库"已被广泛传播并被种植界使用，但这些知识是在当地人的积极参与和协助下，与他们合作共同创建的。实际上，当地丰富的社会文化历史与独特的社会态度，已经深深融入阿萨姆地区的茶叶种植园的虫害故事当中。在使用骨灰作为肥料这一问题上，当种植园主越过了种姓制度所设定的"界限"，往往会面临劳工们的强烈抗议。面对劳工们的抗议，种植园主有时会展现出一定的灵活性和开放性，他们愿意听取劳工们的意见并尝试使用当地的虫害预防和治疗方法。

茶叶种植园经济产生了许多显而易见的影响，同时也潜藏着许多看不见的影响。从积极的方面来看，阿萨姆茶充实了英帝国的国库，并以其独特的口感和风味满足了"大都市的味蕾"。然而，从另一个角度来看，茶叶企业对劳动力和自然景观的影响则远非善意。作为大量茶虫和害虫的有益宿主，本章重点介绍了茶叶单一栽培生态系统的一个极具破坏性的方面，以及它对其诞生地造成的自我毁灭的后果。可以肯定的是，尽管农业科学研究和种植技术不断取得进步，但这些害虫问题仍然顽固地存在。就像最近，茶树水疱疫病在 2011 年再次暴发，并且展现出了强大的抵抗力，对各种控制方法（无论是有机方法还是化学方法）都表现出了越来越强的耐受性，这不禁令人联想到历史在英帝国的花园中似乎在重演。②

---

① *The Indian Planters' Gazette and Sporting News*, November 24, 1885, Asian and African Studies, British Library, London.

② Report on "Super Bugs Threaten to Eat into Vitals of Tea Industry", *The Assam Tribune*, March 21, 2011.

　　如果虫害问题及其伴随的生态和社会代价能够发挥某种警示作用的话，那么它无疑提供了一个非常生动的例子，有力地证明了阿萨姆茶叶企业给阿萨姆当地留下了极其混乱的遗产。同时，也让我们不得不重新审视它对该地区农业改善和发展所做出的承诺是否真正得到了兑现。①

---

① 詹姆斯·斯科特在《国家的视角：那些试图改善人类状况的计划为何失败》一书中对国家主导的"发展"计划提出了深刻批判，系统分析了国家如何通过技术官僚手段干预自然、知识和社会系统，James C. Scott, *Seeing Like a State: How Certain Schemes to Improve the Human Condition Have Failed* (New Haven, CT and London: Yale University Press, 1998), especially Chapters 1, 8 and 9。

| 第四章 |

茶园里的死亡

大多数种植园主内心深处都清楚地认识到，对于劳工的健康而言，最为有益的方式是给予他们充足的休假，而非依赖药物。[①]

1882 年 12 月 29 日，"信德号"蒸汽船载着 500 多名劳工，驶向英属印度东部阿萨姆地区的茶叶种植园。在航行途中，船在布拉马普特拉河（Brahmaputra River）上游遭遇了猛烈的风暴，尽管船员奋力抗争，但风暴太过强大。次月，船最终在迪布鲁格尔（Dibrugarh）抛锚，在这场噩梦般的旅途中，四十多名劳工因霍乱而丧生。[②] 在接下来的十年里，超过 92275 名茶叶劳工因各种原因离世，霍乱、黑热病、疟疾、贫血、痢疾、水肿、腹泻、呼吸系统疾病等在劳工们中间肆虐横行。[③] 这些冰冷的死亡数字将阿萨姆地区与死亡紧紧相连，一直持续到 20 世纪以后。

尽管有如此大量触目惊心的死亡数字摆在眼前，但本书试图揭示的是，阿萨姆地区茶叶种植园中的健康和疾病观念，远远超越了传统的医学逻辑。本书还表明，在 19 世纪的东印度，对死亡率和发病率，甚至对身体问题的理解，很少是纯粹的科学或医学客观性的体现。如前所述，法律渗透到了茶叶种植园和劳工生活的方方面面，从工资、工时的设定，到合同

---

① *Report of the Assam Labour Enquiry Committee*, *1906* (Calcutta: Superintendent of Government Printing, August 6, 1906), p. 123.

② Reported by Dr. J. J. Clarke, *Sanitary Commissioner*, *Assam in Annual Sanitary Report of the Province of Assam for the Year 1882* (Shillong: Assam Secretariat Printing Office, 1883), p. 34.

③ 汇编自 *Report on Labour Immigration into Assam for These years* (Shillong: Assam Secretariat Press), Assam State Archives (hereafter ASA), Guwahati, India; 诚然，这些数字是保守的，与统计的准确性标准不符。请参阅本章的第三节以获取详细信息。

条款的制定和健康保障，无一不受其影响。在此复杂的背景下，本书进一步表明，疾病的病因学、流行病学和福利标准同时受到医学观点、茶叶利润和监管"标准"这三重因素的影响。在实际操作过程中，病媒鉴别、预防措施的落实和政策建议的推行，常常会在商业利益的考量和成本的权衡面前做出让步。

印度殖民地时期的公共卫生和医学研究，如今已成为一个明确且充满活力的研究领域，吸引了众多学者的关注和深入探究。马克·哈里森（Mark Harrison）的研究聚焦于多个重要方面。他深入探究了英帝国卫生政策的决定因素；仔细分析了大都市和殖民地之间的医学观点论争；关注印度民族主义者对西方疗法的反应；还深入研究了疾病理论和实践之间的关系。[1] 大卫·阿诺德（David Arnold）开创性地开展了西方医学对"印度人"身体进行生物社会殖民化的研究。他深刻揭示了控制流行病（尤其是天花、霍乱和瘟疫）的科学方法，是如何融合了关于身体的观念、英帝国的政治关切、经济意图及其独特的文化关注。[2] 基于此，他认为英国医学的话语、意识形态和制度作用不仅对当地社会结构产生了深远的影响，同时也在很大程度上受到这些社会结构的影响。阿诺德还指出，当地土著对这一殖民化进程的反应是复杂且多层次的，远远超越了简单的抵抗和合作逻辑。此外，还有一些学者从不同角度展开了研究，包括传染病政策的"风险认知"和设想[3]、热带医学作为病因学和流行病学的意识形态和经验体系的出现[4]，以及通过机构、个人、机制、理念和"本土传统"对殖民地公共卫生实施的系统分析和研究。[5] 南蒂尼·巴塔查里亚（Nandini Bhat-

[1]　Mark Harrison, *Public Health in British India*: *Anglo-Indian Preventive Medicine*, *1859 - 1914* (Cambridge: Cambridge University Press, 1994); also, Harrison, "A Question of Locality: The Identity of Cholera in British India, 1860 - 1890," in David Arnold, ed., *Warm Climates and Western Medicine*: *The Emergence of Tropical Medicine*, *1500 - 1900* (Amsterdam: Rodopi B. V., 1996).

[2]　David Arnold, *Colonizing the Body*: *State Medicine and Epidemic Disease in Nineteenth Century India* (Berkeley, CA and London: University of California Press, 1993).

[3]　Sandhya L. Polu, *Infectious Disease in India*, *1892 - 1940*: *Policy-Making and the Perception of Risk* (London: Palgrave Macmillan, 2012).

[4]　David Arnold, ed., *Warm Climates and Western Medicine*: *The Emergence of Tropical Medicine*, *1500 - 1900*.

[5]　Biswamoy Pati and Mark Harrison, eds., *The Social History of Health and Medicine in Colonial India* (Abingdon, Oxon: Routledge, 2009).

tacharya）在最近的一部著作中，深入探讨了孟加拉北部的茶叶种植园以及大吉岭（Darjeeling）和杜阿尔斯（Duars）的山地。这些地区因其独特的生态环境，为疟疾研究和西方健康观念的形成与发展提供了独特的背景条件。[①] 然而，她遗憾地指出，资本积累和政治需求这两大力量，在很大程度上阻碍了疾病预防和医疗保健政策在这些区域的广泛实施。巴塔查里亚认为，地方性的概念在印度殖民地时期的热带医学研究和公共卫生实践中扮演了关键角色，对这两个领域的发展起到了限制作用。

诚然，现有的相关研究确实未能提供对整个领域进行详尽解读的全面视角，也没有对其分析的范围和深度做出公正的评价。然而，即使只是概览性的审视，我们也能清楚看到，南亚的卫生和医疗社会史研究与殖民国家的发展进程紧密相连，特别关注殖民国家权力在医疗卫生领域所占据的核心地位。但是，当研究视角转向英帝国的"边缘地带"时，情况开始发生变化。在这些地区，正式控制与自由放任之间的界限变得模糊不清。殖民权力和商业需求之间的冲突，促使医学观点、健康和疾病观念和优先级都发生了调整。在这些地区，"谁为这些人的身体代言？"[②] 这一问题再也不能简单地从本土反应或都市霸权主义话语的角度来回答了。在这些地区，医疗干预和疾病预防的主体不仅被规范化，例如军队和监狱等特定机构承担起了相应的责任，而且还通过立法得到了确认。然而，种植园主与殖民地国家之间的"苦力所有权"争夺战，却在一定程度上削弱了军营和监狱中的医疗责任，同时也对成功控制疾病的"飞地论点"产生了冲击[③]。在茶叶种植园中，对"新征募劳工"[④] 风险情况、死亡率、医疗制度历史[⑤]以及专横契约制度[⑥]的定量分析，虽然为我们提供了部分解释，但仍然未能完

---

① Nandini Bhattacharya, *Contagion and Enclaves: Tropical Medicine in Colonial India* (Liverpool: Liverpool University Press, 2012).

② Arnold, *Colonizing the Body*, p. 10.

③ Arnold, *Colonizing the Body*, p. 96.

④ Ralph Shlomowitz and Lance Brennan, "Mortality and Migrant Labour in Assam, 1865–1921", *The Indian Economic and Social History Review* Vol. 27, No. 1 (1990): 85–110.

⑤ Achintya Kumar Dutta, "Medical Research and Control of Disease: Kala-Azar in British India," in Biswamoy Pati and Mark Harrison, eds., *The Social History of Health and Medicine in Colonial India*.

⑥ Rana P. Behal and Prabhu P. Mohapatra, "Tea and Money Versus Human Life: The Rise and Fall of the Indenture System in the Assam Tea Plantations 1840–1908."

全揭示健康和疾病与法律、医学话语和商业利益之间的复杂关系。而且，巴塔查里亚所提出的"地方性逻辑"分析也存在一定的局限性，因为阿萨姆地区和北孟加拉的种植园经济在结构上存在着显著差异。

在下文中，"健康的政治经济学"将首先被作为一个理论框架来使用，旨在帮助我们理解为何在茶叶商品化的故事中，福祉和疾病超越了——实际上必须超越——身体和科学的混乱逻辑。在这一分析过程中，我们将揭示茶叶种植园中的劳动者的身体所具有的经济、病理和法律"潜在语义"，这些语义在必要时会被唤起并发挥作用。接下来的两节内容将分别聚焦于疾病和法律这两个方面，进一步阐述这一观点。下文将通过卫生学家、医学调查员和种植园医生的视角，来探讨被誉为阿萨姆花园的三大杀手的霍乱、黑热病和疟疾的病因学辩论。然而，他们的研究和见解并非完全基于纯粹的科学追求。茶叶行业的利润政治犹如一只无形的大手，在背后制约着有关预防和治疗的科学建议。此外，阿萨姆地区的茶叶种植园中的疾病和发病率还受到法律的影响，因为法律在这个地区扮演着双重角色：一方面，它既服务于商业利益；另一方面，它又设定了劳工健康和疾病的监管标准。本章的最后部分将分析这种看似矛盾的情况，实际上反映了阿萨姆地区茶叶企业的一个显著特征，即商业利益与劳工健康之间的复杂博弈。

健康的政治经济学

健康的重要性不言而喻，它不能仅仅依赖医生的努力。[①]

阿萨姆地区的种植园的健康社会史不能仅仅从身体失调的诠释学角度来理解。同样，它也不是一个简单的公共卫生问题，"公共"和"卫生"这两个概念在种植园的语境中都没有明确的界定。这是因为种植园的社会结构是复杂而多元的，涉及种植园主、劳工、管理者等不同群体之间的权力关系和利益分配。在茶叶种植园中，常态化的运营和劳工的福祉依赖于

---

① Hans Peter Dreitzel, ed., *The Social Organization of Health*, Recent Sociology No. 3 (New York, NY and London: Macmillan, 1971).

在医疗预防、茶叶利润和法律监管之间保持微妙的平衡。因此，在理解阿萨姆地区的种植园劳工的健康和疾病史时，必须充分考虑到茶业产业的特殊结构及其主导地位的生产关系。

作为一种理论范式，"健康的政治经济学"自 20 世纪 70 年代以来一直被广泛应用于医学社会人类学的研究。[①] 从最广泛的层面来看，这种方法将疾病分布、疾病和医疗保健置于受社会组织，尤其是资本主义组织影响的研究框架之中。在这种视角下，疾病和死亡的病因被视为一种多因素、多因果的社会经济现象，而非单一的、孤立的生物医学异常。当然，这种方法论存在多种不同的变体，每一种都有其独特的侧重点和理论内涵。"正统马克思主义者"侧重于研究资本主义剥削雇佣劳动的"可预测逻辑"及其对健康和疾病的影响[②]；"文化批评家"则认为医疗实践是社会不平等和排斥模式的反映；"依附论者"将帝国主义、殖民主义和资本主义扩张与第三世界的欠发达、贫困和疾病联系起来。[③] 当然，福柯[④]（Fou-

---

① 关于"健康的政治经济学"（political economy of health）理论的早期阐述，参见 Sander Kelman, "Introduction to the Theme: The Political Economy of Health" and Kelman, "The Social Nature of the Definition Problem in Health," both in *International Journal of Health Services*, Vol. 5, No. 4 (1975): 535-538; 625-642 respectively; 也可参阅 Vicente Navarro, *Medicine Under Capitalism* (New York, NY: Croom Helm Ltd., 1976), Hans A. Baer, "On the Political Economy of Health," *Medical Anthropology Newsletter*, Vol. 14, No. 1 (Nov. 1982): 1-2, 13-17, Howard Waitzkin, "The Social Origins of Illness: A Neglected History," *International Journal of Health Services*, Vol. 11, No. 1 (1981): 77-105, Merrill Singer, "Developing a Critical Perspective in Medical Anthropology," *Medical Anthropology Quarterly*, Vol. 17, No. 5 (1986): 128-129; 要了解该主题的更多最新研究，参见 Howard Waitzkin, *Medicine and Public Health at the End of Empire* (Boulder, CO: Paradigm Publishers, 2011); Vicente Navarro, ed., *Neoliberalism, Globalization and Inequalities: Consequences for Health and Quality of Life* (Amityville, NY: Baywood Publishers, 2007); and Clare Bambra, *Work, Worklessness, and the Political Economy of Health* (New York, NY: Oxford University Press, 2011).

② 当然，对于"马克思主义者"来说，恩格斯在 1845 年发表的《英国工人阶级的状况》是关于资本主义扩张与恶劣劳动条件及工人健康困境之间关系的经典文本。参见 Friedrich Engels, *The Condition of the Working Class in England*, trans. W. O. Henderson and W. H. Chaloner (Stanford, CA: Stanford University Press, rpt. 1958).

③ 这些区别在林恩·摩根的书中得到了运用和阐述，参见 Lynn M. Morgan, "Dependency Theory in the Political Economy of Health: An Anthropological Critique," *Medical Anthropology Quarterly*, New Series, Vol. 1, No. 2 (June 1987): 131-154.

④ 全名为米歇尔·福柯（Michel Foucault），是法国思想史家和哲学家，其理论体系主要探讨权力、知识与自由之间的辩证关系，并分析它们如何通过教育、医疗、司法等多种机构被建构成社会控制机制。因此，福柯被视为结构主义和现代主义代表性人物——译者注。

cault）关于生物社会调控和国家控制的历史研究也可纳入其中，尽管他的研究并未明确涉及疾病或健康本身。[1] 在此，我无意全面探讨这些理论立场的范围，也不会盲目地认同任何某一个版本，认为其比其他版本更有效。相反，我认为这种理论视角能让我们更深入地理解故事中的三个核心要素：身体、疾病和健康。[2] 在此过程中，它揭示了茶叶种植园这种经济模式的法律逻辑，并阐明了其与阿萨姆地区的身体、疾病和健康三者之间的联系。

"健康的政治经济学"这种方法对我们尤为有益，因为它细致解构人体的有机完整性和健康模式，摒弃了将人体视为自动或生物机器的传统观点。在这一视角下，疾病被视为一种在生物学上发生的机制故障，而这种机制是经过精心调校的。"社会流行病学派"虽然意识到疾病的社会基础，但因隐含地将疾病视作"生活方式"的指标而受到批评。[3] 健康的政治经济学方法的早期支持者，如桑德·凯尔曼（Sander Kelman）和塔尔科特·帕森斯（Talcott Parsons），认为"医学社会人类学"和"社会流行病学派"未能充分解释健康的实质含义，即它是作为条件和概念产生于身体和社会原因之间的复杂辩证关系。他们认为，社会中的物质关系是理解健康的起点，因为这些关系首先塑造了健康的意义以及个体与社会的关系。因此，

> 健康的概念不应基于先验的规范性选择，而应从社会和制度的动态发展中得出。特别是在商品生产的扩张与少数但强大的社会阶层对生产的控制相结合的情况下，健康一词往往倾向于从功能性的而非经验性的角度进行制度化定义。[4]

---

[1] Michel Foucault, *The History of Sexuality*, Vol. 1, 2 and 3 (New York, NY: Vintage), and "*Society Must be Defended*": *Lectures at the Collège de France, 1975-1976*, trans. David Macey (New York, NY: Picador, rpt. 2003), especially lectures One and Eleven.

[2] 在采用"正统的马克思主义者"（orthodox Marxist）的方法来研究"健康的政治经济学"时，本书持以下立场。首先，阿萨姆地区的生产力和生产关系并不存在线性发展的"可预测逻辑"，也没有遵循特定的规则。其具体形态都取决于招募结构、权威体系的运作方式，以及法律规定的实际效力。其次，反对将种植园里的医学知识简单归类为"意识形态框架"的一部分。当然，作为一种经济体系，资本主义在各地并不相同，即并不是一成不变的。

[3] Kelman, "The Social Nature of the Definition Problem in Health," especially pp. 628-634.

[4] Kelman, "Introduction to the Theme: The Political Economy of Health," p. 537; also, Talcott Parsons, "Definitions of Health and Illness in the Light of American Values and Social Structure," in E. Gartly Jaco, ed., *Patients, Physicians, and Illness: A Sourcebook in Behavioral Science and Health*, Third Edition (New York, NY: The Free Press, 1979), pp. 120-144.

对健康的这些不同解释需要进一步探讨。在资本主义制度下，"功能性健康"指的是外部强加给个体的福祉参数，即"个体在社会化角色和任务中实现最佳表现的能力状态"。① 从工具的角度出发，强调提供和维持一种不会阻碍或减少资本积累的身体状态。与此相对，"体验性健康"则更多地从现象学的角度定义，它强调对健康、免于疾病、人类发展能力以及超越异化社会环境的能力的内在感知和自我理解。② 简言之，这是一种体验而非标准化的健康状态。尽管这些区别是理论上的而非医学上的，且并非相互排斥，但它们代表了两种本质上不同的有机体完整性概念或规范标准。凯尔曼指出，"总之，'体验性健康'和'功能性健康'，在不同的社会形式中可能得到促进或受到阻碍"。③ 从哲学人类学的角度看，这些规范也与不同的身体状态相关，"功能性健康"侧重于"拥有一个身体"，强调身体作为实现特定功能和目标的工具性作用。而"体验性健康"则源于"作为一个身体"的体验，更关注身体在生活过程中的主观感受和内在体验。④

理论上的争论与我们所探究的故事有着重要的历史关联。作为生产资料，劳工的身体状况直接影响着茶叶生产的效率和利润。阿萨姆地区的种植园劳工的身体健康作为一个功能性问题，与种植园的运作和资本的逻辑紧密相连。⑤ 在实践中，诸如疟疾调查、疫苗接种运动、病原学研究、疾病预防和防治工作等一系列活动，都是在充分考虑茶叶企业成本和利润的基础上进行的。此外，阿萨姆地区的种植园还具有重要的结构性特点。作为契约劳工的劳动者同时也是法律的主体。⑥ 卫生福利（实质上就是健康）的监管成为劳动立法不可或缺的一部分。至少在这方面来说，阿萨姆地区

---

① Parsons, "Definitions of Health and Illness," p. 132; also, Kelman, "The Social Nature of the Definition Problem in Health," pp. 629-634; Hans A. Baer, "On the Political Economy of Health," p. 14.

② Kelman, "The Social Nature of the Definition Problem in Health," p. 629.

③ Kelman, "The Social Nature of the Definition Problem in Health," p. 630.

④ Edmund Husserl, *The Idea of Phenomenology*, trans. William Alston and George Nakhnikian (The Hague: Nijhoff, 1964); Jean-Paul Sartre, Basic Writings, ed. *Stephen Priest* (London: Routledge, 2001), especially chapter 3.

⑤ 可以肯定的是，对于阿萨姆劳工群体而言，"体验式"健康（"experiential" health）的不可言说性及概念层面的不可及性，揭示了劳工健康话语的缺席。因为在殖民档案中，和阿萨姆劳工仅以"转录文本"和"符号化表征"的形式出现。

⑥ 所谓"法案劳工"（Act-Labor）是指那些根据当时劳工法签订正式雇用合同的劳工群体，关于这一点的阐述，请参见本章第四节。

的"功能性健康"不仅关系到茶叶生产效率的维持，更是法律规制下的产物，尽管其中存在不确定性。在这样的背景下，7%的统计偏差成为区分"健康"和"患病"状态的关键指标。从理论上讲，法律既能加剧茶叶种植园内的死亡率，也能成为降低其死亡率的有效手段；劳动保护者在履行法律职责的同时也承担着医疗职责。商业和监管之间的紧密联系对人们对健康和死亡率的认知产生了深远影响，在阿萨姆茶叶的历史中，我们能找到资本和法律两方面的相关证据。

阿萨姆地区的健康和疾病史，还涉及劳工的自然有机身体这一维度。劳工不仅为茶叶种植园创造经济资本，其健康或疾病状态也影响着整个系统的运作。从疾病和健康的角度来看，劳工的自然有机身体被用作体液与生态学的术语（humoral, ecological terms）来理解。在这一概念下，疾病常被视为不卫生、懒散、缺乏免疫力的"苦力"或"虚弱"状态的象征。[①]这种观念源自所谓的"残次"理论（bad-batch theory），即医生、卫生专员和种植园主在讨论疾病时，往往倾向于将劳工的身体视为处于自然状态，而非仅仅关注其生理健康状况。根据不同的观点，身体生病的原因可谓是多种多样，其中包括细菌的感染、不良的生活习惯、特定的生活方式、阶级和种族特征、地理位置因素，或现代化进程的不完善等。然而，如果抛开资本和法律逻辑的束缚，对于劳工的自然有机身体的理解，更多地倾向于一种本能的、自然的、生物的状态。值得注意的是，这三种（指资本的、法律的和生物的）理解视角在实践中往往会相互冲突，这种冲突深刻地反映了健康与疾病问题的复杂性。

感染途径和混乱的根源：霍乱、黑热病和疟疾

1899年11月，在阿萨姆-孟加拉铁路（Assam Bengal Railways，以下

---

① 在印度殖民地的矿山、工厂和种植园经济体系中，人种学（ethnology）研究和劳动力适用性评估之间存在着长期且复杂的学术关联。参见 Kaushik Ghosh, "A Market for Aboriginality: Primitivism and Race Classification in the Indentured Labour Market of Colonial India," in Gautam Bhadra, etal., eds., *Subaltern Studies X: Writings on South Asian History and Society* (New Delhi: Oxford University Press, 1999), pp. 8-48；另请参阅 Jayeeta Sharma, "'Lazy Natives,' Coolie Labour, and the Assam Tea Industry," *Modern Asian Studies*, Vol. 43, No. 6 (2009): 1287-1324。

简称 ABR）卢姆丁①（Lumding）段暴发了一场严重的霍乱，这场疫情导致数百名劳工不幸死亡。此后不久，阿萨姆-孟加拉铁路公司的代理人与阿萨姆首席专员科顿（H. J. S. Cotton）之间爆发了激烈的争议。争议焦点主要集中在霍乱的感染和传播责任，以及福利安排的经济责任上。

在首席专员对阿萨姆-孟加拉铁路公司未能有效控制霍乱传播提出责备后，政府、铁路公司和相关工程师们迅速将注意力集中于霍乱的感染问题上。他们力图证明霍乱并非在铁路区域起源和传播。印度政府的铁路咨询工程师提出，ABR 的工人是从"无霍乱地区"招募的②，他认为劳工是在途经已传播霍乱的阿萨姆地区才被感染的。然而阿萨姆-孟加拉铁路公司的代理人和首席工程师却坚持认为，霍乱不可能在铁路公司管辖范围内起源和传播，更不可能通过工人使用的蒸汽船传播，他们给出的理由是，公司每个部门都配备了"完全合格的欧洲医务官员、助理外科医生和医院助手"来负责员工健康。他们还声称卢姆丁并没有霍乱疫情，坚称霍乱是从古瓦哈提（Gauhati）传过来的。③

从流行病学的角度看，关于霍乱感染的途径和根源问题，实际上与建立隔离营、疗养所和医院的经济责任紧密相关。早在 1899 年 11 月 6 日，阿萨姆首席专员就已通过相关命令对此做出安排。因此，围绕霍乱起源和劳工普遍健康状况的辩论，并不涉及"残次"理论或身体失调的传染病理论，在等待支付无人认领账单时，阿萨姆-孟加拉铁路公司的执行工程师愤怒地写信给阿萨姆首席专员，质疑为什么要让"铁路苦力"而不是"茶园苦力"支付使用卫生和医疗设施的费用。④

事实上，印度霍乱的病因学研究经历了一个漫长而复杂的过程。霍乱曾被赋予各种不同的称呼，如"亚洲病"（Asiatic Disease）、"肮脏的印度朝圣

---

① 这是印度阿萨姆地区的霍贾伊县（Hojai District）的一个城镇，因卢姆丁枢纽火车站所在地而闻名，该火车站是印度东北边境铁路网的重要枢纽——译者注。
② Assam Secretariat Proceedings, General Department, Home A, September 1901, No. 58 - 66, ASA.
③ Assam Secretariat Proceedings, General Department, Home A, September 1901, No. 58 - 66, ASA., p. 3.
④ Assam Secretariat Proceedings, General Department, Home A, September 1901, No. 58 - 66, ASA., p. 4；这位执行工程师明确指出："霍乱不会在这条铁路上感染，而且我们可以假定，在这种情况下把他们带到这个地区的人应该承担他们的任何费用"，Vide letter no. 251E dated January 4, 1900。

者的疾病"或"源于贫困的疾病"等。在殖民地时期的医学研究中，对霍乱的解读在传染病论、大气论和种族疾病学论之间摇摆不定。[①] 詹姆斯·布莱登（James L. Bryden）博士是新成立的印度政府卫生部（Sanitary Department of GOI）的第一位统计官员，他强烈支持霍乱的空气传播理论。在印度医疗服务机构（Indian Medical Service）以及印度任职时间最长的卫生专员卡宁厄姆（J. M. Cuningham）等权威人物的支持下，反传染主义的游说团体长期阻挠了对公共卫生事务进行更直接干预的呼声。其中，最主要的人物是安尼斯利·查尔斯·德伦兹（Annesley Charles C. DeRenzy），他曾任旁遮普（Punjab）的卫生专员，也是霍乱水传播理论的坚定支持者。虽然德伦兹和印度政府之间的争论广为人知[②]，但对我们这个故事来说，更重要的是他因敢于挑战"官方"对霍乱的看法，而被从"偏远的阿萨姆"地区的文职职位调至军事职位。[③] 随后，他在 1877 年担任阿萨姆地区的卫生专员，直到 1880 年。

　　历史学家评论说，19 世纪晚期印度医学界对霍乱的不同看法，实则是一场"自我之战"，这是一场围绕确保霍乱的起源和独特性展开的学术和理论上的领土之争。虽然这场辩论的细枝末节无需在此赘述，但值得注意的是，在"兵变"[④] 后，印度政府在 20 世纪初期，对霍乱预防、防治和治疗所采取的干预态度，长期处于相对次要的地位。大卫·阿诺德因此认为："许多医学研究人员和高级医学顾问（如卡宁厄姆）坚持他们的反传染主义理论，这表明他们与欧洲医学科学的进步格格不入。这种态度似乎受到了印度政府'鸵鸟般的'心态的鼓舞，印度政府出于政治和商业原因，采取了不干涉、自由放任的政策。"[⑤] 然而，这一状况在 1884 年发生了转变，当时，

①　Arnold, "Cholera: Disease as Disorder," in David Arnold, *Colonizing the Body: State Medicine and Epidemic Disease in Nineteenth Century India*, pp. 159-199; and Mark Harrison, "A Question of Locality: The Identity of Cholera in British India, 1860-1890," in David Arnold, ed. , *Warm Climates and Western Medicine: The Emergence of Tropical Medicine, 1500-1900.* 另请参阅 Mark Harrison, *Public Health in British India: Anglo-Indian Preventive Medicine, 1859-1914*。

②　Harrison, *Public Health in British India*, pp. 135-146.

③　Harrison, *Public Health in British India*, p. 103.

④　即"印度民族大起义"，在 1857~1859 年由印度封建主领导，是印度人民反抗英国殖民统治、争取民族独立的起义，发生在印度北部和中部地区，它又被称为"印度第一次民族独立战争""1857 年起义""1857 年独立战争"等，而英国殖民者则称之为"印度兵变"。尽管最终失败，但导致英国政府在 1858 年解散东印度公司，统治方式从公司治理转向直接殖民统治——译者注。

⑤　Arnold, *Colonizing the Body*, p. 195.

罗伯特·科赫（Robert Koch）在加尔各答的水资源中发现了"弧杆菌"，这一发现标志着观念的转变，尽管直到 20 世纪初，印度霍乱的细菌学起源才被正式确认。[①] 在此背景下，1893 年至 1896 年，犹太裔俄罗斯细菌学家瓦尔德马尔·哈夫金（Waldemar M. Haffkine）率先在印度进行了抗击霍乱的疫苗接种研究实验。尽管哈夫金的疫苗接种工作受到了反传染论者阵营的极大不信任，甚至被一些报纸怀疑为间谍，但他始终没有放弃，通过不断的努力和尝试，他为霍乱的预防带来了新的希望。[②] 在 1894 年至 1895 年，哈夫金的足迹遍及了印度多个地区，其中包括比哈尔邦的锡亚尔科特（Sialkot）、哈德瓦尔（Hardwar）、加尔各答（Calcutta）、加亚（Gaya）和达尔班加监狱（Darbhanga jails），以及阿萨姆地区的 45 个霍乱感染严重的茶叶种植园。[③]

在他提交给印度政府的官方报告中，哈夫金写道：

> 我认为最重要的是，政府应该向那些容易感染霍乱的群体推荐疫苗接种，例如军队人员、囚犯、在铁路建设工地劳作的苦力、参与公共工程和军事工程建设的苦力以及在移民中转站的苦力等。此外，政府还应该向大型劳工雇主（例如茶叶公司、煤矿企业、私营铁路公司等的董事）发出通知，提醒他们重视疫苗接种工作，这有助于传播并推动工作的顺利开展。[④]

哈夫金的这一建议引发了诸多重要问题，涉及公共卫生、殖民国家干预和效率话语等方面。虽然哈夫金的观点可能遭到卡宁厄姆等人的质疑，但问题并非仅局限于医学观点范畴。直到 20 世纪 30 年代，殖民地政府一直以"不干涉"为政治借口，在很大程度上抵制将强制疫苗接种作为公共卫生措施。然而，对于囚犯、士兵和茶园劳工等具有经济生产能力的群体而言，接

---

① Arnold, *Colonizing the Body*, p. 195.

② Pratik Chakrabarti, "Curing Cholera: Pathogens, Places and Poverty in South Asia," *International al Journal of South Asian Studies*, Vol. 3 (December 2010): 153–68.

③ W. M. Haffkine, *Protective Inoculation Against Cholera* (Calcutta: Thacker, Spink & Co., 1913), especially Part Ⅱ.

④ W. M. Haffkine, *Anti-Cholera Inoculation: Report to the Government of India* (Calcutta: Thacker, Spink & Co., 1895), pp. 49–50.

种疫苗带来的预防效益远超政治考量。孟加拉政府正式指示全力支持哈夫金的工作，特别是在霍乱较流行的印度东北部三角洲地区。[①] 当然，正如本章所阐述的，种植园主一再对关于霍乱起源的"自然宿主理论"表示反感和否定，他们认为霍乱要么是"输入"的，要么是在劳工运输途中感染的，要么是劳工种族构成中固有的。在阿萨姆地区，哈夫金面临另一个难题，即接种疫苗可能会导致劳工丧失劳动能力，进而减少他们在种植园的劳动时间。[②] 因此，哈夫金不得不将疫苗接种示范活动转移到比哈尔邦和孟加拉邦那些更为稳定、更易于控制的目标群体中。

可以肯定的是，在哈夫金的报告所述期间，霍乱在印度东部造成了严重的破坏和死亡。据估计，1871 年至 1878 年，茶叶劳工因霍乱而导致的死亡率约为 47.8%。[③] 即使在世纪之交的 1901 年至 1920 年，死于霍乱的劳工仍占阿萨姆地区死亡总人数的 13.3%左右。[④] 尽管有这些数字，但医务人员、种植园主和卫生专员对于霍乱的病因和感染途径并没有达成共识。在广为人知的诸多论述中，霍乱起源的大气传播理论、水路传播理论和"残次"理论因科学意识形态和流行观点的差异而被人们争相接受。对阿萨姆地区来说，颇为有趣而奇特的是，各方立场因茶叶成本考虑、种植园主的游说和劳动法的相关规定而有所不同。换言之，正如阿诺德所指出的[⑤]，阿萨姆地区的霍乱问题其意义远不止公共卫生层面，还承载着法律、经济和结构性等多方面的沉重负担。

德伦兹帮助我们更好地理解了这一点。1877 年，德伦兹担任阿萨姆卫生专员后，立即着手调查霍乱暴发的原因，他深入到轮船、劳工仓库以及营地，发现这些地方的清洁工作存在严重问题，垃圾堆放、污水横流，而且供水严重不足。[⑥] 基于此，他主张政府应采取行动，改善不良条件，从而

① 关于"蓄水池"理论（reservoir theory）的进一步阐述，参见 Haffkine, *Anti-Cholera Inoculation* and Chakrabarti, "Curing Cholera," especially pp. 164-165.

② Chakrabarti, "Curing Cholera," p. 156.

③ Note by Surgeon-General A. C. C. De Renzy on: "Cholera Among The Assam Tea Coolies," *The Lancet*（April 11, 1891）: p. 823.

④ Ralph Shlomowitz and Lance Brennan, "Mortality and migrant labour in Assam, 1865-1921," *The Indian Economic and Social History Review* Vol. 27, No. 1 (1990): 105.

⑤ Arnold, *Colonizing the Body*, p. 159.

⑥ *Annual Sanitary Report of the Province of Assam for the Year 1877*（Shillong: The Assam Secretariat Press, 1878）, pp. 20-21.

有效解决霍乱问题。德伦兹反驳了霍乱病原体来源于当地流行病、外来感染以及"布拉马普特拉河上空弥漫的瘴气影响"① 等理论，为了证明自己的观点，他登上了一艘运送劳工的蒸汽轮船，进行了秘密旅行考察。德伦兹在1878 年的卫生报告（Sanitary Report，以下简称 ASR）中写道，当时轮船上仅有的一个水龙头为数百名劳工提供清洁水源，这显然远远不够，在这种情况下，劳工们不得不使用装满霍乱病毒和粪便的盆子作为水源，这无疑极大地增加了霍乱传播的风险。② 布拉马普特拉河的水质本身并非霍乱传播的直接原因。因为船员和欧洲工作人员同样使用该水源但并未感染霍乱。虽然在 1879 年左右，船上对供水设施进行了一些改进，然而德伦兹提出的三个建议并未被政府采纳。从经济角度考量，这些改进措施显得不太可行。德伦兹的实验和建议最终未能得到政府的充分支持，这与当时政府对霍乱传播原因的普遍看法有关，当时，社会普遍认为霍乱的传播是由超出人类控制范围的普通因素所支配的。德伦兹后来回忆道："我认为，非常遗憾的是，政府没有满足我的恳切请求以完成这项实验，这使得许多与霍乱相关的问题未能得到澄清。随着通过布拉马普特拉河移民人数的增加，这原本为精确研究霍乱提供了非常有利的机会，但这些机会并没有得到利用，因为政府对霍乱的传播持有错误的理念。"③

除了布拉马普特拉河瘴气的"大气理论"外，这些被认为"超出人类控制范围的普遍的影响"还包括德国卫生学家马克斯·冯·佩滕科弗（Max von Pettenkofer）所提出的"地下水-土壤"理论，该理论指出，当地的土壤条件和特征有可能充当疾病传播的媒介。④ 但是，当涉及个人商业利益时，德伦兹对科学正确性的关注程度有所降低。1894 年 1 月，一个专门的委员会成立，旨在调查阿萨姆铁路和贸易公司（Assam Railways

① De Renzy, "Cholera Among the Assam Tea Coolies," p. 823.

② ASR 1878, especially sections IV and VII.

③ Note by Surgeon-General A. C. C. De Renzy on: "The Prevention of Cholera," *The Lancet*, August 9, 1884, pp. 227–228；在这里，德伦兹所说的"实验"是指对轮船、杜布里（Dhubri）劳工站和沿途露营供水的变化监测。他引用了"变化之前"和"变化之后"的数据来证明死亡率的下降。例如，根据他的记录，在 1878 年发生这些变化之前，霍乱死亡人数占劳动力人口的比例为 2.70%，而在 1879 年、1880 年、1881 年、1882 年和 1883 年，死亡率分别接近 0.81%、0.42%、0.88%、0.65%和 0.65%。

④ Harrison, "A Question of Locality: The Identity of Cholera in British India, 1860–1890," pp. 143–144 for an elaboration of this point.

and Trading Company，以下简称 ARTC）附近的煤矿工人持续存在的不良健康状况。该委员会经过深入调查后，对矿井及其周边地区的不卫生条件予以了严厉批评，并建议立即停止进一步招募劳工。对此，德伦兹代表 ARTC 进行了反驳，他对这些指控予以否定，并指责该委员会提出的建议是"愚蠢而不切实际"的。① 在 1894 年 2 月 10 日的信中，德伦兹明确地表示，ARTC 为阿萨姆省和整个茶叶行业带来了诸多好处。他辩称，劳工的不健康状况是由于受到外部因素的影响，比如"进口已经患病的苦力"，以及公司自 1885 年运营以来所面临的"与大自然的斗争"。② 此外，他还警告阿萨姆政府，如果仅仅因为偶尔出现的劳工不健康问题就关闭公司，将会给该省带来巨大的经济损失。值得注意的是，德伦兹在 1885 年至 1914 年担任 ARTC 的董事，然而这一事实并不广为人知。

在病因学的争论中，阿萨姆地区的卫生专员克拉克（J. J. Clarke）博士于 1883 年引用佩滕科弗的论文时提出，阿萨姆地区的茶叶种植园劳工中霍乱之所以持续发生，与他们前往这些种植园途中所经过的地区的"不卫生"条件密切相关。他认为，正是由于这些偏远地区的"民众"存在不卫生的习惯和恶劣的生活条件，使得茶园劳工屡屡成为霍乱的受害者。克拉克指出，从登陆港口到茶园之间的路程大约需要 12 天到 14 天，在这段相对较长的旅程中，工人很容易受到霍乱的影响。为此，他创造性地提出使用速度更快的蒸汽船，这样可以在 4 天到 6 天内走完这段路程。他还认为：

> 从杜布里③（Dhubri）前往几个地区的苦力集散地，有必要设立一个快速的苦力移民中转站。我们迫切需要一种高效的运输服务，以解决蒸汽船上时常暴发的霍乱疫情所带来的诸多困难，因为这种流行

---

① "Unhealthy Conditions of Ledo, Tikak, Namdang, and Margherita," File No. 544/ 5030-Emigra-tion, District Record Room, Office of the Collector and Deputy Commissioner, Dibrugarh, Assam.

② Vide Letter No. 214G, dated February 10, 1894 addressed to R. S. Greenshields, Esq. , Deputy Commissioner of Lakhimpur. 有关阿萨姆铁路和贸易公司的一般历史，参见 W. R. Gawthrop, *The Story of the Assam Railways and Trading Company Limited*, *1881 - 1951*（London：Harley Pub. Co. for the Assam Railways and Trading Company, 1951）；另请参阅 Arupjyoti Saikia, "Im-perialism, Geology and Petroleum：History of Oil in Colonial Assam," *Economic and Political Weekly*, Vol. XLVI, No. 12（March 19, 2011）：48－55。

③ 杜布里是印度阿萨姆地区的杜布里县（Dhubri District）的一个城镇和行政中心，它是布拉马普特拉河畔的一座具有历史意义的古镇——译者注。

病对人类的生命构成了毁灭性的威胁，对茶业产业也是如此。[1]

尽管疾病的细菌理论在 20 世纪最终占据主导地位并得到广泛认可，但解读阿萨姆地区的种植园世界仍存在多种方式。在利益政治的影响下，"科学的适当性"只是众多关注点之一。直到 20 世纪 20 年代，关于供水、厕所和水利等方面的争论仍未解决。人们提醒医务人员，在提出建议时要时刻牢记："茶园存活于一个竞争的世界"。[2]

在阿萨姆地区的种植园里，卡拉-阿扎尔（或称"黑热病"）的病情显得更加复杂且混乱。所谓热病，是一种含糊不清、涵盖范围广泛的现象，其中包括黑热病、疟疾和"丛林热"等。特别是在 20 世纪初之前，当精确病因存在疑问或尚未明确时，脚气病、钩虫病、贫血、水肿、疟疾恶病质和"所有其他发烧"等症状就会交替出现。关于黑热病的研究、病因和传播等方面的争论并非本章关注的重点。这里需要指出的是，在整个研究期间，黑热病和霍乱一样，始终是阿萨姆地区的茶叶种植园的主要致死病因。[3] 黑热病在当地有大量的方言称谓，如"萨赫布病"（或称"统治者的疾病"）（saheb's disease, or the disease of the rulers）、"黑城热"（blacktown fever）和"萨卡里-贝马里"（或称"英国政府病"）（sarkari bemari, or the British Government disease）[4]，这让种植园主、政府官员和医务人员都感到十分困惑。

撇开地方性、病因和地点等问题暂且不谈，黑热病无疑是一种代价高

---

① Vide letter dated May 19, 1883, ASR 1882, p. 35.

② Question No. 97 to Dr. J. Moncrieff Joly, MB, Medical Officer, Pabhojan Tea Company, Doom-Dooma Tea Company, Tara Tea Company, in *Evidence Recorded by the Assam Labour Enquiry Committee, 1921–22* (Shillong: Assam Secretariat Press, 1922), p. 121, ASA.

③ 在 1891 年之前，黑热病的死亡数据通常被归入"发烧"这一综合诊断类别，但具体分析显示，仅 1891 年就有 9937 人死于这种病，1893 年有 10247 人死亡，1894 年有 13164 人死于这种疾病。有关这些年份的年度卫生报告（ASRs）可以提供进一步的评估。

④ Leonard Rogers, *Report of an Investigation of the Epidemic of Malarial Fever in Assam or Kala-azar* (Shillong: Assam Secretariat Printing Office, 1897), p. 132, 引自 Achintya Kumar Dutta, "Medical research and control of disease: Kala-azar in British India," in Biswamoy Pati and Mark Harrison, ed., *The Social History of Health and Medicine in Colonial India* (Abingdon, Oxon: Routledge, 2009) especially pp. 96–99; 另请参阅 Leonard Rogers, *Fevers in the Tropics, Their Clinical and Microscopical Differentiation, Including the Milroy Lectures on Kala-azar* (London: Oxford University Press, 1908)。

昂的疾病，它不断夺走了阿萨姆地区和孟加拉东部大量茶叶劳工的生命，给当地的种植园经济和社会带来了沉重的打击。尽管在 1883 年的卫生报告中，黑热病首次被确定为"疟原虫恶病质"[1]，但对该疾病的研究却经历了漫长而艰辛的鉴定和预防过程。在此需要特别指出的是，印度医疗服务机构和加尔各答医学院的病理学教授雷纳德·罗杰斯（Leonard Rogers）为了推动黑热病的研究，积极向茶叶、黄麻和采矿等方面的企业及机构寻求捐赠，最终为他在 1921 年成立的加尔各答热带医学院（Calcutta School of Tropical Medicine，以下简称 CSTM）筹集到了宝贵的资金。[2] 事实上，关于热带医学研究以及像加尔各答热带医学院这样的机构发展的"原始动力"问题，在学界存在不同的观点。有人认为，其真正的"原始动力"并非来自罗杰斯，而是来自阿尔弗雷德·麦凯布·达拉斯（Alfred McCabe Dallas）博士，达拉斯博士是阿萨姆地区的茶叶种植园的一名年轻医生。[3] 当然，早在 20 世纪中叶之前，印度医疗服务机构就已经开始关注阿萨姆地区的黑热病问题，并派遣官员前往阿萨姆地区的茶叶种植园，试图寻找这一令人困惑的黑热病的信息和治疗方法。其中，坎宁汉（D. D. Cunningham）是第一个被派往阿萨姆的人，但他回来后却无法将黑热病和疟疾区分开来，这无疑给后续的研究带来了一定困难。1889 年，外科医生乔治·贾尔斯（George M. Giles）被派往阿萨姆地区研究这种疾病，但由于当时对疾病的认识还不够深入，他错误地提出钩虫病和黑热病由同一种病原体引起的观点。[4] 1896 年，罗杰斯前往阿萨姆地区，致力于探寻这些疾病的奥秘。随后在 1898 年，罗纳德·罗斯（Ronald

---

① 引自 Rogers, "On the Epidemic Malarial Fever of Assam or Kala-Azar," *Medico Chirurgical Transactions* Vol. 81, No. 1 (1898)：241-258。

② 罗杰斯认为，如果五年内投资五万卢比用于加尔各答热带医学院（CSTM）的研究，将显著改善种植园、工厂和矿山中劳工常见疾病的治疗效果，"从而在减少劳动力低效和损失方面节省更多卢比"。参见 Helen Power, "The Calcutta School of Tropical Medicine：Institutionalizing medical Research in the Periphery," *Medical History* Vol. 40 (1996)：197-214。

③ G. C. Cook, "Leonard Rogers KCSI FRCP FRS (1868-1962) and the Founding of the Calcutta School of Tropical Medicine," *Notes and Records of the Royal Society*, Vol. 60 (2006)：171-181.

④ G. M. Giles, *A Report of an Investigation Into the Causes of the Diseases Known in Assam as Kala-Azar and Beri-Beri* (Shillong：Assam Secretariat Press, 1890), especially section XI. 贾尔斯（Giles）还将"脚气病"（beri-beri）添加到了医学的名单列表中，这让医学界更加困惑。关于脚气病，以及它在印度的医学历史，参见 David Arnold, "British India and the 'Beri-Beri' Problem, 1798-1942," *Medical History* Vol. 54 (2010)：295-314。

Ross）也对该地区展开了深入研究。他们倾向于将黑水热（black-water fe-
ver）看作一种疟疾流行病。[1] 1903 年，威廉·利什曼（William Leishman）
和查尔斯·多诺万（Charles Donovan）分别确认了一种原生动物寄生虫是
黑水热的病原体，这一重大发现并非一蹴而就，在此之前，他们已进行了
大量研究工作。自 20 世纪初起，印度政府便开始主持官方的疟疾研究工
作，并逐渐涉足黑热病领域。1902 年，印度医疗服务机构的克里斯托弗
（S. R. Christophers）上尉参与了英国皇家学会疟疾委员会（Malaria Commit-
tee of the Royal Society）在印度开展的工作。六年后，他与本特利（C. A.
Bentley）携手合作，全面调查了孟加拉北部杜阿尔斯（Duars）地区疟疾
和黑水热的肆虐情况。应杜阿尔斯茶叶种植园主的请求，他们于 1908 年撰
写了第一份报告，这份报告也涵盖了阿萨姆地区的种植园情况。他们认为
疟疾和黑热病在病因学上有相似之处，并假设印度东部（特别是种植园和
矿区）疟疾的流行与无免疫力劳动力的"工业聚集"有关。[2] 克里斯托弗
是奎宁预防[3]的积极倡导者，在讨论黑水热问题时，他充分考虑了种族、
地域和生态等多方面因素。然而与水利和供水问题一样，奎宁的广泛使用
需要耗费大量成本，而在阿萨姆地区的茶叶种植园中，成本的稳定性难以
保障。

事实上，尽管外科医生贾尔斯曾将黑热病的假说混淆为钩虫病，但他
在阿萨姆地区茶叶种植园的卫生福利方面提出了一些有趣的观点。他认
为，尽管各个茶叶种植园的卫生状况有所改善，尤其是在供水方面取得了
一定成效，但种植园仍未能彻底摆脱"不健康的"[4] 标签，根源在于种植
园管理人员在卫生方面的做法存在诸多不足。贾尔斯强调，在阿萨姆地
区的茶叶种植园里，钩虫病的致命性远超霍乱，因此，他认为只要采取
更有力的水利措施，死亡率自然就会下降。贾尔斯摒弃了"苦力天生就

---

① Rogers, "On the Epidemic Malarial Fever of Assam or Kala-Azar."
② Captain S. R. Christophers and C. A. Bentley, "Blackwater Fever," in *Scientific Memoirs by Of-
ficers of the Medical and Sanitary Departments of the Government of India*, New Series, No. 35
（Simla: Government Monotype Press, 1908）, especially pp. 40–47.
③ 具有讽刺意味的是，后来他们才"勉强"承认，无节制和不规律的奎宁治疗（quiniza-
tion）实际上加剧了黑热病的发病率，同时增加了疟疾晚期并发症——血红蛋白尿（hae-
moglobinuria）的发生率。参见 Harrison, *Public Health in British India*, pp. 162–163.
④ 有关阿萨姆茶园"健康"和"不健康"背后的分类逻辑，请参阅本章下一节。

是肮脏"这一陈旧理论，指出种植园主未能为劳工提供适当的厕所设施，从而"忽视了给劳工提供变得干净的机会"。[1] 他甚至进一步提出，为了彻底消除阿萨姆地区茶叶种植园劳工中的钩虫病，种植园主必须采取某种程度的"法律强制"措施。贾尔斯医生的这些言论，不自觉地引用了劳动法的智慧。这些法律规定种植园管理层需严格遵守详细的卫生福利指示。换句话说，贾尔斯提出了关于健康、疾病和利益政治之间关系的重要观点，我们将在后续章节中深入讨论这个问题。在向政府提交报告的结尾部分，贾尔斯还提出了一种理论：

> 阿萨姆地区的茶叶种植园的卫生工作存在方向上的偏差，即仅仅采取适当的水利措施以防止水污染是不够的。因为水利措施只能解决一部分问题，而且在没有相应惩罚机制的情况下，种植园主可能缺乏足够的动力去积极落实这些措施，供水问题也就难以得到有效解决。[2]

在阿萨姆茶园的卫生治理史上，麦康比·扬（T. C. McCombie Young）陆军中校的观点具有特殊意义。这位曾任阿萨姆地区公共卫生主任的印度医疗服务专家在 1924 年英国皇家学会的演讲中，系统阐述了他对卫生投资与回报的独到见解。[3] 他虽然接受了罗杰斯提出的隔离措施与建议[4]。但对强制隔离政策的实际效果持保留态度。他指出，1917 年上阿萨姆锡布萨格尔（Sibsagar）地区的实践表明，诸如限制劳动力流动、强制迁移感染社区以及

---

[1] Giles, *A Report of an Investigation Into the Causes of the Diseases Known in Assam as Kala-Azar and Beri-Beri*, 155; also see "Surgeon Giles's Report on Anemia of Coolies," Assam Secretariat Proceedings, Home-A, No. 1–8, July 1890, ASA, pp. 2–4.

[2] Giles, *A Report of an Investigation Into the Causes of the Diseases Known in Assam as Kala-Azar and Beri-Beri*, 155; also see "Surgeon Giles's Report on Anemia of Coolies," Assam Secretariat Proceedings, Home-A, No. 1–8, July 1890, ASA, p. 156.

[3] Lieutenant-Colonel T. C. McCombie Young, "Fourteen Years' Experience with Kala-Azar Work in Assam," *Transactions of the Royal Society of Tropical Medicine and Hygiene*, Vol. 18, No. 3 (June 19, 1924): 81–86.

[4] Leonard Rogers, "The Epidemic Malarial Fever of Assam, or Kala-Azar, Successfully Eradicated from Tea Garden Lines," *British Medical Journal*, September 24, 1898, Vol. 2 (1969): 891–892, and J. Dodds Price and Leonard Rogers, "The Uniform Success of Segregation Measures in Eradicating Kala-Azar from Assam Tea Gardens: Its Bearing on the Probable Mode of Infection," *British Medical Journal*, Vol. 1 (February 7, 1914): 285–289.

破坏财产等措施，并未有效阻止黑热病对茶叶种植园的破坏。更为重要的是，麦康比·扬认为，实施"隔离"政策的成本极高，每个家庭需要承担 20 英镑的费用。从经济角度来看，这种政策难以大规模推行。① 尽管麦康比·扬对黑热病传播的"昆虫媒介"理论并不完全认同，但他对罗杰斯的"吐酒石酸法"和布拉马查里的"尿素锑胺法"在当地的防治效果给予了高度认可。这些方法确实显著降低了黑热病的传播风险。② 在麦康比·扬看来，卫生问题从来不只是医学领域的问题，更是复杂的经济和社会问题：

> 自 1920 年起，接受治疗的黑热病病例总数已突破 8 万例。假设基于 90% 的治疗成功率和每人 13 先令 4 便士的治疗成本，我推测，二十年后，这些治疗措施拯救的生命将在土地收入方面为国家创造 19.2 万英镑的价值，而相应的总成本仅为 53333 英镑。③

麦康比·扬所阐述的经济视角在 1922 年得到进一步印证。他指出，消除阿萨姆地区种植园中的按蚊繁殖地的费用，仅占奎宁管理费用的一小部分，而这笔看似不大的投入，却能通过提高劳动力的效率带来可观的回报④。1926 年，印度茶叶协会认真考虑了麦康比·扬的建议，委托加尔各答热带医学院开展阿萨姆和杜阿尔斯（Duars）地区茶园疟疾的官方调查。

在殖民地时期的印度，疟疾的病原学认知经历了漫长而曲折的历程。在 1897 年罗纳德·罗斯发现疟原虫是疟疾的传播媒介后，关于疟疾本质的争议就从未停歇，它究竟是一种根植于地方的生态疾病，还是现代化进程带来的新型疾病？这种理论上的不确定性，直接反映在实际防控措施的摇

---

① Leonard Rogers, "The Epidemic Malarial Fever of Assam, or Kala-Azar, Successfully Eradicated from Tea Garden Lines," *British Medical Journal*, September 24, 1898, Vol. 2 (1969): 891–892, and J. Dodds Price and Leonard Rogers, "The Uniform Success of Segregation Measures in Eradicating Kala-Azar from Assam Tea Gardens: Its Bearing on the Probable Mode of Infection," *British Medical Journal*, Vol. 1 (February 7, 1914), p. 85.
② 罗杰斯在 1915 年首次将吐酒石酸法（tartar emetic）作为一种治疗方法，而孟加拉医疗服务机构的布拉马查里（Brahmachari）在 1921 年发明了尿素锑胺法（urea stibamine）。参见 Achintya Kumar Dutta, "Medical research and control of disease: Kala-azar in British India," pp. 100–102。
③ T. C. McCombie Young, "Fourteen Years' Experience with Kala-Azar Work in Assam," p. 87.
④ C. Strickland and K. L. Chowdhury, *Abridged Report on Malaria in the Assam Tea Gardens: With Pictures, Tables and Charts* (Calcutta: Indian Tea Association, 1929), p. 2.

摆不定上——实验室的最新发现，茶园现场的实际情况与人体生理反应之间，始终存在着难以弥合的认知鸿沟。① 这种理论与实践的脱节，在"实地的茶园"中表现得尤为明显。南蒂尼·巴塔查里亚的研究揭示了一个深刻的历史矛盾：在 19 世纪末和 20 世纪初，尽管茶叶代理商和茶叶企业持续资助疟疾防控研究，但科学建议与商业利益之间存在着根本性冲突。正如巴塔查里亚所阐述的那样，有效的疟疾预防措施，比如种植园选址优化、对无免疫力劳工的监管、奎宁的合理使用等，与茶叶种植园追求利润最大化的逻辑是相冲突的。这一矛盾在阿萨姆地区表现得尤为突出。下面，让我们深入探讨这个问题。

在斯特里克兰（C. Strickland）博士提交上述疟疾调查正式报告的四年前，即 1925 年 3 月 2 日，他已经在英国医学协会焦哈特分会（Jorhat branch of the British Medical Association）上宣读了初步调查结果。斯特里克兰强调，任何疟疾的防控措施都必须建立在对当地生态的充分了解之上，这是因为不同按蚊物种对环境的适应性存在显著差异。他警告说，对疟疾控制措施的无知、盲目猜测和管理不善，极有可能导致携带疟疾寄生虫的疟原虫种类出现恶化，甚至进一步扩散：

> 以露天排水为例：有人排干了一片沼泽地，同时消灭了耐阴植物物种；有人排干了另一片沼泽地，却意外地引入了黄斑奥蚊或不吉按蚊（maculatus or funestus）等危险物种。②

---

① 最近关于印度疟疾研究的历史文献浩如烟海。参见 Michael Worboys, "Germs, Malaria, and the Invention of Mansonian Tropical Medicine: From 'Disease in the Tropics' to 'Tropical Diseases'" in David Arnold, ed., *Warm Climates and Western Medicine: The Emergence of Tropical Medicine, 1500-1900*; Nandini Bhattacharya, "The Logic of Location: Malaria Research in Colonial India, Darjeeling, and Duars, 1900-1930," *Medical History* Vol. 55 (2011): 183-202; Arabinda Samanta, *Malarial Fever in Colonial Bengal: Social History of an Epidemic, 1820-1939* (Kolkata: Firma KLM, 2002); Ira Klein, "Development and Death: Reinterpreting Malaria, Economics, and Ecology in British India," *The Indian Economic and Social History Review* Vol. 38 (2001): 147-179; Sandhya L. Polu, *Infectious Disease in India, 1892-1940: Policy-Making and the Perception of Risk* (London: Palgrave Macmillan, 2012), especially chapter 3; and Elizabeth Whitcombe, "The Environmental Costs of Irrigation in British India: Waterlogging, Salinity, Malaria," in David Arnold and Ramachandra Guha, eds., *Nature, Culture, Imperialism: Essays on the Environmental History of South Asia* (New Delhi: Oxford University Press, 1997).

② C. Strickland, "The Mosquito Factor in the Malaria of Assam Tea Gardens," reprinted from *The Indian Medical Gazette*, Vol. LX, No. 11 (November 1925), p. 2.

斯特里克兰成功分离出三种最具危险性的疟原虫：不吉按蚊（funes-tus）、鸟头蚊（aconitus）和丘尾蚊（culcifacies）。研究表明，这些疟原虫通常栖息在河流附近、稻田灌溉渠周边以及雨后形成的临时水坑等特定生态环境中。除了倡导使用奎宁类药物预防外，斯特里克兰还针对阿萨姆地区的具体情况，提出一系列特定的措施来对付这些蚊虫。然而，这些科学措施在阿萨姆地区的茶叶种植园的实际应用中遭遇了多重结构性矛盾。例如，反对露天排水的建议与茶树需要定期灌溉直接矛盾。同样，由于实施成本高昂且受当地地理条件限制（如湍急河流），茶叶种植园周边有水稻种植等，涂油防蚊措施也难以推广。此外，斯特里克兰反对为防控茶树褐斑病而大规模清除丛林。斯特里克兰指出，水稻种植这一看似平常的农业活动，却成为疟疾防控的最大障碍。他指出，最大的矛盾和障碍是茶叶种植园中的水稻种植，水稻种植的普遍存在实际上抵消了他之前发现的一些有效的疟疾解决之法。例如，在没有水稻种植干扰的情况下，通过排水、涂油、水淹或丛林种植与排水相结合等方法，可以很轻松解决疟疾问题。① 但水稻种植的存在使这些方法难以实施。

斯特里克兰进一步指出，水稻种植和特定物种的疟疾控制之间存在反比关系。

> 种植水稻，也许只能在一定程度上缓解疟疾的流行，但无法从根本上解决问题；若放弃种植水稻，则有可能获得未感染疟疾的劳动力，从而更有利于疟疾防控。②

斯特里克兰明显蔑视那些"优柔寡断的管理者"以及"将可耕地分给劳工的癖好"。这种态度的背后，揭示了阿萨姆茶叶种植园中疾病预防、劳工健康和资本利润之间复杂的利益纠葛。但为什么会出现这种情况呢？虽然我们将在下一节讨论这场辩论的具体内容，但目前需要指出的是，地理距离造成的管理成本、中间商介入，以及经济竞争等多种因素，共同导

---

① C. Strickland, "The Mosquito Factor in the Malaria of Assam Tea Gardens," reprinted from *The Indian Medical Gazette*, Vol. LX, No. 11 (November 1925), p. 25.

② C. Strickland, "The Mosquito Factor in the Malaria of Assam Tea Gardens," reprinted from *The Indian Medical Gazette*, Vol. LX, No. 11 (November 1925), p. 25.

致阿萨姆地区的劳工招募始终维持着高昂的经济成本。因此，特别是在1882年之后，种植园主为了追求更高的利润，滥用劳动法中的刑罚条款，迫使劳工超负荷工作，并将工资控制在最低水平。[①] 为确保稳定的劳动供给，种植园主摒弃之前不受约束的周期性迁移模式，转而推行永久定居制度。当然，劳工可以根据平行招募计划来到阿萨姆地区，无需签订契约，从而在一定程度上获得所谓的"自由"。然而，这种"自由"却带来了新的问题。劳工为了获取更高报酬展开激烈的恶性竞争，让不法分子看到了可乘之机，催生了劳工贩运等不良现象。[②] 为吸引并留住劳工，种植园主推行"茶园劳工兼营农业"制度：给劳工分配可以种植水稻和蔬菜的土地。[③] 此外，这项措施还具有多重治理意图。例如，通过种植水稻和蔬菜可以让劳工获得一定的经济收入，改善收入微薄的状况。另外，自给性农业生产可以为劳工提供丰富的食物来源，缓解营养不良的问题。同时，耕作活动也能在一定程度上消解劳工的思乡之情。因此，尽管20世纪头几十

---

① 实际上，比哈尔（Behal）和莫哈帕特拉（Mohapatra）认为，尽管1889年的法案颁布后劳工的死亡率为6.4%，但仅有"占阿萨姆总工作日五分之一的时间被允许请病假"。他们还指出，刑事合同制度（penal contract system）"不利于劳动力的正常生育率……在1880年至1901年，阿萨姆茶园中平均每1000名妇女仅86人生育，而非茶园人口中平均每1000名生育妇女127人"。参见 Rana P. Behal and Prabhu P. Mohapatra, "Tea and Money Versus Human Life: The Rise and Fall of the Indenture System in the Assam Tea Plantations 1840-1908," p. 160。

② 这里提到的两部劳动法是《1882年第1号法案》（Act I of 1882）和《1859年第13号法案工人违约法》（Workmen's Breach of Contract, XIII of 1859），有关详细信息，请参阅下一节。

③ 茶园劳工转为兼职农民的想法并不仅仅停留在理论层面。例如，1888年，在阿萨姆的勒金布尔（Lakhimpur）地区4464份到期的合同中，有788份显示劳工选择转为全职农民，而在瑙贡，前茶园劳工总耕地面积达1224英亩。另据报道，在锡尔赫特（Sylhet），"几乎每个苦力都拥有一头牛，而管理者则鼓励牲畜购买行为，将其作为吸引和留住劳工的关键手段；一些苦力通过出租公牛给茶园和村民获取额外收入，并提供预付款服务。截至1888年12月31日，大约有999.65英亩的土地被分给苦力，并且大多数拥有土地的苦力继续从事茶园工作"。参见 Report on Labour Immigration into Assam for the Year 1888 (Shillong: Assam Secretariat Press, 1889), especially chapter I. 这种做法在苏格兰外科医生和种植园主戴维·福利斯（David Foulis）未发表的1870年日记中再次得到重申，尽管其中充满了田园诗般的华丽描绘："在这里和那里，苦力是种植园主感兴趣和关心的对象，我们发现了广阔的菜园，他们可以从菜园里获得有益健康的食物，以补充他们匮乏的食物……每间小屋前面都应该有果树，如番石榴、波罗蜜或木瓜，在这些果树的荫庇下，疲倦的锄头工人（或者铲工）可以在晚上抽水烟袋。"参见 The Tea Assistant in Cachar, MS 9659, National Library of Scotland Manuscript Collection, p. 11; 另请参阅 T. C. Crawford, Handbook of Castes and Tribes Employed on Tea Estates of North-East India (Calcutta: Indian Tea Association, 1924); 斯特里克兰（Strickland）的批判必须结合这些以及类似的论点加以解读。

年里劳工的死亡率持续上升，接近 12.5%，但针对疟疾等传染病的系统性防控措施，仍未得到应有的重视。① 拉姆齐（G. C. Ramsay）博士是长期驻扎在察查尔（Cachar）的医疗官员，后来担任英国医学协会阿萨姆分会的主席。他对阿萨姆地区的实际情况有着深刻的了解，他尖锐地指出阿萨姆地区的健康危机与管理不善直接关联。1927 年 12 月，在加尔各答举行的远东热带医学和卫生协会② （Far Eastern Association of Tropical Medicine and Hygiene）第七届大会上，拉姆齐警告说：

> 多年来，在阿萨姆地区的众多茶叶种植园里，由于大片原始森林被砍伐，许多人工养殖区被不断开辟，大自然的平衡被打破了。因此，很明显，我们肩负的责任无比明确：在人类自身创造的非自然环境中，必须采用文明人和子孙后代都能够接受的方法，来帮助大自然恢复其原有的平衡。诚然，与疟疾造成的经济损失以及它造成的可怕的生命损失和无尽病苦相比，采用适当的防疟疾措施所投入的成本是微不足道的。③

斯特里克兰在 1929 年的官方报告中，也揭露了种植园主的"无知"造成的严重后果："这些种植园主在茶叶种植的选址问题上，普遍忽视与医务人员的协同合作。"④ 最后，他强调说，单纯依靠奎宁预防，不足以根除阿萨姆地区的茶叶种植园中的疟疾流行。实际上，早在 1924 年，马尔科姆·沃森就已提出了这一观点。⑤

---

① Ralph Shlomowitz and Lance Brennan, "Mortality and migrant labour in Assam, 1865-1921," p. 105.

② 这是在美国驻菲律宾殖民政府的倡议下，由东亚、东南亚各殖民政府以及日本、中国、暹罗等国家于 1908 年在马尼拉联合成立的远东地区首个区域性公共卫生组织，它在成立后很快积极参与到了远东的区域性热带疫病防治中——译者注。

③ G. C. Ramsay, "The Factors Which Determine the Varying Degrees of Malarial Incidence in Assam Tea Estates and the Fundamental Principles Governing Mosquito Control of Malaria in Assam," *Transactions of The Royal Society of Tropical Medicine and Hygiene*, Vol. XXIII, No. 5 (March 1930): 511-518; see also his Obituary in *British Medical Journal*, June 6, 1959, 1 (5135): 1478.

④ C. Strickland and K. L. Chowdhury, *Abridged Report on Malaria in the Assam Tea Gardens: With Pictures, Tables and Charts* (Calcutta: Indian Tea Association, 1929), pp. 101-102.

⑤ Sir Malcolm Watson, "Observations on Malaria Control, With Special Reference to the Assam Tea Gardens, and Some Remarks on Mian Mir, Lahore Cantonment," *Transactions of the Royal Society of Tropical Medicine and Hygiene*, Vol. XVIII, No. 4 (October 23, 1924): 147-154; 有关 "绵米尔实验" （Mian Mir experiment），另请参阅 Nandini Bhattacharya, "The Logic of Location: Malaria Research in Colonial India, Darjeeling, and Duars, 1900-1930."

关于霍乱、黑热病和疟疾病因学的争论，提示了阿萨姆地区疾病问题的复杂性已远超传统医学解释框架。虽然科学论断和卫生学家将细菌、"劣质批次"、瘴气、恶劣环境、地方性、非免疫性和外来性流行病等多种因素列为疾病的传播途径，但问题的根源依然模糊不清。一方面，如前文所述，阿萨姆地区茶叶种植园主对劳工健康的态度深受茶叶产业政治经济学的影响。这种经济导向使他们往往更关注短期的经济利益，而忽视劳工群体的健康权益。另一方面，随着《1882 年第 1 号法案》（*Act I of 1882*）的颁布实施，移民劳工规范体系和卫生福利制度，开始有了更为系统化、专业化的论述和解释。

健康法则：悖论与历史

毫无疑问，《1889 年第 1 号法案》（*Act I of 1889*）及其配套规则的出台，极大地降低了移民的死亡率。[1]

要准确理解 1891 年省级行政官员的相关论点，必须将其置于阿萨姆种植园劳动法的历史语境中考察，虽然在这里我不深入探讨具体法律条文，但茶叶种植园的健康问题与法律背景紧密相连，无法将其割裂开来理解，更不容许被误读或曲解。从《1863 年第 3 号法案》（*Act Ⅲ of 1863*）、《1865 年第 6 号法案》（*Act Ⅵ of 1865*）到《1873 年第 7 号法案》（*Act Ⅶ of 1873*），这些法案相互交织，共同构建了阿萨姆地区的法律体系、社会结构和劳工制度，它们之间的关系错综复杂，难以分割。[2]例如，《1865 年第 6 号法案》引入了刑罚性契约制度与九小时工作制，更赋予管理方无需逮捕令即可逮捕潜逃劳工的特别权力。这种制度设计反映了当时经济博弈的双向性

---

① Assam Secretariat Proceedings, Rev-B, No. 275/298, October 1891, p. 5, ASA.

② Nitin Varma, "Coolie Acts and the Acting Coolies: Coolie, Planter and State in the Late Nineteenth and Early Twentieth Century Colonial Tea Plantations of Assam," *Social Scientist* Vol. 33, No. 5/6 (May-June 2005): 49–72; Varma, *Producing Tea Coolies? Work, Life and Protest in the Colonial Tea Plantations of Assam, 1830s–1920s*, Unpublished Phil. Dissertation (Berlin: Humboldt University, 2011).

特征。一方面，种植园主在劳工招募和管理上面临着诸多挑战，如运输难题、劳动力短缺、中介欺诈等，这些问题显著提高了他们的招募成本。另一方面，劳工群体则长期面临恶劣的工作环境、微薄的薪酬、营养不良和变相奴役等多重困境，因此劳工死亡率居高不下，他们的健康状况令人担忧。[1] 在阿萨姆茶叶种植园这个特殊的环境中，病原体的传播、地理位置的不利因素以及劳工群体普遍存在的体质弱势，共同构成了这一地区疾病高发与劳工高死亡率。

值得注意的是，自 1864 年以来，印度政府启动了一项独立于既有法律体系的劳动力招募计划，并将《1859 年第 13 号法案》适用范围延伸至阿萨姆地区。该法案本意是为当地劳工和合同到期的工人提供新的就业机会，但种植园主更倾向于利用法律中的惩罚性条款，以便将工资控制在最低水平，同时最大限度地提高生产率。1865 年之后，印度政府进一步推行了针对劳工的双轨分类制度——"法案劳工"（Act Labor）和"非法案劳工"（Non-Act-Labor）。前者是指依法招募的正式移民工人，后者包括合同到期后的再就业者、根据《1859 年第 13 号法案》招募的劳工，以及"法案劳工"的非生产性家属或体弱家属。这种分类对健康史研究至关重要，因为统计数据高度依赖可识别的人口样本，"法案劳工"群体自然成为研究的重点。然而，关于阿萨姆种植园劳工健康状况的统计数据一直存在争议，其中"非法案劳工"的统计偏差更为突出。理论上，他们不在种植园主的直接行政控制范围内，其死亡率数据可能存在系统性低估甚至完全缺失的情况。[2] 当然，对于霍乱弧菌（vibrio cholerae）、杜氏利什曼原虫（leishmania donovani）和按蚊（the Anopheles）等致病因子而言，劳工的法律身份根本无关紧要。

1878 年后，国际茶叶市场的价格波动，给阿萨姆种植园主带来了前所未有的经济压力。面对土地抵押的重负，他们渴望为自己的投资寻求更大的回报率。在所有生产要素中，劳动力的可塑性最强，种植园主认为维持

---

[1] 据估计，在 1863 年至 1866 年引进到阿萨姆的 850000 名劳工中，有 35000 人要么死亡，要么逃亡，引自 Rana P. Behal and Prabhu P. Mohapatra, "Tea and Money Versus Human Life: The Rise and Fall of the Indenture System in the Assam Tea Plantations 1840-1908," *Journal of Peasant Studies*, 1992, Vol. 19, No. 3: 147。

[2] Ralph Shlomowitz and Lance Brennan, "Mortality and Migrant Labour in Assam, 1865-1921," pp. 92-94.

充足且成本可控的苦力供应，将成为维系茶叶产业可持续发展的关键。[1]
直到 20 世纪上半叶，《1882 年第 1 号法案》（*Act I of 1882*）一直是阿萨姆
茶叶种植园的立法基础。在强烈的政治压力下，议会、政府最终做出妥
协，该法案不仅将劳动合同最长期限延长至五年，更解除了对招聘行为的
管制（仅保留形式上的政府监督），同时确立了最低工资标准并保留了法
律中的惩罚性条款。尽管该法案还制定了若干旨在保护劳工健康的卫生规
定，但正如我们将要探讨的，这些规定在很大程度上仍停留在纸面上，未
能有效执行。更具讽刺意味的是，解除管制的改革尝试反而催生了新的监
管真空，无证招聘者、承包商和中间商的行为变得更加肆无忌惮。同时，
劳工群体对五年期的合同接受度极低，他们更倾向于《1859 年第 13 号法
案》提供的灵活雇佣模式。这种制度设计与劳工偏好的错位，直接导致了
大规模的劳动力流失现象：茶叶劳工纷纷逃离种植园，寻求“更健康”的
工作环境。到了 20 世纪，经济政治形势变局加速了这一进程，面对关于种
植园暴力和“英国统治地区重现奴隶制”[2] 的舆论压力和指控，政府被迫
修订早期劳动法中的部分刑罚条款。在劳工调查委员会的官方报告中，明
确记载了政府对早期劳工法中不规范的招募和刑罚条款的废止举措。其
中，《1901 年第 6 号法案》和《1908 年第 11 号法案》的颁布，标志着这
一系列变革的正式结束。到 1926 年，包括《1859 年第 13 号法案》在内的
整个契约劳动体系已全面衰败。

从这些法案的不断完善可以看出，健康立法在阿萨姆地区的茶叶种
植园中是一个持续推进的过程。随着茶叶市场行情的变化，茶叶成本不
断上涨，市场对劳动力的需求日益增加，在这种情况下，卫生、营养、
公共环境卫生和劳工福利等方面，逐渐不再是管理部门关注的首要问题。
尽管理论上劳工健康和生产力存在正相关关系，但在实践中，这种权衡

---

[1] Behal and Mohapatra, "Tea and Money Versus Human Life," p. 147.

[2] Dwarkanath Ganguly, *Slavery in British Dominion* (Calcutta: Jijnasa Publications, 1972); Sir J. H. S. Cotton, *Indian and Home Memories* (London: T. Fisher Unwin, 1911); Mrs. Emma Williams, "Letter regarding abuses on the tea plantations of Assam," IOR/L/PJ/6/749, March 24, 1906, British Library London; Report from Aborigines Protection Society on "Treatment of tea labourers in Assam," IOR/L/PJ/6/193, January 17, 1887; Revered C. Dowding, "Letters and pamphlets on the illegal arrest of run-away tea-garden coolies in Assam," IOR/L/PJ/6/832, October 22, 1907, 以及下议院关于该主题的大量议会文件。

往往被简化为成本最小化的算计。这意味着卫生投资和茶叶利润率之间的权衡至关重要，问题在于法律成为了阿萨姆种植园主和殖民政府之间协商健康政策参数的谈判场域。从理论层面看，法律数量的增加理应带来更好的健康保障，但阿萨姆地区的实际情况并非如此。就种植园主而言，他们往往将阿萨姆地区的劳工高死亡率归咎于法律的严格性、制度漏洞，环境因素（如细菌、瘴气）甚至"免疫缺陷"等多重因素的叠加。法律在理论上成为反映现实状况的"晴雨表"，它与印度东部茶叶种植园的劳工健康状况紧密相连。

1868 年，政府专员提交的考察报告系统揭示了阿萨姆茶叶种植园健康管理体系的根本缺陷。① 这份考察报告针对《1863 年第 3 号法案》缺乏监管力度和条款清晰度也提出了尖锐的批评。具体而言，考察报告认为该法案未明确规范登陆站点的医疗检查流程，另外，也未对蒸汽轮船舱室的拥挤状况设定具体标准。此外，还缺乏针对无证承包商规避监管行为的有效制约条款。据考察报告所述："毫无疑问，霍乱病原菌已经在劳工登陆站的集散地蔓延了。"② 这份报告不仅印证了社会舆论对阿萨姆移民高死亡率的高度关注，更暴露出《1863 年第 3 号法案》在实际执行时，往往沦为象征性的摆设。专员们认为：

> 在我们看来，《1863 年第 3 号法案》的实施结果远未达到预期，令人深感失望。无论是在劳工登陆站点，还是劳工在前往种植园的旅途中，死亡率都居高不下。我们无法得知该法案生效之前移民的具体死亡率数据，但可以明确的是，该法案生效后，移民的死亡率显著上升。③

劳工的医疗检查一直是困扰各方的一个棘手难题。一方面，严格的健康标准对于保障劳工群体的健康权益至关重要；另一方面，种植园主对劳

---

① *Report of the Commissioners Appointed to Enquire into the State and Prospects of Tea Cultivation in Assam, Cachar and Sylhet* (Calcutta: Calcutta Central Press Company Ltd., 1868).

② *Report of the Commissioners Appointed to Enquire into the State and Prospects of Tea Cultivation in Assam, Cachar and Sylhet* (Calcutta: Calcutta Central Press Company Ltd., 1868), p. 47.

③ *Report of the Commissioners Appointed to Enquire into the State and Prospects of Tea Cultivation in Assam, Cachar and Sylhet* (Calcutta: Calcutta Central Press Company Ltd., 1868), pp. 35-36.

动力的双手有具体的特定要求，这使得两者往往难以达到平衡。此外，政府自身对于权力边界认定也并不清晰，因此，在 1864 年 10 月 17 日的一封官方信函中，政府不得不明确澄清自己的立场："劳工是否适合工作并不是政府医务检查员所能决定的。如果一名劳工决定前往某个种植园，而政府医务检查员认为他并不合适前往，那么该官员就不应该妨碍他去。"① 这种矛盾的立场使得医疗监管形同虚设。随着劳工死亡率持续攀升，这种论调愈发显得苍白无力，《1865 年第 6 号法案》针对上述制度缺陷进行了修正，该法案明确规定：每个种植园必须建立专属医院，并设立"劳工保护者"职位。至 1868 年委员会审议时，该法律的实施范畴已得到显著拓展：

> 　　该特别立法的目的在于构建劳资双方的权益保障机制。但是，实践层面暴露出关键矛盾，如果允许体质虚弱或本身并不适合劳动的人继续工作，他们很可能因无法适应恶劣气候而导致健康恶化，这实际上损害了双方的利益。通过实施严格的入职医疗检查，可以在一定程度上优化劳工招募标准，确保进入种植园的劳工具备基本健康素质；这种措施既不会实质性减少种植园主可调配的劳动力总量，又能显著降低因雇佣不合格劳工而产生的成本。②

从流行病学视角审视，《1865 年第 6 号法案》体现了法律在公共卫生治理中的多重职能。这一医学术语的选用具有方法论上的精确性，因为它既能延续《1863 年第 3 号法案》所确立的预防性原则，也可以试图解决《1865 年第 6 号法案》展现的劳工高死亡率问题。法律在此情境中扮演着双重角色，它不仅是一种控制手段，也是一种补救措施。具体而言，通过筛选机制，限制高风险劳工流动，同时为雇主提供符合生产要求的健康男性劳工。这种制度设计旨在解决健康风险、劳动生产率和经济收益之间存在的结构性矛盾。在茶叶投资热潮过后，医学与法律复合治理模式曾被视

---

① *Report of the Commissioners Appointed to Enquire into the State and Prospects of Tea Cultivation in Assam, Cachar and Sylhet* (Calcutta: Calcutta Central Press Company Ltd., 1868), p.41.

② *Report of the Commissioners Appointed to Enquire into the State and Prospects of Tea Cultivation in Assam, Cachar and Sylhet* (Calcutta: Calcutta Central Press Company Ltd., 1868), p.42.

为合理解决方案。但是，卫生科学并非抽象的概念，1868 年委员会深刻认识到，若要使"劳工保护者"制度真正有效，相关执行人员必须具备医学专业资质，以便能够帮助劳动者解决那些影响健康的重大问题，而这些问题通常是劳动者最需要保护的关键所在。① 当然，实际情况与这一理想状态存在落差②。调查人员也承认，在这种情况下，"劳工监察员"（a labor inspector）比"劳工保护者"更能发挥实效。对种植园管理层而言，劳动立法本质上是一种"必要之恶"（a necessary evil）。在劳动力市场竞争激烈的背景下，立法干预在一定程度上对移民是有利的，但当立法过度干预健康和卫生福利领域时，就会削弱管理层的权威地位，进而侵蚀其经济利益。值得注意的是，孟加拉副总督甚至也曾公开站在种植园主的立场，反对"强迫种植园主依法雇佣政府指定的医务人员"，认为这种安排是不能容忍的。③ 在接下来的 40 年里，这种矛盾愈演愈烈。

撇开自由放任的政治理念不谈，政府针对茶叶种植园实施健康立法，在意识形态层面，是国家履行社会保护职能的必然要求，在物质层面也是一种应对种植园危机的权宜之计。面对阿萨姆地区种植园不断上升的劳工死亡率，《1882 年第 1 号法案》旨在更为积极地界定和规范工人福利相关事宜。该法案不仅包含了严格的惩罚性合同条款，更重要的是建立了系统性的卫生规范体系，提供了一份明确要求承包商、招募者、登船代理人和种植园主必须遵守的卫生标准清单。在科学界对疾病病因尚无定论的情况下，法律承担起控制疾病传播和降低死亡率的职能显得尤为紧迫。正因如此，"劳工监察员"那时获得了对劳工住房、供水、卫生安排、种植园医

---

① *Report of the Commissioners Appointed to Enquire into the State and Prospects of Tea Cultivation in Assam, Cachar and Sylhet* (Calcutta: Calcutta Central Press Company Ltd., 1868), pp. 76-77.

② 过度干预的保护者角色常常引发种植园主的权威危机。这一现象在上阿萨姆地区的案例中得到典型体现，种植园主桑德曼（A. P. Sandeman）在 1868 年 1 月 1 日的证词中指出，时任保护者马歇尔（Marshall）先生扮演了"事实上的管理者"角色，严重削弱了种植园主在劳工中的权威地位。更具争议的是，马歇尔先生"规定怀孕的妇女在分娩前一个月和分娩后一个月都应休假，且每月全薪为 4 卢比"；上阿萨姆茶叶公司（Upper Assam Tea Company）的纳加古利种植园（Nagagooli Plantation）的伍德（J. M. Wood）先生在他写于1868 年 1 月 3 日的信中也发出了类似的抱怨。两个例子都引自 *Report of the Commissioners Appointed to Enquire into the State and Prospects of Tea Cultivation in Assam, Cachar and Sylhet*, p. xxxiii and p. xl, respectively。

③ Vide, Bengal Government Papers, Emigration, File No. 303/5999, p. 11, July 1869, ASA.

院、饮食、口粮、工作能力和疾病赔偿等领域的立法权。[1] 根据《1882 年第 1 号法案》的第 143 条和第 144 条规定，地方政府在劳工运输方面具备更为具体的立法裁量权。具体而言，承包商和雇主必须确保在蒸汽船登陆站点配备专业的医务人员，负责完成移民的疫苗接种工作，并将受疾病污染的衣物进行销毁。此外，蒸汽轮船必须配备符合卫生标准的设施，包括足够的通风设备、四个水箱、六个水龙头，以保障"最纯净的饮用水"的供应，同时还需要洗涤槽、洗浴设施、男女厕所、安全灯笼以及紧急状况下可使用的消防水桶。[2] 然而，这些规定并没有建立针对劳工健康状况的准入筛查机制，导致一些本身身体不佳或患有传染病的劳工进入种植园，反而增加了疾病传播的风险。

在此期间，殖民政府制定出一套基于死亡率的健康评估体系。具体而言，当某种植园的劳工群体年死亡率超过总人口的 7% 时，即被列入"不健康"的黑名单。[3] 1889 年，为了更有效控制持续上升的劳工死亡率，政府决定将 7% 的比例分别应用于"法案劳工"和"非法案劳工"，而在此之前，这一比例是累计使用的。这并未带来预期的治理效果，反而暴露出制度设计的内在矛盾（见表 4-1）。

考虑到 1889 年至 1895 年，使用这两种方法得出的"不健康"种植园数量存在显著差异，数据收集本身的难度也不言而喻，这一过程暴露了殖民地政府在行政管理上的局限性，长期忽视种植园主和地区外科医生关于死亡率数据的提醒和紧急请求。[4]

1890 年，政府承认，"因为没有收到管理人员的报告，以及医疗检查

---

[1] "The Assam Labour and Emigration Act I of 1882," in *The Assam Code: Containing the Bengal Regulations*, *Local Acts of the Governor General in Council*, *Regulations Made Under the Government of India Act*, 1870, and *Acts of the Lieutenant-Governor of Bengal in Council*, *in Force in Assam*, *and Lists of the Enactments which have been Notified for Scheduled Districts in Assam under the Scheduled Districts Act* (Calcutta: Office of the Superintendent of Government Printing, 1897), pp. 173–174.

[2] *Rules Under the Inland Emigration Act I of 1882* (Calcutta: The Bengal Secretariat Press, 1884), especially chapters I, II and IV.

[3] 关于"7%"这个数字最初是如何产生，历史上并没有明确的清晰记录。拉贾尼·坎塔·达斯（Rajani Kanta Das）认为："这些数字或多或少是随意确定的，但确立这一数字的目的是将那些人数较少的茶园排除在这一类别之外，同时也将那些死亡率高到足以证明这种说法的茶园包括在内。"参见 Rajani Kanta Das, *Plantation Labour in India*, p. 105。

[4] Assam Secretariat Proceedings, Revenue-A, "Mortality on tea gardens in Assam," No. 55/73, May 1898, ASA.

\\ 阿萨姆茶园：一部环境文化史

存在延误的情况……导致死亡人数的分类数据并不完善"。[1] 历史仿佛再次重演，1893 年针对《1882 年第 1 号法案》执行情况展开的官方调查显示，政策法规与实际执行之间存在着巨大的差异。政府很快意识到，健康立法在实际操作和经济层面面临严重的局限性。种族偏见使殖民当局以"丛林人"移民"不习惯每天洗澡"为由，没有在劳工登陆站点配置沐浴设施来保持卫生。[2]

表 4-1 茶园死亡率和"不健康"茶园的数量

年份	年内转入新移民人数	平均劳动力	1889 年前根据旧方法计算的不健康茶园数量	1889 年采用新方法计算的不健康茶园数量	茶园总死亡率（%）
1876	34283	124323	…	…	51.1
1877	31897	146513	…	…	50.9
1878	43061	172569	…	…	66.1
1879	24712	184935	…	…	50.9
1880	15913	188497	48	…	35.2
1881	17116	194182	60	…	31.7
1882	22559	200099	57	…	37.8
1883	32138	279867	73	…	41.3
1884	45511	267855	93	…	43.2
1885	29398	289574	42	…	36.8
1886	30894	301349	64	…	39.8
1887	36463	320408	49	…	36.2
1888	46293	347371	65	…	39.8
1889	55658	386532	69	118	41.8
1890	36080	406089	28	87	34.3
1891	49908	429148	30	89	36.8
1892	56050	457717	55	143	41.9
1893	50675	479743	14	75	33.2
1894	46530	494336	21	86	31.9

[1] Vide, Assam Secretariat Proceedings, Revenue-B, No. 275/298, October 1891, ASA.
[2] Vide, Assam Secretariat Proceedings, Revenue-B, No. 462/483, December 1893, ASA.

续表

年份	年内转入新移民人数	平均劳动力	1889 年前根据旧方法计算的不健康茶园数量	1889 年采用新方法计算的不健康茶园数量	茶园总死亡率（%）
1895	72837	526833	11	70	33.6

资料来源：附录 H，阿萨姆秘书处会议记录，移民-A，第 229/4189 号文件，1896 年 9 月，ASA。

　　此外，成人和家属疫苗接种率极低，"掩埋排泄物"的规定从未得到有效执行，厕所设施也严重不足。外科医生穆兰（J. Mullane）认为，现行法律可能间接造成了劳工营养不良的问题。他作证说："由于公开市场上大米价格较高，雇主从经济角度考虑不会按照合同价格为工人提供食物，会尽可能地减少大米的供应量。"[1] 同样，在 1888 年，当时大量劳工死于钩虫病，调查发现种植园主明知工人患病却仍强迫其继续工作，直到病情恶化到无法治愈的地步。[2] 当年，印度协会在提交给政府的一份纪念文件中指出，种植园主利用《1882 年第 1 号法案》中的刑罚条款，迫使劳工（尤其是妇女）超负荷劳动，却没有受到应有的惩罚。这种剥削直接导致了该地区婴儿高死亡率（1884 年约为 44‰）和低出生率（同年约为 32.7‰），产妇得不到应有的照顾，遭受忽视、缺乏必要休息时间导致她们宁愿选择流产也不愿让婴儿在种植园中遭受奴役。印度协会在纪念文件中恳请政府对此展开深入调查。[3]

　　面对这些指控，种植园主声称任何形式的干涉都会适得其反，长期坚持"干预有害论"，而且还认为《1882 年第 1 号法案》"过于苛刻"。[4] 种植园管理者和地方医生还发展出一套推卸责任的惯用说辞：将死亡率上升归咎于劳工"缺乏免疫力"或所谓"不良批次"劳动力。这种论调在 1896 年 9 月 30 日阿萨姆首席专员代理秘书致印度政府的信件中有所体现：

　　　　应当说明的是，在任何情况下，首席专员都不会把进口"不良批

---

[1] "Report by J. Mullane, MD, Surgeon-Major and Civil Surgeon," dated April 16, 1893, ASA.

[2] Rana P. Behal and Prabhu P. Mohapatra, "Tea and Money Versus Human Life: The Rise and Fall of the Indenture System in the Assam Tea Plantations 1840–1908," pp. 159–160.

[3] Vide, Secretary to the Indian Association to the Secretary to the Government of India, April 12, 1888, IOR/L/PJ/6/257, Asian and African Studies, British Library, London.

[4] *The Indian Planters' Gazette and Sporting News*, July 6, 1886, p. 1.

次"（bad batches）劳动力作为种植园死亡率过高的充分理由；但是，如果已经进口了"不良批次"劳动力，并造成了种植园的高死亡率，而又发现雇主忽视了在签订合同前对工人进行体检，那么首席专员将会毫不犹豫地对该雇主实施法案中的强制性规定。①

尽管《1882年第1号法案》旨在通过严格的卫生规定来改善劳工的生活条件，但实际上，种植园主却将其作为压迫劳工的工具。他们不仅忽视卫生规定，还嘲笑显示种植园的卫生状况不佳的统计数据，并认为这些不佳的卫生状况会像传染病一样扩散至整个印度次大陆的村庄。② 更讽刺的是，该法案中的刑罚条款反而成为雇主强化控制劳工的合法依据③，尽管这些权力是以卫生法规的名义赋予。19世纪末，印度政府试图通过《1889年内陆移民健康法案》进一步规范劳工招募与管理。该法案扩大了对招募代理和劳工登陆站点的监管，并明确规定，对违反规定的招募代理人将处以罚款，"追回其款项及每年6%的单利"。④ 但劳工的死亡率数据仍然触目惊心（见表4-2）。

表4-2 二十年间成人死亡率

年份	每千人死亡率（‰）	
	法案劳工	非法案劳工
1882	67.9	29.3
1883	61.5	30.0
1884	58.9	29.5
1885	51.5	26.5
1886	58.9	29.5
1887	57.2	25.8
1888	62.9	30.2

① Vide, Assam Secretariat Proceedings, Emigration-A, File No. 229/4189R, September 1896, pp. 12-14, ASA.
② *The Indian Planters' Gazette and Sporting News*, January 12, 1886, p. 26.
③ *The Indian Planters' Gazette and Sporting News*, July 6, 1886, p. 2.
④ Vide, Act I of 1889, Passed by the Lieutenant-Governor of Bengal in Council, May 7, 1889, p. 4, IOR/L/PJ/6/257, Asian and African Studies, British Library, London.

年份	每千人死亡率（‰）	
	法案劳工	非法案劳工
1889	63.5	35.6
1890	55.6	28.8
1891	49.8	34.1
1892	64.3	37.7
1893	51.7	28.5
1894	48.9	30.3
1895	52.8	31.2
1896	45.7	30.8
1897	56.7	41.9
1898	47.0	31.1
1899	43.6	26.3
1900	43.5	26.2
1901	37.2	25.2
1902	40.3	25.2

资料来源：参见《阿萨姆劳工移民年度报告》（西隆：阿萨姆邦秘书处出版社）。

进入 20 世纪后，尽管科学取得了进步，有了特别立法、医学突破和病媒生物的准确鉴定，但霍乱、黑热病、疟疾、痢疾和贫血等疾病仍然在阿萨姆地区肆虐。《1901 年第 6 号法案》（*Act Ⅵ of 1901*）试图通过加强医务监察员权力和提高最低工资来改善劳工卫生条件和健康状况，[①] 但事与愿违，20 世纪前 20 年，来自其他行业的竞争，政治经济环境的动荡削弱了种植园主对劳动力的控制，其刑罚条款也日益遭到质疑。殖民地政府逐渐转向更为自由的移民政策，期望借此解决阿萨姆地区长期存在的劳工问题。人们普遍认为，在自由放任的政策环境下，劳工的健康状况会比在严格法律规定下的健康状况更好。1906 年，劳工委员会提出建议："现在我们

[①] Vide, The Assam Labour and Emigration Act, Ⅵ of 1901, especially chapters Ⅱ, Ⅲ and Ⅳ in F. G. Wigley, *The Eastern Bengal and Assam Code：Containing the Regulations and Local Acts in Force in the Province of Eastern Bengal and Assam*, Vol. I（Calcutta：Superintendent of Government Printing, 1907）, pp. 527-594.

的目标是通过提高劳动者的生活吸引力，而不是通过法律手段强制留住他们。诸如减少用药、增加休假等措施，会对劳动者的健康产生更好的效果。"[1] 这一观点反映了在阿萨姆地区的种植园中，健康、疾病和劳动者身体状况之间的关系呈现出深刻的结构化矛盾——劳动者的身体被异化为生产工具，而健康维护则沦为殖民经济的附属品。

健康、疾病和劳动者的身体

阿萨姆地区的茶叶种植园中，关于疾病病因学、预防政策和健康标准的制定，这一过程不仅超越了单纯的行政监管范畴，更深刻体现了殖民地国家利益、医学话语和种植园主利益之间复杂的权力博弈格局。这种关系对印度劳工的身体健康产生了深远影响。在种植园中，印度劳工的身体更多地被当作生产工具，而健康维护则被置于次要地位。在商品资本的主导下，劳工的健康状况始终受制于双重压力：一方面要满足资本主义生产效率的需求，另一方面又要适应恶劣的生存环境。这种矛盾在流行病防控实践中表现得尤为突出。我们对阿萨姆地区的霍乱、黑热病和疟疾的调查讨论凸显了当时流行病学理论与实践之间存在着紧张关系。

疾病认知与预防措施的制定，往往受到资本、法律或自然环境等多方面的影响。例如，德伦兹医生在处理霍乱疫情时，展现出了坚定的传染病学专业态度，但在处理自己公司内部的健康问题时，出于对公司经济利益的考量，可能会牺牲这种专业态度。同样，哈夫金的疫苗接种试验，一方面得益于劳工的特殊病理体质，使试验在一定程度上得以开展；但另一方面，又受到种植园生产节奏的限制，难以实现理想的科学规范。斯特里克兰提出的"三要素框架"：种植园政策、地理选址、按蚊生态。这三种因素相互作用，共同影响着疟疾在种植园中的传播和流行。而法律措辞含糊不清，进一步增加了问题的复杂性。揭示了疟疾流行是制度安排与自然环境共同作用的结果。因此，《1882 年第 1 号法案》将印度东部茶园劳工的

---

[1] *Report of the Assam Labour Enquiry Committee*, 1906 (Calcutta: Superintendent of Government Printing, 1907), pp. 71-97.

高死亡率归因于招募方式的不合理、工作条件的恶劣和劳工的经济状况不佳，这一归责机制反映了疾病认知中的政治建构性，暴露了法律文本的策略性模糊，体现了身体罪责化的治理技术。值得注意的是，阿萨姆地区的疾病定义本身就存在着模糊性。在 1892 年之前，疟疾一直被笼统地归类为"丛林热"，而钩虫病和黑热病的诊断界限也比较模糊。查尔斯·罗森伯格（Charles Rosenberg）认为："可以公平地说……在我们一致认同将一种疾病作为一种社会现象而加以认知并赋予其特定名称之前，在它被正式命名之前，从某种意义上说，它是不存在的。"①

在阿萨姆的茶叶种植园中，健康和疾病、法律、经济与生态之间的关系密不可分。科学需求决定了卫生资源的分配和使用方向，功能知识为疾病诊断和治疗提供了理论基础，监管记录则成为评估疾病防控效果的依据。然而，这并不意味着阿萨姆地区在病理学方面独一无二。② 相反，我认为在茶叶种植园中，关于死亡率、死亡和福祉的观念，不能仅仅用科学的客观性、帝国卫生政策、病媒识别和预防性治疗来解释。这些观念实际上是医学知识、法律规范、商业利益和身体规训共同塑造的权宜性产物。

茶叶产业的高生产需求和劳工的高死亡率，给殖民政府带来了前所未有的挑战。在印度东部茶园，西方医学的殖民力量不得不顺应资本的需求，甚至在某些特定情况下被其取代。事实上，在阿萨姆地区的种植园里，权威和权力被视作需要严密保护的特权，种植园主出于自身利益的考量，并不愿意与卫生学家、调查员和医务人员分享这些特权。因此，与监

---

① Charles E. Rosenberg, "Framing Disease: Illness, Society, and History," in Charles Rosenberg and Janet Golden, eds., *Framing Disease: Studies in Cultural History* (New Brunswick, NJ: Rutgers University Press, 1992), p. xiii.

② 可以肯定的是，殖民医学史中存在一种特定的话语，该体系将阿萨姆及其茶园赋予"疾病化"特征，构建了其具有"原始性"病理学身份的区域形象。在殖民地的官方记录和医学报告中，黑热病（Kala-azar）有多种命名："阿萨姆热"（Assam fever）、"种植园疾病"（disease of the plantations）、"苦力热"（coolie fever），其病因被追溯到"落后"的卫生和"不文明"的身体行为规范。参见 Debraj Bhattacharya, ed., *Of Matters Modern: The Experience of Modernity in Colonial and Post-colonial South Asia* (Calcutta: Seagull, 2008), pp. 78-125；关于美国南部疟疾、钩虫病和糙皮病（pellagra）的历史生态学的平行讨论，参见 Todd L. Savitt and James Harvey Young, eds., *Disease and Distinctiveness in the American South* (Knoxville, TN: The University of Tennessee Press, 1988)；请参阅 Ronald L. Numbers and Todd L. Savitt, eds., *Science and Medicine in the Old South* (Baton Rouge, LA and London: Louisiana State University Press, 1989)。

狱等场所不同，殖民地政府在劳工健康和疾病控制问题上，只能通过中介来接触和管理劳工。在阿萨姆地区的种植园里，劳动福利的意义早已超越了病理学和经济学范畴。法律不仅规范劳工的健康和卫生福利，还塑造了关于身体、健康和发病率的另一层话语解释，使劳动福利问题更加复杂和多元。

　　例如，帮助移民劳工的特别立法，从本质上来说具有矛盾性和两面性。一方面，要满足种植园主对"更自由"的劳动力招募方式和刑事合同条款的要求；另一方面，又试图对劳工的健康和卫生福利进行规范。① 这无疑是一个自相矛盾的设想。如前文所述，严格的身体健康标准和种植园主对劳动力的要求往往是难以调和的，甚至在大多数情况下，严格的健康标准往往导致种植园主利益受损，甚至无利可图，因为符合标准的劳工数量有限，且需要更高的薪酬和更好的工作条件。惩罚性契约条款和招募过程中存在的漏洞本身就是劳工健康问题的根源，它们迫使劳工在恶劣条件下工作，导致疾病和死亡。种植园主认为立法规定的不切实际的卫生目标反而导致了疾病的发生，并主张将"更多的自由"作为改善劳工健康问题的灵丹妙药。而殖民地政府往往支持这种扭曲的医学-法律逻辑，这可能出于维护与种植园主的合作关系，以及自身经济利益的考虑。

　　阿萨姆地区的茶叶种植园在健康和疾病管理方面，依赖于经济、法律和医疗可行性之间的动态平衡。因此，必须结合种植园产业的结构及其特殊的生产关系来理解其历史。在阿萨姆地区，在这片被誉为"上帝的花园"② 的土地上，劳工的健康困境是由多种因素共同造成的：细菌、瘴气、暴力和法律。

---

① 可以肯定的是，这些劳工法律体系内在的矛盾是其制度本质的必然体现，这种矛盾不仅局限于身体健康层面的影响，确切地说，更深刻地超越了纯粹的医疗范畴。《1882 年第 1 号法案》（*Act I of 1882*）试图放松招募管制来改善劳动力供给状况，结果却导致了招募行为的系统性滥用。在探讨"保护"（protection）和"生产力"（productivity）之间的不相容性时，本章只考察了劳工法律悖论在健康和发病率方面的具体表现。

② 这句话是美国浸礼会传教士内森·布朗（Nathan Brown）于 1836 年在上阿萨姆旅行时所使用的。引自 H. K. Barpujari, ed., *The American Missionaries and North-East India, 1836–1900*（Guwahati: Spectrum, 1986）, pp. 7–8。

第五章

保护抑或商业化?

在最遥远、最偏僻的角落,存在着秩序井然且受到保护的森林庄园,这无疑彰显了国家对边远地区强大的控制力,是一个强大政府的显著特征。①

森林对于茶叶产业的重要性不言而喻。种植园需要树木来遮阴、保湿和促进土壤再生。茶叶生产过程中,对木材的需求也巨大,建造房柱、工厂以及茶箱等都离不开木材,在茶叶生产的炒制阶段,木炭更是不可或缺的燃料。可以说,这些需求与森林保护和茶叶利润之间存在着难以调和的矛盾,而林业部为茶叶商品的故事增添了第三个维度。林业部成立于1864年,其使命是为子孙后代精心保护和保存帝国的森林财富,但在阿萨姆地区的农业经济中,林业部却是一个后来者。茶叶企业在获取土地资源方面表现得极为强势。先是直接购买土地,后来又通过长期租赁的方式,优先获得了阿萨姆地区的广袤荒地的使用权,这种土地获取的时间跨度之长,远远超过了林业部试图重新定义财产关系的雄心壮志。1874年,当林业部接管了新划分的专员省②(commissioner's province)时,它惊讶地发现大片土地(这些土地通常覆盖珍贵的森林植被)早已落入种植园主和投机者的手中。这些土地作为茶叶产业繁荣时期(1864~1865年)的产物,被"封

---

① B. H. Baden-Powell, "The Political Value of Forest Conservancy," *The Indian Forester*, Vol. II, No. 3, January 1877, p. 284.

② 最初,阿萨姆是孟加拉管辖的一部分,它于1874年首次从孟加拉分离出来,在1906年又成为东孟加拉的一部分,1912年又改组为首席专员省,成为印度"东北边境"的非管制省份,也称为阿萨姆首席专员区——译者注。

存"了起来，没有得到有效的耕种或开发。尽管林业部尝试通过《1865 年第七号森林法》、《1878 年第七号森林法》和《1891 年第七号阿萨姆森林条例》的法规在法律层面上划定政府所辖森林区域，使其全部或部分置于阿萨姆政府的管辖之下，但现实情况并不理想。大多数私人的茶叶种植园（以及其他私人森林）仍处于其管辖范围之外，这其中存在一个亟待解决的矛盾，林业部保护森林的合法性和权威性在于保护具有价值的森林资源不被滥用。然而在阿萨姆地区，情况却颇为特殊。就木材供应而言，由于某类木材（如柚木）的供应量极为有限，加上市场体系尚未建立，当地需求也很稀少，在这种背景下，茶叶产业及其对木材的需求，实际上已成为阿萨姆地区森林财富和价值的主要依托和"创造者"。

需要说明的是，本书并不是对阿萨姆地区林业制度史的全面分析[①]，也不会对其中涉及的所有问题一一探讨。这里重点关注的是 19 世纪后期和 20 世纪初，印度东部林业部和茶叶企业这两个"赞助者"之间，既互补又相互冲突的议程安排。我认为，林业部与茶叶企业这两个以森林资本和作物资本作为资金来源的垄断部门之间，存在着一种不稳定但又相互依存的关系。林业部需要茶叶产业企业的支持与配合，同时，茶叶产业企业的发展也离不开政府的帮助，以满足其对土地、廉价木炭和茶箱木材等方面的持续需求。因此，我们需要突破传统的"资源枯竭"[②]和"保护困境"[③]的叙述框架，重新理解这两者在阿萨姆地区所面临的复杂局面和相互制约的关系。

这一讨论为印度森林史上关于殖民地时期的造林思想与其在当地造成的后果之间存在关联性的长期辩论增添了新的内容。从史学的角度来看，其中一个关键任务便清晰地表明：商业林业和森林资源管理的理念，是伴随着林业部及其法律制度的诞生而逐渐形成的，不过，这种理念的形成和发展，对印度次大陆延续了几个世纪的土著农业、优势产业和传统生计造成了

[①] 有关深入分析阿萨姆林业的诸多方面，参见 Arupjyoti Saikia, Forests and Ecological History of Assam, 1826–2000 (New Delhi: Oxford University Press, 2011)。

[②] Richard P. Tucker, "The Depletion of India's Forests under British Imperialism: Planters, Foresters, and Peasants in Assam and Kerala," in Donald Worster, ed., *The Ends of the Earth: Perspectives on Modern Environmental History* (Cambridge: Cambridge University Press, 1989).

[③] Arupjyoti Saikia, "State, Peasants and Land Reclamation: The Predicament of Forest Conservation in Assam, 1850s–1980s," *Indian Economic and Social History Review* Vol. 45, No. 1 (2008): 77–114.

严重破坏。① 这些破坏引发了农民的持续抗议和叛乱事件。② 研究还表明，英国的森林保护理念对土地所有权、轮垦（shifting cultivation）和狩猎管理均产生了影响。③ 有观点认为，英帝国在印度的林业管理范例表明，殖民地时期政府的决策和治理逻辑并不是自上而下统一强加的。而是在与当地经济及当地人民、植物群和动物群的冲突互动中逐渐形成的，有时甚至会被这些因素所困扰达成一种无奈的结果。④ 除此以外，还有一些运用"群体传记学"研究方法的学者和理论修正主义者，质疑英帝国时期的森林理念和政策。他们认为这些理念和政策产生于其对印度的殖民统治时期。⑤ 从这个角度看，殖民地时期的造林学在很大程度上是欧洲大陆植物学的延伸，尤其是德国植物学的一种延伸，这种延伸在当时具有重要意义。这促使我们有必要深入研究新的森林政策的兴起和传播过程中，不同的帝国间的相互联系，以及那些为森林政策和理念的形成做出贡献的个人和各类机构所积累的知识遗产。

---

① 对于喜马拉雅西部的特赫里-加尔瓦尔（Tehri Garhwal）地区，参见 Ramachandra Guha, *The Unquiet Woods: Ecological Change and Peasant Resistance in the Himalaya* (Ranikhet: Permanent Black, rpt. 2013)；also, Madhav Gadgil and Ramachandra Guha, *The Use and Abuse of Nature* (New Delhi: Oxford University Press, 2005)；想要了解阿萨姆农民抗议活动的一般历史，也可以追溯到帝国的林业政策，参见 Arupjyoti Saikia, *A Century of Protests: Peasant Politics in Assam Since 1900* (New Delhi: Routledge, 2014)。

② Amita Baviskar, *In the Belly of the River: Tribal Conflicts over Development in the Narmada Valley*, Second ed. (New Delhi: Oxford University Press, 2005)；Nandini Sundar, *Subalterns and Sovereigns: An Anthropological History of Bastar* (1854–2006), Second ed. (New Delhi: Oxford University Press, 2008)；Vandana Shiva, *Staying Alive: Women, Ecology, and Development* (New Delhi: Kali for Women, 1988), and Alpa Shah, *In the Shadows of the State: Indigenous Politics, Environmentalism, and Insurgency in Jharkhand, India* (Durham, NC: Duke University Press, 2010) to name a few.

③ Mahesh Rangarajan, *Fencing the Forest: Conservation and Ecological Change in India's Central Provinces 1860–1914* (New Delhi: Oxford University Press, 1996)；also, Mahesh Rangarajan and K Sivaramakrishnan, eds., *Shifting Ground: People, Mobility and Animals in India's Environmental Histories* (New Delhi: Oxford University Press, 2014)；also see Joseph Sramek, "'Face Him Like a Briton': Tiger Hunting, Imperialism, and British Masculinity in Colonial India, 1800–1875," *Victorian Studies*, Vol. 48, No. 4 (Summer 2006): 659–680.

④ K. Sivaramakrishnan, *Modern Forests: Statemaking and Environmental Change in Colonial Eastern India* (Stanford, CA: Stanford University Press, 1999).

⑤ S. Ravi Rajan, *Modernizing Nature: Forestry and Imperial Eco-Development 1800–1950* (New Delhi: Orient Longman, rpt. 2008).

对森林政策的诸多关注点中，本章重点关注森林景观并不都是通过武力或法律手段破坏的。事实上，在阿萨姆地区，早期兴起的茶叶产业在一定程度上削弱了林业部变更土地所有权和管理森林资源的能力。在这种情况下，阿萨姆地区的"理性"科学的林业运作就不能局限于保存和保护这两种单一的选择模式。最后，本章的研究未提到原住民反对当局制定的森林保护原则的斗争，那并不是它们不重要，此前有文字内容已讲述了这些史实①，但林业部和茶叶行业作为主要资源的两个利益相关者，它们的利益存在重合且相互阻碍关系。这表明在 19 世纪后期和 20 世纪初，这两者已经占据了阿萨姆当地的大部分利益和生活空间。

土地及其领主

种植园主是……每个农村地区最大的……地主。②

让我们回顾一下土地所有权的历史。这些政策通过多种方式为农业经济的发展奠定了基础。而林业部后续的经营主张就是在这样的背景之下提出的。③

殖民地政府采取"家长式"的统治，为阿萨姆地区茶叶种植园的土地使用权政策定下了基调。从一开始，政府就竭尽全力安抚种植园主游说团体，为其茶叶种植提供充足的土地和资源。为此，政府连续出台了一系列的土地出租政策。这些政策在使当地农业经济逐渐陷入贫困化的同时，不断地向茶叶种植者群体示好，希望能吸引英国资本和投机商参与其中。

---

① Saikia, *A Century of Protests*; Saikia, "State, peasants and land reclamation"; Amalendu Guha, *Planter Raj to Swaraj*: *Freedom Struggle and Electoral Politics in Assam 1826-1947* (New Delhi: ICHR, 1977), and Jayeeta Sharma, *Empire's Garden*: *Assam and the Making of India* (Durham, NC and London: Duke University Press, 2011)；另请参阅导言部分对这一点的讨论。

② Amalendu Guha, "Assamese Agrarian Relations in the Later Nineteenth Century: Roots, Structure and Trends," *The Indian Economic and Social History Review*, Vol. XVII. No. 1, January-March 1980, p. 53.

③ 关于阿萨姆土地收入制度 (land revenue systems) 的详细研究，参见 B. H. Baden Powell, *The Land Systems of British India*, Vol. III (Oxford: Clarendon Press, 1892) in addition to Guha's "Assamese Agrarian Relations。"

虽然阿萨姆地区在 1826 年之后才被英国占领，但茶叶委员会对茶叶作物前景的热情，启动了该地区系统的农业殖民化的进程。当时，加尔各答植物园园长纳撒尼尔·沃利奇博士在 1836 年敦促东北边境总督的代理人弗朗西斯·詹金斯（Francis Jenkins）上尉，将 "部落酋长"（tribal chiefs）和 "邦主"（rajahs）统治下的边境土地置于其适当的管理之下，以便建立茶叶种植园。虽然我们在此并不关注殖民者是如何接管 "酋长部落" 的土地来种植茶叶的具体细节，但詹金斯是一个值得特别关注的人物。为了吸引英国企业家来阿萨姆地区从事茶叶种植，他迅速颁布命令，提出有必要自由分配土地："除了支付固定且不可更改的土地租金外，不得附加任何其他条件，也不得对农民或转租租户有任何规定。"① 税务委员会（The Board of Revenue）同意了他的条件，并在 1836 年 8 月推出了 "自由" 计划。② 根据该计划，政府将土地划分为三类：森林和高荒地，高芦苇和草地，以及已开垦土地中的草地。其中，第一类、第二类和第三类土地分别享有 5 年、10 年和 20 年的免租期。但是，该计划要求在授予土地的第五年年底之前，必须有 1/4 的土地得到耕种。③ 这一规定旨在遏制肆意投机的行为，同时授权政府接管那些不符合相关条款的土地，确保土地资源得到合理利用。

詹金斯上尉很快对 1836 年颁布的规定表达了不满。在他看来，该规定并没有充分授权英国资本家接管土地用于茶叶种植。詹金斯在措辞上稍显委婉地表示对欧洲统治者在土地殖民方面缺乏排他性的权力而深感遗憾，他觉得欧洲统治者应该在当地拥有更绝对的土地控制权，以便更好地推动茶叶种植产业的发展，并积极推动制定更为有利的政策。④ 1838 年 3 月 6 日，政府默许了他的请求，并通过了一套新的命令。"规则二"（Rule Ⅱ）规定 "按照建议批准的有利条件，用于农业发展而授予的土地面积不得少

---

① Amalendu Guha, *Planter Raj to Swaraj*, p. 12.

② 引自 H. K. Barpujari, *Assam: In the Days of the Company 1826-1858*（Gauhati: Lawyer's Book Stall, 1963），p. 212；另请参阅 Muhammed Abu B. Siddique, *Evolution of Land Grants and Labour Policy of Government: The Growth of the Tea Industry in Assam 1834-1940*（New Delhi: South Asian Publishers, 1990），especially Chapter 2。

③ Siddique, *Evolution of Land Grants and Labour Policy of Government*, p. 13.

④ 有人认为，1836 年的规则可能会导致阿萨姆农民放弃他们缴纳地租的土地，占用荒地，并且在免租金期结束后将这些土地归还。引自 Barpujari, *Assam: In the Days of the Company*, p. 213。

于 100 英亩，也不得超过 1 万英亩"。① 此外，"规则三"（Rule Ⅲ）还规定："在土地申请者使收税官确信他拥有的资金、谷物、农畜或农具的资本标准价值达到每英亩 3 卢比之前，不得授予任何土地。" 在 1836 年 7 月 25 日的一封信中，税务委员会将森林土地也纳入了这些土地授予的范围，并给予 20 年的免租期。② 这两项规则构成了历史上著名的《1838 年荒地规则》（*Wasteland Rules of 1838*）的重要组成部分，即便只是简单浏览这两个规则的内容，也能明显看出欧洲定居者相较于当地的阿萨姆人更受优待。然而，尽管有这些诱因，阿萨姆公司在接下来的 15 年里仍然是茶叶生产的主要参与者。从 1838 年到 1850 年，阿萨姆公司只获得了总面积为 5533 英亩的 18 份特许土地经营权，这主要是通信限制，劳动力招聘不畅以及茶叶生产的起步缓慢等因素造成的。而后，政府意识到需要建立一个更为健全、能让各方都从中获得更大利益的土地授予制度。

1853 年，在达尔豪斯（Dalhousie）总督访问阿萨姆前夕，加尔各答萨达尔法院法官莫法特·米尔斯（A. J. M. Moffatt Mills）先生受命报告阿萨姆地区的情况。他直言不讳地指出：

> 在阿萨姆这样一个土地资源极为丰富而劳动力却相对匮乏的地区，除非遇到特殊情况，否则我强烈反对将荒地授予该地区的土著居民。原因在于，他们没有资本来合理开发和利用这些土地，他们唯一的资源，就是设法诱使其他农民迁移到这些土地上定居。这样一来，一个地方的荒地数量可能会因为这种迁移而变得比另一个地方新开垦出来的土地数量还要多。③

米尔斯的这份报告引发了新一轮规则修订浪潮。随后，《1854 年规则》（*The Rules of 1854*）（又称《旧阿萨姆规则》，*Old Assam Rules*）应运而生。从规则的范围和制定目的来看，这些规定明确地将目标指向了欧洲茶叶资本家占用土地定居和生产的需求。例如，"规则三"（Rule Ⅲ）规定："不

---

① Appendix A, *Papers Regarding the Tea Industry in Bengal*（Calcutta: Bengal Secretariat Press, 1873）, pp. 94-97.

② Vide letter no. 278, dated July 25, 1836, paragraph 3, in ibid. , p. 94.

③ A. J. Moffatt Mills, Esq. , *Report on the Province of Assam*（Calcutta: Gazette Office, 1854）, p. 16.

得授予少于 500 英亩的森林或废弃草地，并且这些森林或草地将以同样的条件进行授予"，而"规则五"（Rule V）则进一步细化了土地授予后的租金评估标准："3/4 的土地授予将在 15 年内免租，之后 10 年按每英亩 3 安纳（annas）的价格评估，之后 74 年按每英亩 6 安纳的价格评估，整个期限定为 99 年。"① 当然，政府土地政策的"慷慨"并没有到此为止。在 99 年结束时，这份授予的土地将"按当时政府认为合适的方式进行适度评估"，而原始的被授予人、其继承人、遗嘱执行人或受让人等所有人的所有权都将保持不变。② 对于"山林"土地的授予，尽管需要税收委员会的批准，但也设有特殊条款。③ 当然，按照规定，从开始之日起，土地需要在相应时间内清理完相应的比例并使其适合耕种。具体而言，1/8 的土地必须在五年内完成，1/4 的土地必须在十年内完成，1/2 的土地必须在二十年内完成，3/4 的土地必须在三十年内完成，否则就会被收回。但实际上，这些规定很少得到严格执行，因为种植园主和生物勘探者们往往只关注眼前的利益，他们不断扩大购买规模，而不考虑未来的发展前景。事实上，到 1858 年至 1859 年，甚至连种植园主在购买土地时需出示具有充足资本证明的要求都被取消了。④ 随着土地抢夺狂潮的兴起，阿萨姆地区广阔的森林和草地，成为投机者觊觎的目标。相关数据令人震惊。到 1859 年，在阿萨姆地区总计 54859 英亩的土地中，只有 7599 英亩（占 13.9%）被实际开垦为茶叶种植园，而在察查尔（Cachar）15 万英亩的土地中，只有 4000 英亩（占 2.7%）被实际开垦为茶叶种植园。⑤

十多年后，孟加拉政府（Government of Bengal，以下简称 GOB）代理初级秘书埃德加（J. W. Edgar）对这一时期政府在土地征用方面所采取的鲁莽冒险主义行为，予以严厉的批评。他指出，《1854 年规则》中存在的"划界和测量的不足"问题，使得土地管理的局面"恶化"到几乎无法控制的地步。⑥ 正如我们后续将会看到的那样，直到 20 世纪晚期，未标明

---

① Appendix B, *Papers Regarding the Tea Industry in Bengal*, pp. 96-97.
② Appendix B, *Papers Regarding the Tea Industry in Bengal*, p. 97.
③ Appendix B, *Papers Regarding the Tea Industry in Bengal*, p. 97.
④ Vide, Letter from J. W. Edgar dated September 11, 1873 in *Papers Regarding the Tea Industry in Bengal*, p. xi.
⑤ 引自 Siddique, *Evolution of Land Grants and Labour Policy of Government*, p. 21.
⑥ *Papers Regarding the Tea Industry in Bengal*, p. xi.

（或不明确）的边界问题一直困扰着林业部。埃德加还提出了一个令人震惊的观点：为了能够获得政府授予的土地，种植园主经常会精心勾画出一些"想象中的大片土地"，而这些土地与实地情况相比，几乎没有相似之处。① 尽管在第四章中已经探讨过土地的无节制扩张对劳动力健康的损害造成的人力成本问题，但它对于阿萨姆地区的森林保护和造林工作意义还是持久而深远的。

到了 19 世纪 60 年代，投机商和种植园主开始向殖民地政府发起恳求，希望政府能够将租赁土地转为永久性土地，并且只需支付一次性费用。同时，他们还对收地和清地的严格规定提出抗议。1861 年 10 月，坎宁（Canning）总督最终同意了这些条款，1862 年 8 月 30 日，根据事务大臣（Secretary of State）的命令，这些条款得到了进一步修订。最后一次修订后被命名为《永久地产权》（*Free-Simple Rules*），规定所有没有所有权或已知所有权的荒地，均可进行出售。除非政府另有特殊规定，购买者可以以每英亩 2 卢比 8 安纳的最低价格，购买任意数量的地块。② 对于资本家来说，他们并不满意。《永久地产权》还规定，如此划定界限的土地在最终出售之前，必须进行公开拍卖。种植园主们几乎自发地对这最后一条规则提出了反对意见，他们争辩说，这样的规定会使得他们在选择土地时投入的时间、金钱和精力都白费了。《永久地产权》中关于划界和测量的规定同样遭到了严厉的批评。随着最后一项规定的落空，又一轮肆意掠夺土地的行为拉开了帷幕。埃德加回忆道："毫无疑问……扩大茶叶种植面积的疯狂尝试导致了 1866 年和随后几年茶叶产业的萧条，而在某种程度上，这种疯狂尝试正是受到了政府处理荒地方式的鼓励。"③ 毋庸置疑的是，政府对茶叶产业游说团体所展现出的"自由"姿态，直接牺牲了当地农业社区、租赁人和佃户的利益。

可以肯定的是，为了安抚种植园主不断呼吁刺激茶叶行业的声音，殖民地政府所采取的行动还远远超出了这些表面的"自由"放任的态度。1864 年前后，孟加拉政府酝酿并出台了一项计划，根据"为期 30 年的授予规则"，将原本用于种植普通作物的土地变更为专门用于种植

---

① *Papers Regarding the Tea Industry in Bengal*, p. xi.

② *Papers Regarding the Tea Industry in Bengal*, p. xiii.

③ *Papers Regarding the Tea Industry in Bengal*, p. xv.

茶树的土地。① 这些特定地区被指定为"特别种植区"（special cultivation），其主要用途就是种植茶叶、咖啡和靛蓝等具有较高经济价值的作物。在苏尔马谷（Surma Valley）南部，还有一套与众不同的规则，被称为"贾恩加尔巴里规定"（Jangalbari Rules）。根据这些规定，种植传统作物和特殊作物的土地会按照较低的累进税率进行分配。② 到19世纪末，这一情况愈发严峻，就连原本由当地农民正常使用的耕地，也被纳入了种植园主的管辖范围。

肆意征用土地的"自由时期"并没有持续太久。1866年前后，茶业产业陷入了严重衰退。面对这一局面，孟加拉政府试图重新调整之前的一些政策，以缓解产业危机，但损害已经造成。随着土地开始被大量放弃和转售，政府不得不暂停了《永久地产权》之前的"土地收回"条款。更重要的是，"当地"的茶叶资本家原本具有开辟自己的花园的能力，但他们的这一能力实际上是被这些荒地租赁条款剥夺了，并且在这场危机中受到了致命打击。例如，一位阿萨姆地区的种植园主罗斯瓦尔·巴鲁阿（Rosheswar Barua）在1868年后关闭了他的6个庄园，而戈阿尔帕拉（Goalpara）地区的另外16个"印度花园"也在这场风波中被扼杀在萌芽状态。③ 1872年8月，印度政府（Government of India，以下简称GOI）明确指示完全停止出售根据《永久地产权》规则授予的土地。随着社会各界要求核查真正资本家的呼声越来越高，一项内部调查揭示，"在总共219项、面积达153735英亩的土地授予中，只有56项、面积为36288英亩的土地获得了必要的批准。"④ 就察查尔（Cachar）地区的情况而言，埃德加向印度政府呈递了详细报告。经过一番深入调查后发现，该地至少有60万英亩原本规划用于茶树种植的土地，处于无人耕种的荒芜状态。⑤ 不难预见，这种"锁定"土地的现象将会给林业部带来深远的影响。埃德加还指出，由于

① *Papers Regarding the Tea Industry in Bengal*, p. x and p. xv.

② B. C. Allen, *Assam District Gazetteer*, Vol. 2（Calcutta, 1905），p. 227；另请参阅 Siddique, *Evolution of Land Grants and Labour Policy of Government*, p. 38。

③ Amalendu Guha, *Planter Raj to Swaraj: Freedom Struggle and Electoral Politics in Assam, 1826–1947*（New Delhi: ICHR, 1977），p. 17.

④ *Report on the Land Revenue Administration of the Lower Provinces for the Year 1870–1871*（Calcutta: Government Press, 1872），p. 41

⑤ *Papers Regarding the Tea Industry in Bengal*, p. xvi.

存在大规模的管理不善情况，这些土地上的林区——原本是打算保留，蓄养用于制作木炭和茶箱所需的木材，但很快就发现无法满足实际的需求。他敦促政府应当考虑"保护一部分森林资源，以确保在私人资源枯竭时依然能够以合理的价格提供这些森林"资源。[1]

到 1874 年，新的政治和农业经济秩序建立起来了。随着阿萨姆地区从孟加拉邦正式分离出来，并且设立了属于自己的首席专员，相应修订后的荒地条例也随之出台。1876 年 4 月出台的《租赁规则》（Leasehold Rules）重新规定了土地租赁权，改变了以往直接出售土地的方式。根据其规定，租赁关系被设定为永久性的，同时赋予租赁者"对租赁土地的永久、可继承和可转让的使用权和占用权，但需缴纳土地税、地方税及附加税收"。[2] 在第一个三十年期满之后，这些土地将会根据其所在地区的法律重新进行评估。可以肯定的是，经历了 19 世纪 60 年代末的大萧条之后，种植园主的利益始终没有被人遗忘。因此，在租约续期的时候，明确规定了这些土地的任何部分的税率，都不得高于当地种植稻米、豆类或其他农作物土地所应支付的税率。虽然政府重新恢复了对土地进行划界和测量的相关规定，但种植园主依旧能够以相对优惠的价格，占用那些原本为当地耕种者预留的土地。[3] 这些荒地垦殖规则在接下来的 12 年内一直发挥着效力。《阿萨姆土地和税收条例》（Assam Land and Revenue Regulation）于 1886 年正式生效，该条例将土地重新划分为三个部分。虽然依据 1876 年《租赁规则》的条款规定，相关土地被归入第一部分；而种植园主占用的所有普通土地则被归入第二部分（主要在布拉马普特拉河谷）；第三部分土地主要分布在苏尔马谷。然而，到 19 世纪末，肆意掠夺和投机行为致使可用的荒地消耗殆尽，这种情况在苏尔马河谷南部尤为严峻。在 1899 年前后，甚至连卡

---

[1] *Papers Regarding the Tea Industry in Bengal*, p. xvii.

[2] Vide *Report on the Administration of the Province of Assam for the Year 1877* (Shillong: Secretariat Press, 1878), p. 32.

[3] 这是根据《1870 年阿萨姆定居规则》（*Assam Settlement Rules of 1870*）实施的。虽然种植园主被要求需为普通土地支付与当地的阿萨姆农民相同的收入税率，但他们往往只需支付正常价格的三分之二或二分之一即可获得土地。因为有人认为："种植茶叶所需的时间更长，需要比其他农作物更大的资本投入。"参见 *Report on the Administration of the Province of Assam for the Year 1875* (Shillong: Secretariat Press, 1876), p. 47; 另请参阅 *Report on the Land Revenue Administration in the Province of Assam for the Year 1880* (Shillong: Secretariat Press, 1881)。

里姆加恩杰区（Karimganj）的隆盖山谷（Longai Valley）中一个昔日的森林保护区也被开放给茶叶产业资本使用。① 随着对林区的需求不断增加，林区与茶叶企业之间的冲突也越来越频繁。到第二次世界大战结束时，布拉马普特拉河谷北部的荒地也呈现出类似的耗竭状态。

不可否认的是，在阿萨姆地区的农业版图中，林业部属于后来者。即使是在1868年至1869年孟加拉政府成立之初，官员们就已经意识到，大片极具价值的娑罗树（Shorea robusta）林地已经被茶叶公司作为荒地占用。当然，茶树种植问题并不仅仅是单一物种的栽培问题。作为阿萨姆地区最早的垄断资本家，茶叶企业很早就引起了殖民地和省级行政官员的关注。我们前面关于荒地授予的讨论充分表明，土地（包括林地）是资本和商业扩张的首要目标。实际上，种植园主是阿萨姆各个地区最大的土地所有者。因此，林业部在阿萨姆地区的角色和重要性，必须根据这一现实情况进行考量，而这无疑是一项艰巨的任务。到1874年，林业部意识到，必须尽快划定政府对剩余的森林的管辖范围，并在土地被肆意租售的情况下，阻止其进一步转让。② 在种植利益方面，"权利"与"特权"是林业部制定森林法的重要支柱，关于这二者的讨论话语是难以回避且难以区分的。更值得注意的是，林业部面临特殊的双重束缚。一方面，他们必须保护阿萨姆地区内具有"价值"的森林不被滥用；另一方面，他们很快就意识到，这些森林的价值大部分是由茶叶产业对木材和木炭的需求赋予的。我认为，阿萨姆地区的木材（如柚木）并没有被市场普遍认可，且本地使用量又稀少，在这种情况下，管理或约束茶叶企业成为林业部在阿萨姆地区存在的主要理由之一。它们不仅仅是单纯的对立或相互依存的问题。

消费者和罪魁祸首

需要进一步补充的是，阿萨姆地区的森林管理已经变得极为迫切且必

① B. C. Allen, *Assam District Gazetteer*, Vol. 2, p. 233；在这里，平坦土地（flat lands）的估价为每英亩15安纳（annas），而丘陵土地（hilly lands）土地的估价为每英亩3安纳。拥有土地的前三年内不收取任何土地税。

② Gustav Mann's Argument in the first *Progress Report of Forest Administration in the Province of Assam for the Year 1874-1875* (Shillong: Secretariat Printing Office, 1876), p. 10.

要，这不仅是为满足当地农业人口的生存需求，而且为茶业产业发展提供所需的木材和其他森林产品也极为重要。①

1879 年 2 月至 5 月，印度首个森林总监察长（Inspector-General）迪特里希·布兰迪斯（Dietrich Brandis）对阿萨姆地区展开了全面而细致的巡视。他的足迹踏遍一个又一个地方，茶树种植对阿萨姆地区以及他所负责的部门的影响日益明显。事实上，此次布兰迪斯的访问并非让人们第一次察觉到这一点。大约十年前，古斯塔夫·曼恩（Gustav Mann）在孟加拉林业部的指示下就已经发布相关报告，报告指出，阿萨姆茶叶公司的锯木厂对迪布鲁河（Dibru River）沿岸的优质森林进行了大规模的采伐。② 1874 年，曼恩在他担任森林副保护官后提交的第一份报告中指出，上阿萨姆茶叶公司（Upper Assam Tea Company）应该对迪布鲁格尔（Dibrugarh）地区珍贵树木的大规模砍伐行为负责。他还在报告中指出，在林业部组建之前，提斯浦尔北部（Northern Tezpur）的巴利帕拉沙林（Balipara sâl forests）几乎已经被茶叶经理们砍伐殆尽。③ 当然，1859 年至 1862 年，公共工程部（Public Works Department）官员和孟加拉政府官员之间，就种植园主对楠伯尔森林（Nambor forest）的掠夺行为所引发的争执，现有文献已经进行了深入探讨。④ 1873 年，威廉·施利希（Wilhelm Schlich）也访问了阿萨姆地区，并制定了未来林区的管理计划。

然而，布兰迪斯此行具有多方面的意义，值得特别关注。其一，布兰迪斯作为新独立省份的第一位政府官员即森林总监察长，他所提出的关于阿萨姆地区森林事务的建议和意见，具有重要指导意义。其二，布兰迪斯在勃固（Pegu，即缅甸）积累了多年的工作经验，缅甸与阿萨姆地区在生态方面有许多相似之处，这种相似性使得布兰迪斯在评论阿萨姆地区的森

---

① D. Brandis, *Suggestions Regarding Forest Administration in the Province of Assam* (Calcutta: Superintendent of Government Printing, 1878), IOR/V/27/560/53, p. 6, British Library, London.

② Arupjyoti Saikia, *Forests and Ecological History of Assam*, especially chapters 1 and 2.

③ *Progress Report of Forest Administration in the Province of Assam for the Year 1874-1875*, p. 21.

④ Saikia, "State, peasants and land reclamation: The predicament of forest conservation in Assam, 1850s-1980s," and Saikia, *Forests and Ecological History of Assam*, 文章对阿萨姆早期殖民地时期的楠伯尔试验保留区（Nambor reserve experiment）进行了历史评估。另请参阅 Richard P. Tucker, "The Depletion of India's Forests under British Imperialism: Planters, Foresters, and Peasants in Assam and Kerala," p. 125。

林状况时，能凭借在缅甸积累的丰富经验，提出更有建设性的看法。其三，这次考察是在《1878年森林法》①（1878 Forest Act）通过后一年内进行的。布兰迪斯在1879年的考察中深刻体会到两个现实困境：一是《1878年森林法》明确承诺国家拥有对林地的管理权；二是阿萨姆地区长期以来存在着政府将荒地出售给茶叶企业的根深蒂固的历史传统。于是，他花费了大量的时间和精力进行论述和验证，最终提出了合理的建议，这一过程充分体现了他认真负责的态度，值得我们关注。②

首先，布兰迪斯评论说，除了来自戈阿尔帕拉（Goalpara）西部和坎如普县（Kamrup）的娑罗树、野生波罗蜜植物和紫薇乔木可以用于造船外，当地木材其他的用途相对有限。仅限于偶尔制作的竹制品、房屋柱子、木柴以及可能做一些橱柜和花式家具。③ 由于国内市场不景气，阿萨姆地区木材的经济用途在很大程度上似乎取决于茶叶行业及其关联企业（例如铁路）不断增长的需求。从经济逻辑的角度来看，这种依赖关系似乎是合理的，但布兰迪斯却敏锐地意识到，这并不是一件好事。

其次，身为总监察长的布兰迪斯不得不承认，在阿萨姆地区，政府对

① 该法案的前身为《1865年森林法》（Forest Act of 1865），它有两个突出的局限，一是国家对森林的控制有限，二是该法案对森林（覆盖着树木、灌木和丛林的土地）的定义阻碍了在荒地上建立种植园。认识到这些缺陷后，森林官员会议在1874年召开，审议该法案的局限性，与会者得出，该法案未能赋予国家保护森林或有效管理森林的必要权力。因此，作为"有效"的替代性方案，《1878年森林法》成为巩固英国对印度森林控制权的修订法案。它重新定义了森林，将定义扩大到了任何可以指定为森林的土地，该法案旨在建立政府对森林的全面控制，并以符合殖民利益的方式管理森林资源，但这是以牺牲当地居民的利益为代价的——译者注。

② 除了荒地租赁的悠久历史外，《1873年内线条例》（Inner Line Regulation of 1873）也给阿萨姆的林业管理添加了另一层复杂性。内线——指该省"山地"和"平原"之间在意识形态、政治和空间上的分离，表面上旨在"保护"阿萨姆东部（尤其是锡布萨格尔和勒金布尔地区以外）山地"部落"的传统收入和财产权。然而，正如历史学家所论证的那样，这些分隔是精心设计的官僚和法律手段，用来界定和保护由垄断资本，特别是茶叶种植园带来的殖民地国家的新财产秩序。事实上，宝贵而广袤的森林位于"内线"之外，这使得林业部在阿萨姆东部划定其管辖范围的任务变得更加困难。在本章中，我们不打算探讨该省历史的这一方面。关于"内线"问题，参见 Bodhisatwa Kar, Framing Assam : Plantation Capital, Metropolitan Knowledge and a Regime of Identities, 1790s–1930s, Unpublished PhD Dissertation（New Delhi：Jawaharlal Nehru University, 2007）；Amalendu Guha, Planter Raj to Swaraj；H. K. Barpujari, The Comprehensive History of Assam, vol. 4（Gauhati：Assam Publication Board, 1992）；Sanjib Baruah, India Against Itself : Assam and the Politics of Nationality（New Delhi：Oxford University Press, 1999）；and Jayeeta Sharma, Empire's Garden, especially Part I.

③ Brandis, Suggestions Regarding Forest Administration in the Province of Assam, p. 4.

那些富饶林地的所有权极为有限。布兰迪斯回顾了土地投机的年代，大片土地上的国家权利被剥夺，且全然不考虑其必要性或实际用途，对这种做法，布兰迪斯表达了遗憾。布兰迪斯认为在 1878 年，种植园主所拥有的土地面积多达 587409 英亩，而其中实际耕种的只有 147840 英亩。① 目前，这种土地被"封锁"的现象愈发严重，而这无疑对林业部保留宝贵林地以供未来使用的使命构成了威胁。这位德高望重的林务官轻蔑地说："如此一来，大片的林地沦为私人的财产，而且这些林地中的很大一部分，可能永远不会被纳入种植茶叶的管理范畴了。"②

再次，除了存在土地浪费和放任自流的问题，布兰迪斯总监察长还提出了私人种植园所带来的消防困难和出入自由问题。正如我们后来看到的那样，在《1878 年第七号森林法》和《1891 年第七号阿萨姆森林条例》正式实施的背景之下，管辖权和"合法"权力的界定问题，引发了茶叶企业和林业部之间频繁的冲突。更糟糕的是，根据《1876 年租赁规则》（*Leasehold Rules of 1876*），种植园主每英亩只需支付 1 卢比，而木材的采伐费用也只需支付大致相同的价格。在 1877 年至 1878 年，林业部从种植者持有的土地中总共获得的收入还不到 8 万卢比。③ 布兰迪斯建议，政府让渡对森林的控制权时，"所设定的条件应当比迄今为止的做法更为自由一些"，并郑重告诫，今后所采取的所有措施，都要考虑到林业和国家的"永久利益"。

但布兰迪斯的批评只能到此为止了。原因在于，即使林业部放弃了阿萨姆地区大片林地的所有权，它也能直接从茶叶企业不断增长的需求中获益，实际上，它的运营在很大程度上是由茶叶企业的需求来维持的。例如，1876 年至 1877 年林业部的收入为 81568 卢比，1877 年至 1878 年猛增到 134325 卢比，这主要归功于种植园主在其土地上种植树木所带来的收入。布兰迪斯也澄清说："阿萨姆的森林管理部门绝不敌视或反对茶叶行业的健康发展。"④ 但是，作为林业部的首席发言人，布兰迪斯提出了一个

---

① Brandis, *Suggestions Regarding Forest Administration in the Province of Assam*, p. 7；同样，在上阿萨姆的锡布萨格尔地区（Sibsagar district）的 182.7 万英亩土地的总面积中，种植者拥有 147071 英亩的土地，但在此期间只耕种了 34194 英亩。布兰迪斯（Brandis）指出，剩余的 112877 英亩的土地上都是具有价值的宝贵森林，不在林业部的管辖范围。

② Brandis, *Suggestions Regarding Forest Administration in the Province of Assam*, p. 9.

③ Brandis, *Suggestions Regarding Forest Administration in the Province of Assam*, p. 10.

④ Brandis, *Suggestions Regarding Forest Administration in the Province of Assam*, p. 11.

"共同依存理论"，为自己赢得一些地位。他观察到，除了遮阴和影响地区气候之外，大面积的森林覆盖还能自然地抑制真菌和对茶树有害的昆虫。[①]同样地，戈阿尔帕拉西部（Western Goalpara）的林区也起到了"屏障"的作用，抵御了每年二三月份的干燥、干旱的风，并"减少"了它们对茶叶作物的有害影响。当然，除了生态效益之外，布兰迪斯总监察长还强调，保持与林业部的紧密联系对茶业行业来说也是明智的商业决策。他用木炭和茶箱木材来证明他的观点。对于前者，总监察长有先见之明地指出，在燃煤机器接管茶叶生产的炒制阶段之前，木炭还是茶叶行业的必需品。但他同时警告说，阿萨姆地区的木炭储量并非无穷无尽。在谈到锡布萨格尔（Sibsagar）地区时，布兰迪斯认为，由于该地区的森林砍伐程度十分严峻，人们不得不从邻近的纳加丘陵（Naga hills）运送木炭。据他估计，1878 年，阿萨姆地区的茶叶产量为 828.2 万磅，就需要近 10 万磅木炭，继续估算的话，这大约需要 80 万立方英尺的实木。布兰迪斯进一步建议，在最佳的管理条件下，每英亩的林地每年可产出约 50 立方英尺的木材，即大约 1.6 万英亩的土地可生产出 80 万立方英尺的木材。[②] 但正如他言，当时供应木炭的林地远远没有达到这一潜力，他将这一结果归咎于监管不力以及对被"封锁"土地的过度使用。布兰迪斯还对木炭开采的收益安排提出了批评，在他看来，政府每生产一磅木炭就收取两安纳的价格，远远低于所使用的木材的实际价值。[③] 另一种做法是将政府土地的一部分出租给种植园，以获取木炭来代替固定的付款，然而这种做法带来了更大的弊端，因为种植园主往往在木材存量完全耗尽后才会归还这些土地。如果说木炭刺激了茶叶的生产，那么茶箱则将茶叶产品包装后运送到了最终消费者手中。布兰迪斯认为，农作物价格的下跌和受到限制的商业环境将很快使从孟加拉和缅甸进口木材做茶箱的做法变得无利可图。在敦促种植园主考虑使用本地木材的同时，布兰迪斯总监察长推断，即便如此，也需要划定用

① Brandis, *Suggestions Regarding Forest Administration in the Province of Assam*, p. 9.

② Brandis, *Suggestions Regarding Forest Administration in the Province of Assam*, p. 42.

③ Brandis, *Suggestions Regarding Forest Administration in the Province of Assam*, p. 46；有趣的是，1874 年，古斯塔夫·曼恩（Gustav Mann）提议将木炭税从 1 卢比 1.4 安纳提高到 2 卢比，但被首席专员认为"相当沉重"。参见 *Progress Report of Forest Administration in the Province of Assam for the Year 1874-1875*, p. 24；*Proceedings of the Chief Commissioner of Assam in the Revenue Department*, October 27, 1875, p. 2。

于这一目的的专门林区。

布兰迪斯还面临着一个极为棘手的问题。在抨击茶业产业的种种弊端的同时，他也不得不承认茶叶产业为阿萨姆地区林业部的发展创造了机遇。考虑到茶业产业在经济和政治领域对阿萨姆具有强大的影响力，布兰迪斯总监察长认为，将责任片面地归咎于茶叶企业，这种做法既缺乏远见又难以达到预期的效果。因此，他采用了双管齐下的方法来证明自己的观点。其一，他运用了"共同依存理论"（co-dependency）的逻辑来论述这一问题；其二，他强调了过去政府在经济判断上所犯的错误。布兰迪斯指出，种植者对土地的投机贪婪心理和政府不合理的土地津贴政策，共同促使茶叶企业膨胀到了一个"不健康"的状态。[①] 由于缺乏科学知识的管理，阿萨姆地区广袤的土地要么被大量闲置，要么被过度开垦以致难以修复。基于此，布兰迪斯呼吁政府在未来应该缩小种植园规模，并合理分配土地。与此同时，他还期望能够深入探究这一难题背后的政策根源，为林业部干预永久性森林保护提供正当理由。布兰迪斯认为，从长远来看，这样的举措所带来的财政效益最终将惠及茶叶产业。虽然布兰迪斯总监察长对茶叶行业增长的预测在理论上听起来颇具合理性，但实际执行过程中，却遇到了诸多困难。随着茶叶企业在 19 世纪最后几十年及之后持续的扩张，林业部和茶叶产业这两者逐渐陷入了一种我称之为"生产阻碍"（productive hindrance）的复杂关系之中。

你的树，还是我的茶？

政府对所有林地的无限制保留政策，足以让任何希望从事茶叶种植的

[①] Brandis, *Suggestions Regarding Forest Administration in the Province of Assam*, p. 11；在评论印度森林的保护历史时，布兰迪斯（Brandis）后来认为，印度森林保护的"特殊困难"之一源于"私人所有者"的活动。他明确指出，这主要是指"欧洲私营企业和欧洲商人"，他们"通常……只有一个目标，那就是尽快致富"。他希望未来茶叶和咖啡种植园的发展能带来改变，即那些参与这些企业的人"更加重视保持和提高庄园的生产力和资本价值，而不是追求高额红利"的时候。参见 Sir Dietrich Brandis, *Indian Forestry*（Woking: Oriental University Institute, 1897），p. 36。

人望而却步。①

　　就种植园主们而言，他们时不时地指责殖民地政府和林业部在他们的种植园发展道路上设置障碍。例如，在《1865 年森林法》（*1865 Forest Act*）颁布之后，政府基于森林覆盖率的因素，拒绝或者限制出售一些地区的荒地。他们认为这种做法是"不公正的"且"不公平的"。② 他们认为，茶叶产业是阿萨姆木材的主要消耗者，对森林资源有着巨大的需求，因此坚决反对禁止茶叶行业享有这种"商业特权"的法律规定。1873 年，科利亚巴茶园（Koliabar Tea Garden）的哈佛（F. V. Harvard）写道，林业部试图把"宝贵"的森林资源从茶叶企业手中夺走的想法，不但没有达到预期效果，反而产生了适得其反的作用。因为茶叶企业首先创造了对森林资源的需求。他坚决反对林业部对"合法产业"过度征税的行为，同时又对林业部允许农夫随意砍伐木柴的做法表示不满，认为这会把整个国家变成"哀号的荒野"。③ 随着时间的推移，不断扩张的茶业产业和秉持干预主义理念的林业部之间的所有权之争变得频繁而明显。事实证明，对于林业部和茶叶产业这两方来说，森林的管辖权和所有权问题都是特别棘手的问题。实际上，早在 1876 年，古斯塔夫·曼恩（Gustav Mann）就提出了在现有的茶叶批地和林业部直接或打算控制的邻近地区之间进行明确划分的建议。④ 他建议使用界限、界桩和土墩等方式来清晰界定不同区域的归属。此外，他还敦促各个分区的森林官员向辖区内的茶叶公司征集茶叶租赁地图。然而，执行这项任务并不容易，其中涉及诸多复杂的利益关系，还有操作难题。

　　对于林业部来说，确保穿越私人庄园的通行权是一个重要问题。尤其是在茶园和茶园周围的森林保护区之间。在这种情况下，如果森林保护区的货物、设备和人员要通过茶园，就必须得到茶叶管理者的默许或积极配合。1896 年 2 月，锡布萨格尔地区莱克沃茶园（Lackwah Tea Estate）的沃

---

① James Harris, Sokunbarree Tea Estate quoted in *Papers Regarding the Tea Industry in Bengal*, pp. 64-65.

② *Papers Regarding the Tea Industry in Bengal*, especially pp. 60-93.

③ *Papers Regarding the Tea Industry in Bengal*, especially, pp. 66-67.

④ *Progress Report of Forest Administration in the Province of Assam for the Year 1877-1878*, p. 3, paragraph 19.

尔特·米尔德梅（Walter J. Mildmay）获得了一块穿过索拉森林保留区（Sola Forest Reserve）的土地，他承诺这块土地"只能用于开辟道路或电车轨道，不得用于其他目的"。① 此外，他还必须保证，省级当局"在任何时候都有权使用这条道路……只要它沿着现在申请开放的地块通过"。② 然而，几年后，政府驳回了米尔德梅在这一森林保留区砍伐250英亩森林的申请。③ 因为森林副保护员认为，这块土地上存在着极有价值的"珍贵的木材"。并且如果同意米尔德梅先生的要求将会给其他人开创一个"危险的先例"。这将导致森林资源被过度开发和破坏，最终使得"任何森林保护区都不是安全的"。④ 1899年6月7日，瑙贡森林副专员收到了萨罗纳茶叶公司（Salona Tea Company）亨德森（T. Henderson）的申请书，亨德森请求在迪朱森林保留区（Diju Forest Reserve）砍伐约300英亩的森林。然而，这片土地结构相当复杂，其南端是低洼的沼泽地，北边的山丘上覆盖着成熟的娑罗树植被。⑤ 林业部对此表示担忧，他们认为将如此广阔的土地划给一家私人公司，将会封锁林业部进入娑罗树森林的通道，还会在通行权问题上引发紧张局势。12月5日，在森林保护员特别助理的陪同下，林业专员约翰·格鲁宁（John Gruning）视察了这片土地之后认为，拒绝萨罗纳公司要求的土地符合林业部的最佳利益。格鲁宁指出，在这块300英亩的土地中，大部分地势较低的地方长满了"芦苇和丛林"，这对林业部来说"毫无价值"。在他看来，将这部分土地开放用于"水稻种植"和"苦力定居"，将"对整个国家有利"。⑥ 为了打消林业部对失去娑罗树控制权的忧虑，格鲁宁让亨德森同意在其即将获得的土地上修建一条向北延伸的道路，并确保该道路属于"公共道路"的性质。⑦

---

① Letter no. 106, Walter J. Mildmay to the Deputy Commissioner, Sibsagar dated Lackwah, February 3, 1896, Assam Commissioner Files-Land Revenue, No. 6 of 1896, ASA.

② Letter no. 106, Walter J. Mildmay to the Deputy Commissioner, Sibsagar dated Lackwah, February 3, 1896, Assam Commissioner Files-Land Revenue, No. 6 of 1896, ASA, p. 4.

③ Assam Commissioner Files-Land Revenue, Collection XIX, No. 30, 1898, ASA.

④ Vide Letter no. B/586, H. Young, Deputy Conservator of Forests, Sibsagar to the Deputy Commissioner, Sibsagar in ibid.

⑤ Assam Commissioner Files-Land Revenue, Collection II, No. 122, 1899, ASA.

⑥ Letter no. 145, Officiating Deputy Commissioner of Nowgong to the Commissioner of the Assam Valley Districts, dated December 7, 1899.

⑦ Letter no. 145, Officiating Deputy Commissioner of Nowgong to the Commissioner of the Assam Valley Districts, dated December 7, 1899.

　　然而，这些交易并不总是一帆风顺的。1911 年，察查尔地区的森林部门的官员注意到，由于通过茶叶种植园的出口受到了限制，这使得从该地区运输未分类的森林产品变得十分困难。鉴于此，森林保护专员建议在分配荒地租赁时保留"通行权"。[①] 尽管有相关法律规定，但事情往往会失去控制。例如，在 1900 年，鲁帕切拉茶园（Rupacherra Tea Garden）的管理者被察查尔地方法院处以 60 卢比的罚款。尽管林业部已经允许他的租赁土地具有"通行权"，但他公然阻止森林守卫及其手下对他的租赁土地进行划界工作。[②] 有时，私自持有林地和规避法律的行为也会被曝光。1901 年，税务部门的一项内部调查发现，自 1895 年起，阿萨姆公司的查莱迪奥茶园（Charaideo Tea Gstate）拥有近 238 英亩的种植园土地，却并不具备合法的所有权。[③] 查莱迪奥茶园、阿萨姆政府和林业部之间围绕这一地区的所有权、欠缴的土地税和森林资源的使用权等问题爆发了一场激烈的"口水战"。锡布萨格尔的副专员阿布斯纳特（J. C. Arbuthnott）报告称，阿萨姆公司一直"拒绝承认"这种非法占有的情况，并且还禁止当地农民使用这片土地。在他看来，这片由种植园"看守人"严密看守的隐蔽地带，虽然在法律层面上"不是公司的财产"，但在公司的实际掌控下，仿佛已成为其私有领地。[④] 阿布斯纳特指出，根据《1891 年阿萨姆森林条例》的相关规定，定期从这片未申报的土地上采集用于盖屋顶的茅草，就应当承担未缴纳税款的责任。他敦促政府调查此事，并追究该公司的责任。上阿萨姆地区的公共工程部的执行工程师里德（D. Reid）中校也曾向孟加拉的政府官员抱怨说，从楠伯尔森林保留区（Nambor Reserved Forest）中获取木材以供部门使用是一件极困难的事情。除了因种植鸦片对森林造成破坏等因素外，里德深信"茶叶种植者在破坏森林方面也毫不逊色，因为大量的树阴妨碍了茶树的生长，所以种植者们为了保证茶叶的产量和质量，大量砍伐了

[①]　Notes/Group I, Collection No. 4, File 16/1911, Board of Revenue-Survey and Settlement, Eastern Bengal and Assam, ASA.

[②]　*Progress Report of Forest Administration in the Province of Assam for the Year 1901-2*, p. 5.

[③]　Vide Assam Commissioner Files-Land Revenue, No. 33, 1901, ASA.

[④]　Vide letter no. 2370R dated February 14, 1901 in Assam Commissioner Files-Land Revenue, No. 33, 1901, ASA；虽然在使用上没有标准化，但在阿萨姆，1 比卡（bigha）大约相当于 1338 平方米。

树木"。①

在某些情况下，阿萨姆地区的这些利益相关者之间的紧张关系呈现出复杂的局面，其中既有相互之间的不尊重，也有商业利益上的权宜之计。1884 年至 1888 年，阿萨姆铁路和贸易公司（Assam Railways and Trading Company）与阿萨姆政府之间的一系列交流，充分展示了这一关系的复杂性。② 阿萨姆铁路和贸易公司成立于 1881 年，其成立的初衷是开发阿萨姆东部地区的矿产资源（煤炭和石油），同时也在木材砍伐和铁路建设等方面开展了一系列的谈判合作。③ 根据木材特许权（保留 20 年）的相关规定，该公司可以在指定的土地上砍伐、开采和出口木材，并且这些木材几乎可以免费用于锯木场、发动机、熔炉的正常运作，还能用于建造必要的建筑物。政府保留了土地的"实际所有权"，并未将"地表权"授予该公司。然而，地表的森林覆盖情况对于阿萨姆铁路和贸易公司来说是一把双刃剑，在玛格丽塔（Margherita）、蒂卡克（Tikak）和莱多（Ledo）煤矿的周围地区，遍布着密不透风的丛林，为了追求"卫生利益"和为"苦力"提供耕地，该公司希望清理这些地区。1884 年 2 月，阿萨姆铁路和贸易公司根据《1854 年荒地规则》（*Wasteland Rules of 1854*）申请了额外的 2.6 万亩土地。④ 如前文所述，《1854 年荒地规则》明确规定了租赁期限为 99 年，其中 1/4 的赠地能够永久免税，剩余的土地在授予时先是免税 15 年，然后按照每英亩 3 安纳的税率征税 10 年，其余的 74 年则按照每英亩 6 安纳征税。此后，土地将按照"中等利率"进行征税。在这种情况下，政府陷入了两难的境地。首席专家威廉·沃德（William Ward）后来写道，阿萨姆铁路和贸易公司提出的要求显得"奢侈"且"不切实际"，这些要求不仅是出于商业目的，更是企图在优惠期结束后获得土地的"所有权"。⑤ 但

---

① Saikia, "State, Peasants and Land Reclamation: The Predicament of Forest Conservation in Assam, 1850-1980," p. 81。

② 以下两段内容是根据该资料中的来往信件编写的，参见 File No. 3, Collection V-Immigration, "Return of Inspection of Tea gardens," District Record Room, Office of the Collector and Deputy Commissioner, Dibrugarh, Assam。

③ W. R. Gawthrop, *The Story of the Assam Railways and Trading Company Limited*, *1881-1951* (London: Harley Pub. Co. for the Assam Railways and Trading Company, 1951).

④ File No. 3, Collection V-Immigration, "Return of Inspection of Tea gardens," p. 2.

⑤ File No. 3, Collection V-Immigration, "Return of Inspection of Tea gardens," p. 4.

是，考虑到该公司在阿萨姆这一偏远地区对工业发展起到的促进作用，政府还是试图与该公司达成协议。沃德的前任查尔斯·埃利奥特（Charles Elliott）同意了该公司关于2.6万英亩土地的申请要求，但同时根据修订后的《1876年荒地规则》（Wasteland Rules of 1876）修改了租赁条款。埃利奥特甚至还做出承诺，如果阿萨姆铁路和贸易公司在20年的特许权租期结束后不以土地作为补偿要求，政府将放弃《1876年规则》所要求的木材估值。① 换句话说，阿萨姆政府希望在未来能够保留对土地的"国家权利"，即使这意味着要放弃宝贵森林所带来的收入。

阿萨姆铁路和贸易公司反驳说，他们愿意将他们对土地的需求缩减到2万英亩，并在20年后交出土地的所有权，作为回报，他们希望能够免费获得木材的收益。② 即使政府倾向于在该公司所要求的地区开放人群定居，也不愿无偿放弃森林资源。事实上，古斯塔夫·曼恩在接受咨询时曾指出，该片土地的木材估价为每英亩50卢比。第二年，威廉·沃德爵士接任阿萨姆专员一职后，阿萨姆铁路和贸易公司的殖民计划就此被搁置。

1886年1月，阿萨姆铁路和贸易公司的代理人博克莱尔（Beauclerk）上尉给沃德写了一封信，要求他重新考虑"是否能够以一定的清理土地和开垦的价格，授予他们与采矿权一致的地表权"。③ 博克莱尔在措辞上稍微改变了此前恳求的语气。他强调，再次提出这一要求是为了清除该公司拟建设的锯木厂周围瘴气弥漫的森林，使锯木厂免受"不健康"环境的影响。他还暗示说，该地区的木材价值并不高，将其"牺牲"在该公司的运营中或许是更好的选择。沃德最终接受了阿萨姆铁路和贸易公司对林地的要求，但仅限于5平方英里的单一紧凑区域，这一决定却让林业部感到震惊。古斯塔夫·曼恩回击说，阿萨姆铁路和贸易公司在各个方面都欺骗了政府。他明确表示，这些森林实际上是"整个上阿萨姆地区最有价值的森林"，也是政府未来的主要收入来源之一。④ 曼恩还建议不要将木材半价出租。由于这次申请尝试失败，在接下来的八个月里，阿萨姆铁路和贸易公司申请活动陷入了低谷。与此同时，林业部提议保留纳姆当河和马库姆河

① File No. 3, Collection V-Immigration, "Return of Inspection of Tea gardens," p. 3.
② File No. 3, Collection V-Immigration, "Return of Inspection of Tea gardens," p. 3.
③ File No. 3, Collection V-Immigration, "Return of Inspection of Tea gardens,", p. 5.
④ File No. 3, Collection V-Immigration, "Return of Inspection of Tea gardens,", p. 6.

（Namdang and Makum Rivers）之间的林地，这些地区正是阿萨姆铁路和贸易公司最初计划收购的。1886 年 9 月，博克莱尔察觉到了这一事态的发展，于是他再次尝试收购这片土地。并且这一次提出了新的想法。

在重新描述这片林地时，阿萨姆铁路和贸易公司提议将茶树种植作为其主要业务。虽然公司当时尚未将茶树种植纳入其业务范围，但博克莱尔却将其作为主要证据。他还敦促政府不要保留该地区，因为它"非常适合"种植茶树。[①] 然而，阿萨姆政府拒绝了该公司的这一提议，沃德随后寄回了阿萨姆铁路和贸易公司获准开垦土地的修订文件。既好战又沮丧的博克莱尔于 1887 年 1 月直接写信给曼恩，在信中，他暗示该公司的首席医疗官曾警告说，如果不立即砍伐该地区的这片森林，"苦力"的死亡率将会很高。沃德对博克莱尔的无礼和"敌意"表示不满，于是给阿萨姆铁路和贸易公司写了一封冗长的回信。这封信很有意思，大致如此表达。首先，阿萨姆政府提醒该公司，《1881 年煤炭契约》（Coal Indenture of 1881）并未赋予该公司破坏邻近森林的权力，即使该公司的医务人员出于健康原因建议公司这样做。[②] 其次，沃德还反对将"地表权利"作为阿萨姆铁路和贸易公司的商业特许权的必然结果或将与之相关的权利进行转让。他向公司明确表示，土地收入的这两个方面是不可进行简单比较的，每一方面都必须得到应有的尊重。[③] 1897 年 10 月，沃德离开了阿萨姆地区，博克莱尔也在不久后离开了，这场旷日持久的纷争终于画上了句号。

如果说阿萨姆铁路和贸易公司的案例是特别棘手的[④]，那么上述历史则表明，对于阿萨姆地区的茶叶资本家和林业部来说，个人、生产和职业空间的共享是一个复杂甚至矛盾的过程。后来担任阿萨姆地区森林保护员的米尔罗伊（A. J. Milroy）认为，这些问题的根源在于政府过去"短视"的土地管理政策。在他看来，过去政府将大片土地分配给茶叶种植园的

---

① File No. 3, Collection V-Immigration, "Return of Inspection of Tea gardens".

② Vide letter no. 1786 dated June 16, 1887, quoted in ibid., p. 13.

③ Vide letter no. 1786 dated June 16, 1887, quoted in ibid.

④ 最近有人认为，就林业部在阿萨姆的林业保护议程而言，阿萨姆铁路和贸易公司尤其有问题。参见 Saikia, Forests and Ecological History of Assam, pp. 131-132. 赛基亚写道："情况恶化到如此程度，以至于林业部不得不说服首席专员以终止合同来威胁该公司"，参见 Vide letter no. 1786 dated June 16, 1887, quoted in ibid.

"错误政策"，给林业部的发展造成了极大的限制。① 1913 年，米尔罗伊在撰写的文章中注意到了两个极端现象：一方面，大型茶叶种植园普遍缺乏自给自足的木材来源；另一方面，存在大量未开发和未得到充分利用的储备林区。在米尔罗伊看来，这些互不相容的情况导致了种植园主对森林保护区产生轻视的态度。② 他敦促政府，应在今后根据需求将较小的茶叶种植区和相应的保护区进行合理的分配。

当然，这些冲突和财产纠纷并不是在社会政治的真空中发生的。如前所述，到 19 世纪中叶，荒地的供应已趋枯竭。随着茶叶产业的持续发展，林业部承受着来自各方的巨大压力，被迫进入原本由茶叶种植园控制的地区。有时，林业部能够坚守其使命。例如 1913 年，它拒绝了在察查尔的卡塔哈尔保留区（Katakhal Reserve）砍伐 16921 英亩森林的申请，同时也拒绝了在下吉里保留区（Lower Jiri Reserve）砍伐森林的申请。③ 但是，到了1919 年至 1920 年，面对工业发展的压力以及农业发展和农民定居所带来的迫切需求，林业部不得不开放所有未分类的国有森林租赁，包括向茶叶企业的开放。④

茶树：相互依存的政治

在任何茶叶种植园的经营中，森林都是不可或缺的存在。⑤

尽管各部门之间围绕森林的管辖权和产权问题争论不休，但更深层次的

---

① A. J. W. Milroy Papers, MSS Eur. D 1054/20, p. 8, Asian and African Studies, British Library, London.

② A. J. W. Milroy Papers, MSS Eur. D 1054/20, p. 8, Asian and African Studies, British Library, London.

③ *Progress Report of Forest Administration in the Province of Assam for the Year 1913-1914*, p. 1.

④ *Progress Report of Forest Administration 1919-1920*, p. 2；对这些冲突的政治和社会后果的分析——特别是在 20 世纪 80 年代的农民起义和土地定居安置方面，参见 Arupjyoti Saikia, "State, Peasants and Land Reclamation: The Predicament of Forest Conservation in Assam, 1850s-1980s".

⑤ Claud Bald, *Indian Tea: Its Culture and Manufacture*, *Being a Textbook on the Culture and Manufacture of Tea*, second edition (Calcutta: Thacker, Spink and Co., 1908), Chapter XII, p. 158.

经济逻辑却如同一条无形的细带，将林业部和茶叶产业紧密地联系在了一起。下面，让我们深入探讨这个问题。

1833 年前后，英国法学家兼政治家罗伯特·菲利莫尔（Robert Phillimore）爵士审理了一起重要案件。原告是来自民辛巷（Mincing Lane）的商人，他们指控"亚洲号"的船主，声称因为"船只的肮脏状况"或"所载货物的性质"，玷污了散装茶叶，使其"浸透"了某种异味，导致这些茶叶无法正常销售。① 经过数天的听证，并结合专家的意见，法官最终判定，运输茶叶的箱子的木材是造成此次损害的根源。化学检测结果进一步表明，箱子内壁上分布了含铅的碳酸盐，而这种有害成分是由"装茶叶的木材中所含的酸性物质"引起的。② 通过进一步的检测表明，茶叶的异味是"因木材太新而加剧了。如果木材太绿，就会散发出强烈的芳香气味"。③ 由此可见，对于茶叶企业来说，选择木材的重要性远远超出了其作为炭火的作用。

从 1874 年至 1875 年开始，虽然基廷锯木厂（Keating Saw Mill）和德兴锯木厂（Dehing Saw Mill）已经开始向阿萨姆地区的种植园供应茶盒④，但种植园主们担心"有毒的树木"或类似"亚洲号"轮船那样的经历，会对他们的茶叶供应产生不利影响。⑤ 19 世纪末到 20 世纪初，木材品种的选择问题，实际上就是当地森林资源的合理利用问题，这成为种植界和林业部之间争论的焦点。当地的木棉树（Bombax malabaricum）成为明确的选择，其木材在这一时期继续受到种植者的青睐。1910 年至 1911 年，仅在勒金布尔地区就有 7 家木材工厂在运营，产量达 546919 个茶盒。⑥ 然而，仅仅强调数量并不能说明问题的复杂性。阿萨姆地区的森林和锯木厂所处

---

① Section XX, Part I, "Injury to Tea From the Use of Improper Woods for Tea Chests," reprinted in *The Tea Planter's Vade Mecum* (Calcutta: Office of the Tea Gazette, 1885), p. 213.

② Section XX, Part I, "Injury to Tea From the Use of Improper Woods for Tea Chests," reprinted in *The Tea Planter's Vade Mecum* (Calcutta: Office of the Tea Gazette, 1885), p. 213.

③ Section XX, Part I, "Injury to Tea From the Use of Improper Woods for Tea Chests," reprinted in *The Tea Planter's Vade Mecum* (Calcutta: Office of the Tea Gazette, 1885), p. 213.

④ Vide *Progress Report of Forest Administration in the Province of Assam for the Year 1875–1876*, p. 23.

⑤ "Injury to Tea From the Use of Improper Woods for Tea Chests," reprinted in *The Tea Planter's Vade Mecum*, p. 213–214.

⑥ Vide F. Beadon Bryant, *A Note of Inspection on Some of the Forests of Assam* (Simla: Government Monotype Press, 1912), p. 10, Asia & Africa P/W 453, British Library, London.

的地理位置不同，有的靠近布拉马普特拉河，有的则远离内陆，要将木材运往加尔各答及其他地方，就需要一种相对坚固的木材，这样才能够经受住长途颠簸。但这本身就是一个悖论，因为运费与重量成正比，这就意味着不能选择过于沉重的木材。换句话说，符合所有这些要求的树种特征应当是坚韧、耐用且轻巧，然而这样的树种很难找到。尽管木棉树完全符合这些要求，但是其制作过程却充满了风险。通常木棉树在寒冷的天气里被砍伐，随后其原木被送到工厂切割成用来制作茶盒的木片，这些木片在经过缝合后会露天堆放进行晾晒。但干燥时间至关重要，因为干燥时间过长会导致木材腐烂和破裂。在当地，有一种被称为"虹"（Ghong）的甲虫，可能是"长蠹属科"（Bostrichus）物种的一种，它对木片的侵害尤为严重。① 斯迈西斯（A. Smythies）在为《印度林务员》（*Indian Forester*）撰写的文章中指出，在6月至9月的繁忙月份之外，"容易积累大量的木片库存，而且总是会有大量损失"。② 通常需要对木片进行"调味"处理，才能消除腐烂的危险。在需求旺盛的季节，未经"调味"的木片经常被送到茶叶种植园，管理员期望在那里完成干燥过程。因为如果不这样做，木片上就会散发出一种类似"奶酪"的气味，这种气味会扩散到包装好的茶叶上，影响茶叶的品质。运输这些木片同样面临着双重困境。在一个通信网络不发达的省份，通过布拉马普特拉河运输基本上是这一时期最快的路线。然而，正如斯迈西斯所指出的那样，长时间将木片浸泡于水中会使"调味"失效并导致其变色。在许多情况下，其他树木的木材，尤其是卡丹姆树（Anthocephalus kadamba）或娑罗双（Shorea pennicellata），会被错误地当作木棉树使用。③ 据报道，卡丹姆树有一种"像馊黄油一样难闻的气味"，这使得它最不适合制作茶盒。对于卡丹姆树是否适合制作木片，一些"专家"的意见也存在分歧。1883年，皮尔（S. E. Peal）受委托为《印度茶叶公报》撰写了一系列关于茶叶盒问题的文章，在文中，他对卡丹姆树是否适合制作木片提出了相反的观点。在皮尔看来，卡丹

---

① A. Smythies, "Note on the Use of Simul Wood for Tea Boxes in Assam," *The Indian Forester*, Vol. xx, No. 10, October 1894, p. 363.

② A. Smythies, "Note on the Use of Simul Wood for Tea Boxes in Assam," *The Indian Forester*, Vol. xx, No. 10, October 1894, p. 364.

③ A. Smythies, "Note on the Use of Simul Wood for Tea Boxes in Assam," *The Indian Forester*, Vol. xx, No. 10, October 1894.

姆树是制作茶叶盒的"最佳树种之一"，尤其在最初的 6~8 年时间，它的生长速度非常快。① 鉴于卡丹姆树在阿萨姆地区的自然生长态势旺盛，皮尔鼓励种植园主和政府将卡丹姆树作为茶叶和茶盒的木材。1912 年，林业部总监察长比登·布莱恩特（Beadon Bryant）在报告中提到，确实有种植园主使用了卡丹姆树，不过其使用的程度远不如木棉树。② 有趣的是，皮尔还推荐将野生波罗蜜树（Artocarpus chaplasha）用于制作茶盒。尽管他意识到这种植物在当地被广泛用于饲养琥珀蚕幼虫（muga silkworms），因此在砍伐和供应方面会受到诸多限制。③

在 1911 年至 1912 年，木棉树仍然是种植园主的首选木材，贡献了茶叶盒生产总量的 80%以上，然而当地在使用木材方面面临的难题却远未得到解决。④ 这是因为除了种植界的需求外，木棉树还有其他的需求者。正如比登·布莱恩特（Beadon Bryant）所报告的那样，对于"土生土长"的阿萨姆人而言，他们对把木棉树作为燃料和木柴来出售有很大的不满。此外，用木棉树制成的木板可以制作成"干货包装盒"，并在加尔各答、伦敦和其他"主要消费中心"城镇进行销售。⑤ 在这些需求面前，比登·布莱恩特认为，尽管阿萨姆地区的茶盒产业取得了"令人满意"的进展，但是整体上仍然处于"摇摇欲坠的状态"。⑥ 在哀叹木棉树未能完全满足茶业行业需求的同时，比登·布莱恩特这位总监察长指出，用挪威、瑞典和俄罗斯木材制成的文斯塔茶叶盒（Venesta box）仍在继续进口。⑦ 他强调，文斯塔茶叶盒具备出色的耐用性、抗虫害能力和易储存性，这些优势使得

---

① S. E. Peal, "Indian Timbers for Tea Boxes and Other Purposes," for the Indian Tea Gazette, reprinted in *The Tea Planter's Vade Mecum*, pp. 222–241.

② F. Beadon Bryant, *A Note of Inspection on Some of the Forests of Assam*, p. 10；布莱恩特报道称，种植园主们还使用了许多其他树种来制作茶叶箱，包括 Dumbail（印度木棉，Bombax insigne）、Tulla（四数木，Tetrameles nudiflora）、the Ram Dala（八宝树，Duabanga sonneratioides）、Hollock（千果榄仁，Terminalia myriocarpa）和 Aam（印度杧果树，Mangifera indica）。尽管如此，相比之下，木棉树（Simul）更受偏爱。

③ S. E. Peal, "Indian Timbers for Tea Boxes and Other Purposes," p. 239.

④ F. Beadon Bryant, *A Note of Inspection*, p. 10.

⑤ F. Beadon Bryant, *A Note of Inspection*, pp. 11–12.

⑥ F. Beadon Bryant, *A Note of Inspection*.

⑦ 比登·布莱恩特估计，1906 年至 1907 年进口的茶箱数量统计为 172361 个；1907 年至 1908 年为 197208 个；1908 年至 1909 年为 260350 个；1909 年至 1910 年为 332820 个；1910 年至 1911 年为 283310 个。这些茶箱是通过海运到阿萨姆的。

进口产品比本土产品更受欢迎。当然，众所周知，这些来自"外国"的木板给茶叶代理商带来的佣金，要远高于国内同类产品，尽管种植园主们很少公开承认这一事实。① 这一颇具戏剧性的悖论再次上演。直到 1912 年，比登·布莱恩特才意识到，除茶叶产业的需求，阿萨姆地区的森林产品销路非常有限，几乎可以忽略不计。他曾这样描述："在穿越森林的过程中……最让我印象深刻的是它的广袤……以及从森林中开采出来的少量物品。"② 对林业部总监察长而言，该地区林业呈现出的"不发展"状态，主要归咎于对阿萨姆地区的森林资源缺乏了解、地理位置的不便、内部运输路线受限以及尚未建立木材市场等。在 1910 年至 1911 年，尽管"森林保留"（reserved forests）区的面积仅占阿萨姆地区总土地面积的 8.7%，但鉴于上述种种条件，总监察长认为并无扩大"森林保留"范围的必要。在这种情况下，茶叶企业及其附属需求（包括茶叶盒）似乎为林业部造林和保护方面的持续投资提供了合理性依据。但从这种安排中受益的不仅只有林业部，命运的潮流往往会出现意想不到的转向。其中一个例子是，1896年，时任林业部首席总监察长的赫尔（H. C. Hill）指出，面对茶叶销量的日益下滑，坎如普（Kamrup）地区的某些茶叶种植园几乎完全依赖出售种植园内的娑罗树来维持生计。③

可以肯定的是，林业部在促进当地茶叶盒工业和木炭业的发展方面已经取得了显著进展。《1891 年阿萨姆森林条例》（*Assam Forest Regulation of 1891*）设立了"未分类的国家森林"这一类别，这实质上是一种重要的"区域创新"机制，其设立部分是为了满足茶叶盒发展的需求。事实上，要求制定一部独立于中央法案的省级法律，这正是阿萨姆地区林业部发展的独特之处，同时也具一定的讽刺意味。1889 年 12 月，首席专员的秘书道克斯（F. C. Daukes）写信给印度政府税务部长，称《1878 年法案》（*1878 Act*）并不符合阿萨姆当地的实际情况。④ 他认为，除了政府拨款之外，该省仍有大片土地可供使用，而这些土地的使用只能在《1878 年法

① F. Beadon Bryant, *A Note of Inspection*, p. 12.
② F. Beadon Bryant, *A Note of Inspection*, p. 8.
③ H. C. Hill, *Note on An Inspection of Certain Forests in Assam* (Calcutta: Office of the Superintendent of Government Printing, 1896), p. 8, IOR/V/27/560/55, British Library, London.
④ Vide letter no. 4242/13, dated Shillong, December 7, 1889 in IOR/L/PJ/6/313.

案》所规定的"保留"或"保护"的范围内进行管理。道克斯认为这些限制过于烦琐，严重束缚了当地土地资源的合理利用。因此，他呼吁赋予当地政府更大的权力，使其能够对木材和森林产品的运输或使用进行立法，并且不局限于这两个领域。[1] 事实上，总监察长贝特霍尔德·里宾特洛甫（Berthold Ribbentrop）在当年访问阿萨姆地区时，也表达了类似的担忧。[2] 在这些交流中，尚未提及的是林业部在阿萨姆地区面临的生态-法律困境（eco-legal dilemma）。因为阿萨姆地区不仅没有无穷无尽的珍贵木材，也没有布兰迪斯之前提到的成熟的木材市场，而且，大部分森林财富要么掌握在柴明达尔、私人所有者和茶叶种植者手中，要么是由他们通过各种方式创造出来的。据统计，如前文所述，林业部只拥有其中很小一部分森林作为"储备"。因此，阿萨姆当局迫切要求获得更大的地方权力，以便能够以更有效、更务实的方式规避这些难题。兰斯道恩总督（Viceroy Lansdowne）同意了这一要求，《阿萨姆森林条例》（Assam Forest Regulation）于 1891 年 12 月正式生效。该条例是以《1887 年上缅甸条例》（Upper Burma Regulation of 1887）而不是《1878 年印度条例》（1878 Indian Counterpart）为蓝本制定的，这样做的目的是确保为阿萨姆当地的经济活动留有足够的余地。例如，根据该条例第 28（1）条的规定，在总督会同枢密院事先批准的条件下，地方政府有权宣布开放以前的保留区。[3]

如果说为了权宜之计而砍伐森林是《1891 年阿萨姆条例》（1891 Regulation）的一个未公开的目标，那么划定"未分类的国有森林"这一类别则为这一目标提供了看似合理的解释。在解决其他紧迫问题（如农民定居，从放牧和橡胶开采中创收）的同时，这些"未分类的国有森林"的设立也旨在解决林业部和茶叶企业之间长期存在的困境。换句话说，这些林

---

[1] Vide letter no. 4242/13, dated Shillong, December 7, 1889 in IOR/L/PJ/6/313, p. 2.

[2] 里宾特洛甫（Ribbentrop）评论道："虽然这些森林组成了大部分，但仍然没有受到保护，到目前为止，地方政府无法制定保护某些种类树木的规定，也无法有效地规范森林产品的开采。"参见 Note on An Inspection of the Forests of Assam（Simla: Government Press, 1889），paragraph 67，引自 Saikia, Forests and Ecological History of Assam, p. 125。

[3] IOR/L/PJ/6/313, p. 10；另请参阅 The Assam Forest Manual, Vol. I（Shillong: Government Press, 1923），especially Part II, pp. 41-86.《1891 年法规》（The 1891 Regulation）后来根据新的《1927 年第 16 号印度森林法案》（India Forest Act XVI of 1927）进行了修改，并于 1931 年和 1933 年再次修订。

区是茶叶企业和其他企业的森林财富集聚地，它们在不干扰林业部对永久"保留"区域的权力和控制的情况下，能够进行合理开发。正因如此，在1903年，林业部所控制的22287平方英里的总面积中，有18509平方英里被划定为"未分类的国有森林"，只有3778平方英里属于"保留"区域内的森林。① 然而，"未分类的国有森林"这一类别在实际运作过程中，暴露出了更多的矛盾和讽刺之处。首先，很大一部分"未分类的国有森林"源于茶叶种植园放弃的土地，这些土地被用来替换"保留区"内林地所享有的特权。据估计，在1897年，有近205066英亩的"未分类的国有森林"是通过此类交换得来的。② 这种做法一直持续到20世纪的第二个十年。③由于种植园公司长期占有这些现腾出的土地，森林资本出现了过度开发甚至完全耗尽的状况。例如，1912年3月，勒金布尔地区的梅克拉纳迪锯木厂（Meckla Nadi Saw Mills）的经理约翰·哈里森（A. John Harrison）坦言："以前在河岸和锯木厂附近有大量的木棉树，但现在已经被开采殆尽或灭绝了。"④ 除此之外，在其他一些情况下，茶叶种植园工人的耕作习惯也被认为是导致森林枯竭的主要原因。1911年，苏尔玛山谷地区的专员阿布斯纳特（J. C. Arbuthnott）报告说，以前的"苦力"经常在"未分类的国有森林地区"种植甘蔗和其他作物，待地力被用尽后就将其丢弃了。⑤其次，林业部希望建立新的"保护区"，或利用现有的"保护区"，通过节约使用木棉树来生产茶叶盒。事实上，面对"未分类的国有森林"数量的"日益减少"，布莱恩特强烈建议采取这一举措。⑥ 然而，在实践中，为私人资本家的利益去指定"保护区"的想法充满了矛盾。正如贝登堡（B. H. Baden-Powell）在《森林法》中所论述的那样，第一类国家森林或保留地被视为"最卓越的林地"，其所有权完全归属于政府，"边界"也已经得到了"充分、权威地划定"，并且"私人权利"在此区域内已经被"取消

---

① 引自 W. Schlich, *Manual of Forestry*, Vol. I（London：Bradbury, Agnew & Co., 1906），p. 111.
② Vide *Progress Report of Forest Administration in the Province of Assam for the Year 1897 – 1898*, p. 1, 引自 Saikia, *Forests and Ecological History of Assam*, p. 95。
③ *Progress Report of Forest Administration in the Province of Assam for the Year 1913 – 1914*, p. 1.
④ 引自 F. Beadon Bryant, *A Note of Inspection*, appendix, p. 15.
⑤ Letter No. 4148, Collection No. 4, File 16/1911, Board of Revenue-Survey and Settlement, Eastern Bengal and Assam, ASA.
⑥ F. Beadon Bryant, *A Note of Inspection*, p. 2.

或禁止"，林业在未来会获得"规范性"的增长。① 但《1891 年阿萨姆条例》的出台，其具体目的在于解决或者至少是调和阿萨姆地区当时面临的一系列挑战。在该条例的规定下，木棉树被划入了"未分类的国有森林"这一类别，同时，新的"保留地"得以创建，这是该条例所取得的良好成效。在阿萨姆地区，私人土地的转让和封锁情况较为复杂，且地方需求相对有限，这种法律手段在当时尤为必要。

但是，这种共同依赖的关系，并不总能产生理想的财政结果。事实上，实际情况还往往与预期背道而驰。例如，在 1902 年至 1903 年，察查尔地区原木砍伐量高达 946095 棵，为林业部带来了 26870 卢比的收入；而在 1901 年至 1902 年，砍伐量为 691094 棵，收入为 27968 卢比。② 林业保护官员卡尔（E. S. Carr）在报告中指出，尽管 1902 年至 1903 年森林的砍伐量有所增加，但收入却减少了，原因是为了满足茶叶盒产业的需求，大量开采了所谓的"三等木材"。③ 1904 年至 1905 年，森林保护者穆里尔（C. E. Muriel）报告称，锯木厂对木棉树的采购行为"不受监管"，导致了勒金布尔地区的森林被肆意浪费，甚至出现了大量树木腐烂的现象。④ 更重要的是，从 1912 年 8 月 22 日开始，林业部为了应对"外国"竞争实施了豁免"茶盒特许权使用费"的政策，然而，这一政策在同一年导致林业部损失了 3 万卢比。⑤ 第一次世界大战即将爆发，加上政府对财政收入减少的担忧日益加剧，豁免茶叶盒特许权使用费的政策在执行过程中时断时续⑥，尽管如此，林业部不得不承认，当前实行的"茶盒特许权使用费制

---

① B. H. Baden-Powell, *Forest Law: A Course of Lectures on the Principles of Civil and Criminal Law and on the Law of the Forest* (*Chiefly Based on the Laws in Force in British India*) (London: Bradbury, Agnew & Co., 1893), Lecture XVI, especially pp. 225–278.

② Vide *Progress Report of Forest Administration in the Province of Assam for the Year 1902–1903*, p. 16.

③ Vide *Progress Report of Forest Administration in the Province of Assam for the Year 1902–1903*, p. 16.

④ *Progress Report of Forest Administration in the Province of Assam for the Year 1904–1905*, p. 8.

⑤ Vide *Progress Report of Forest Administration in the Province of Assam for the Year 1912–1913*, p. 15；另请参阅 Proceedings of the Chief Commissioner of Assam in the Revenue department, No. 201 R dated January 12, 1914 in ibid. p. 2。

⑥ 茶叶盒特许权使用费制度（The tea-box royalty system）在 1914 年 9 月 1 日被取消，后来由于来自茶业产业的压力而重新启用。该协议最终于 1915 年 1 月 1 日被撤销，尽管在 1927 年再次批准将特许权使用费降低 20%。

度”存在诸多缺陷，导致了森林资源的严重浪费。① 从 1919 年至 1920 年，林业部开始转变思路，采用一种以原木为基础而非以茶叶盒为基础的特许权使用费方法，尽管林业部和茶叶行业双方意见不一，但很少能实现双方利益的共赢。

真理与现实

在能够产生价值的领域，无论是个人还是国家本身，都会在不同程度上对其加以严格保护。②

林业部在英属印度的任务，正是建立在这些“森林真理”（forestal truths）基础之上的。而这些“真理”，③ 或称为“原则”（principles），通过所有权、财产和法律概念的影响，指导着林业部与土著林区的居民、农民、柴明达尔、其他农业社区、私人资本家以及殖民地国家的其他机构进行交往。尽管这段历史有据可查，④ 无需赘述，但是，深入研究其中的一些“真理”，将有助于我们更好地理解上文所讨论的问题的背景和原因。

例如，值得注意的是，林业部在印度次大陆的起源，是对私人承包商造成的破坏进行补救的努力。实际上，由于印度半岛和西部的铁路扩建，珍贵的柚木（Tectona grandis）、娑罗树和喜马拉雅雪松（Cedrus deodara）

---

① *Progress Report of Forest Administration in the Province of Assam for the Year 1918-1919*, p. 13.

② B. H. Baden-Powell, *Forest Law*, p. 2.

③ “森林真理”（forestal truth）一词是由贝登堡在其文章中被使用。参见 Baden-Powell, "Forest Conservancy in its Popular Aspect," *Indian Forester*, Vol. Ⅱ, No. 1, July 1876, p. 8。

④ Ramachandra Guha, "Forestry in British and Post-British India: A Historical Analysis," *Indian Economic and Social History Review*, Parts Ⅰ & Ⅱ, Vol. 18, No. 44 (October 29, 1983): 1882-1896 and *Indian Economic and Social History Review*, Parts Ⅲ & Ⅳ, Vol. 18, No. 45/46 (Nov. 5-12, 1983): 1940-1947; Ramachandra Guha, *The Unquiet Woods: Ecological Change and Peasant Resistance in the Himalaya*, and Guha, "An Early Environmental Debate: The Making of the 1878 Forest Act," *Indian Economic and Social History Review*, Vol. 27, No. 1 (1990): 65-84；另请参阅 Mahesh Rangarajan, *Fencing the Forest*; S. Ravi Rajan, *Modernizing Nature*, K. Sivaramakrishnan, *Modern Forests*; Richard P. Tucker, *A Forest History of India* (New Delhi: Sage Publications, 2012); and Gregory A. Barton, *Empire Forestry and the Origins of Environmentalism* (Cambridge: Cambridge University Press, 2007)。

资源迅速耗竭，因此亟须在 1864 年成立林业部。在当时，如果采取自由放任的政策，那么限制使用和过度使用森林资源这一想法是新颖且不受欢迎的。格里高利·巴顿（Gregory Barton）认为："森林市场价值的实现……意味着森林本身必须被明确地界定，同时还要接受监管，以确保其处于有序的状态……而要认识到森林的市场价值，则意味着要将'森林意识'灌输给当地居民、商人以及印度政府。"[①] 这无疑是一个在理论上存在悖论的情况，也是在实践中面临的一个实质性的挑战。如果森林的"价值"只能通过限制使用的方式来保证、产生和维持，这就意味着需要从根本上改变森林保护者与森林使用者之间关系的本质。森林的使用者包括欧洲勘探者，以及几个世纪以来在印度森林中劳作的农业社群、农民群体、地主和乡村居民。面对这样一个复杂的群体，林业部需要采取双管齐下的策略，以确立其作为森林"真正"的守护者、所有者和准入监管者的地位。具体而言，林业部必须消除或重新定义以前的森林利用模式，同时制定新的规则和限制。但最重要的是，林业部必须向各方证明，所有的森林或者某些特定的森林是其专属领地，不属于其他任何权利要求者的范围。作为孟加拉公务员和印度林业系统的设计师之一，巴登·鲍威尔（Baden-Powell）认为："森林保护始于财政基础，除非你对森林或任何地区的林区拥有绝对或有限的所有权，否则你将无法保护它们。"[②]

为了实现"森林和平"[③]（Pax Sylvana）的美好愿景，一种称为"生态法律"（eco-legality）的制度便应运而生。自 19 世纪 30 年代末以来，保护的概念就已经存在，但直到 1865 年，才出现了第一部正式的立法——《1865 年第七号法案》（Act VII of 1865）。该法案旨在赋予国家对林地的司法权力，但该法案在实际的构思和执行过程中，都显得较为薄弱。该法案虽然要求划定"政府森林"区域，但同时又规定不得剥夺或影响个人或社区的现有权利。[④] 随着时间的推移，人们意识到，需要建立一个更有力、更果断的机制来有效保护林地。巴登·鲍威尔明确指出，《1865 年第七号

---

① Gregory A. Barton, *Empire Forestry and the Origins of Environmentalism*, p. 75.

② Baden-Powell, "The Political Value of Forest Conservancy," p. 280.

③ 这是兰加拉詹（Rangarajan）使用的术语；参见他的文章 *Fencing the Forest*, p. 5.

④ *The Unrepealed General Acts of the Governor General in Council*, Vol. II [1864-1871]（Calcutta: Office of the Superintendent of Government Printing, 1876）, pp. 688-689.

法案》在处理个人使用者的权利时，表现得过于自由和轻率。① 在 1874 年
的一次森林会议上，他提出了一项计划，主张由政府控制印度森林②。这
一呼吁最终导致了《1878 年第七号法案》（*Act Ⅶ of 1878*）的正式出台，
该法案确立了国家对全国林区的绝对权威。然而，为了实现这一目标，该
法案采用了被称为"法律花招"的手段。③ 拉马钦德拉·古哈（Ramachan-
dra Guha）认为：

> 《1878 年第七号法案》试图将村民对森林的习惯使用界定为基于
> "特权"，而非"权利"，并且这种"特权"的行使完全取决于当地统
> 治者的意愿。在当时英国作为统治者的背景下，这意味着英国拥有对
> 森林资源的绝对所有权。正如一位军官在 1873 年所言："征服权是所
> 有权利中最高的一种，它是一项不容上诉的权利"。《1878 年第七号法
> 案》是确保这一统治权在森林资源方面得以成功实施的手段。④

如果说殖民兼并是国家对林区行使权力和取消对林区的传统要求的依
据，那么国家的法律就必须明确规定相应的控制机制。因此，《1878 年第
七号法案》将林地分为"保留区"（Reserved）、"保护区"（Protected）和
"村庄"（Village）三部分。⑤ 其中，"保留区"被视为国家的宝贵资产，
其设定的目的是涵盖那些具有最高财政估值的树木，正如巴登·鲍威尔所
言，这些区域是"卓越的"。⑥ 林业部门为了实现对"保留区"的有效管
控，试图通过取消现有权利，将其转移到"受保护的"森林，或通过保留
最低限度的权利并收取费用的方式，来达到永久解决和控制"保留区"相
关问题的目的。第二类林地即保护区，是林业部的缓冲区，虽然这些林地
由国家控制，但其权利是记录在案的，并没有得到解决。换句话说，在

---

① B. H. Baden-Powell, *Forest Law*, p. 188.
② 这是古哈（Guha）使用的术语；参见他的文章 "An Early Environmental Debate: The Mak-
　ing of the 1878 Forest Act," p. 67。
③ Guha, "Forestry in British and Post-British India: A Historical Analysis," Parts I & Ⅱ, p. 1884.
④ Guha, "Forestry in British and Post-British India: A Historical Analysis," Parts I & Ⅱ, p. 1884.
⑤ *The Unrepealed General Acts of the Governor General in Council*, Vol. Ⅲ ［1877–1881］（Calcutta:
　Office of the Superintendent of Government Printing, 1898）, pp. 124–156.
⑥ B. H. Baden-Powell, *Forest Law*, p. 229.

"保护区的森林"中可能存在权利要求，但在"保留区"的林地中则不被允许。正如政府所澄清的："至于人民，主要的区别在于……在'保留区的森林'（reserved forest）中，凡是未经允许的行为都是违法行为，而在'保护区的森林'（protected forest）中，凡是禁止的行为都是违法行为。"[①]然而，即使在"保护区的"森林中，也存在一些限制，例如，某些树种在必要时会被保留，部分区域会禁止放牧和采集柴火等活动。从技术上讲，第三类林区即村庄，属于当地村社的保护区，不受国家监督，但在本报告所述期间，这些村社在林区内的活动非常有限。《1878年第七号法案》对木材开采、估价、砍伐和运输等方面都做出了详细的规定。此外，该法案还针对非法侵入、纵火和其他"违法行为"的情况，制定了相应的罚款规定。值得一提的是，该法案赋予了各省政府一定的自主权，即在认为合适的情况下，可以制定与中央法案相关的附属法律。在当时的印度，除了缅甸、马德拉斯和阿萨姆地区等少数地方政府外，大多数省份都遵循并执行了《1878年第七号法案》。该法案一直发挥着作用，直到1927年被《印度第十六号森林法案》（*Indian Forest Act XVI*）所取代。

就我们所探讨的故事而言，这些森林法案及其手段和目的揭示了一些有趣的逻辑。虽然在整个印度范围内难以一概而论，但这种新的"科学林业"制度的主要目标是使土地使用更加合理化，并最大限度地增加收入。正如马赫什·兰加拉詹（Mahesh Rangarajan）所言："问题的焦点是森林的使用权以及对土地和树木的控制，而不是维持特定的物种组合。"[②] 如果说重新调整的土地管理制度构成了这个新的帝国部门（指林业部）的基础，那么它的定义原则则包含了几个重要的假设。首先，《1878年第七号法案》并没有对"森林"这一类别和概念进行明确的界定。巴登·鲍威尔意识到，如果将"森林"一词永久固定下来，可能会造成误用，因此，他认为从法律角度来说，只需规定具体的操作步骤，划定某些地区为森林地产，然后将其纳入法律的管辖范围即可。[③] 如果需要赋予"森林"一个更广泛的含义，他建议使用"森林或荒地"一词，指代实际上不是耕地或草

---

① "Resolution on the Forest Policy of the Government of India," reprinted in *The Indian Forester*, No. 11, November 1894, pp. 414-422.

② Rangarajan, *Fencing the Forest*, p. 202.

③ Baden-Powell, *Forest Law*, p. 199.

地的所有土地。这种相对宽松的措辞具有多种含义：从法律上讲，这意味着国家对森林土地的所有权不是先验存在的，而是通过一系列程序确定、约束和划拨这些土地之后才得以确立。因此，巴登·鲍威尔所采用的法律用语暗示，林业部的权力（实际上是其合法性）并非源于法律本身的赋予，而是源于其确保指定区域能够被有效管理和控制的能力，这些区域随后才被纳入其管辖范围。[1] 换句话说，林业部一开始就认为，印度有大片林地，而殖民地国家没有赋予其合法所有权，因而林业部有权通过各种方式，甚至是武力，来接管这些林地，并使其变得"有价值"。如果说印度农民对林业部的长期抗议彰显了这种殖民野心的胁迫性一面，那么林业部与阿萨姆地区的种植园主之间的冲突则凸显出，并非所有的土地都在林业部的实际掌控之中。事实上，本章表明，由于其他殖民者的要求，林业部在阿萨姆地区的管辖权、执行能力和权威地位都受到了严重制约。[2] 就产权逻辑而言，荒地给林业部带来了特殊的难题。尽管巴登·鲍威尔曾声称，"对森林官员来说，国家拥有所有未被合法占用，也未构成公认地产一部分的荒地的权利，是（官员）最重要的头衔之一"[3]，但事实上却并非如此，在坎宁勋爵（Lord Canning）推行对茶叶、咖啡和金鸡纳树等特殊作物种植宽松的规定下，大部分土地被浪费掉了。1893 年，巴登·鲍威尔在修订他的《森林法讲义》时认为，尽管坎宁勋爵后来修订了荒地租赁而非出售的规定，但他之前推行的"颇有问题的政策"还是导致国家"牺牲"了对这些地区大部分地表土地的所有权。[4] 我们的讨论充分揭示了这段历史的含义。颇具讽刺意味的是，就在达尔豪斯总督（Governor-General Dalhousie）发表其著名的《会议纪要》（*Minute*）的前一年，他批准了《1854 年旧阿萨姆规则》以防止"对森林进行的一切不节制的管理，因为

---

① 兰加拉詹认为："因此，保留森林是一个司法上的范畴，而非描述性的范畴。政府建立大片林地与其说是为了林业，不如说是为了让渡土地产权。许多地区之所以被兼并，是因为政府并不希望承认任何人为其所有者。"参见 *Fencing the Forest*, p. 74.

② 当然，私人林地，特别是在扎米达里（zamindari，土地地主）和马尔古扎里（malguzari，地方财主）地区，并不在森林法案的监管范围内。尽管政府后来试图对这些地区加征木材税等税收，但问题重重，并导致了频繁的冲突。参见 Rangarajan, *Fencing the Forest*, chapter 2 for an assessment.

③ Baden-Powell, *Forest Law*, p. 211.

④ Baden-Powell, *Forest Law*, p. 216.

我们必须主要依赖森林来供应必要的木材"。①

如果林业部怀揣着传授森林资源管理和土地使用方面的新经验的热情，那么这些经验必须根据当地的突发情况进行灵活调整。必要时，甚至法律条文也可以在一定程度上被歪曲或规避。我们对《1891 年阿萨姆第七号森林条例》（*Assam Forest Regulation Ⅶ of 1891*）的讨论表明，偏离该条例的意识形态原则，对于林业部维持在英属印度的合法性和存在而言不仅是势在必行的，还是一种权宜之计。事实上，在这个权力和财产相互交织共享的领域，过度的监管可能会产生与预期截然相反的结果。1929 年，印度茶叶协会苏尔玛山谷分会的秘书库珀（W. Cooper）告知阿萨姆森林调查委员会（Assam Forest Enquiry Committee）主席，在他的种植园公司周边，村民更愿意从他那里购买日用物品，究其原因，是林业部对他们在政府土地上出行所实施的管制过于严苛。② 巴登·鲍威尔在论证国家对森林应实施强有力监管这一观点时，巧妙地运用了"热心保护私人庄园"的比喻。这位受人尊敬的公务员以一种反诘的方式阐述了自己的观点："如果一个人任由自己的栅栏被肆意拆毁，自己辛勤种植的果实被他人随意采摘，自己精心耕种的田地被肆意践踏，并且还公然无视那些禁止侵入的告示牌，却向所有人宣称自己是唯一的所有者，那么这个人又怎能期望获得他人的尊重呢？"③

正如我们所看到的那样，就林业部和阿萨姆地区的茶业产业之间相互依存的政治关系而言，这些问题在大多数情况下都不可能得到直接且片面的答案。

---

① 参见 "Copy of a Minute by the Marquis of *Dalhousie*, Dated the 28th Day of February 1856, Reviewing his Administration in India, from January 1848 to March 1856," p. 23 in House of Commons Parliamentary Papers, May 30, 1856。

② W. E. D. Cooper to J. Hezlett, dated Binnakandi, January 19, 1929 in *Evidence Recorded by the Forest Enquiry Committee, Assam for the Year 1929* (Shillong: Assam Government Press, 1929), p. 2, ASA.

③ Baden-Powell, "The Political Value of Forest Conservancy," p. 283.

|第六章|

植物与政治

政府必须高度警惕的一个重要危险在于，"不合作组织"（non-cooperation party）的思想可能会在茶叶种植园的苦力群体中广泛传播。对于茶业产业而言会带来最严重的威胁，并使当下行之有效的个人管理方法无法继续实施。[1]

1920年至1921年，阿萨姆地区的茶叶企业经历了一段动荡不安的时期。当时，甘地所倡导的不合作运动（Gandhi non-cooperation）席卷了整个印度，工人的抗议和罢工浪潮从阿萨姆山谷开始，而后向南蔓延到苏尔马山谷的察查尔和锡尔赫特等地，这一系列的罢工和抗议活动，给茶叶种植园的运营带来了毁灭性的打击，使其陷入了瘫痪状态。

值得注意的是，这些事件发生时的政治时机可谓"恰到好处"，因为在此之前，阿萨姆地区的茶叶产业已经存在许多问题。战争时期的经济泡沫和政府实施的价格保证政策，使得茶叶生产脱离了可持续发展的轨道，产量急剧扩张。1919年之后，随着茶叶库存的大量堆积和利润的暴跌，印度茶叶协会和种植园主采取了一系列令人反感的策略，他们通过操纵法律条文、改变作物农艺学方法和调整工资结构等手段，试图维持产业的正常运转。毫无疑问，这些超越市场和法律规范的政策——我将其称为"商业文化"（culture of commerce）——实际上已经存在了几十年之久，只是在战后，这种政策的实施力度进一步加剧了。这种种植园策略导致了劳工裁员现象愈

---

① *The Daily Telegraph*, March 24, 1922, emphasis added. See IOR/L/PJ/6/1798, file no. 1859, Asian and African Studies, British Library, London.

179

发严重，留下来的劳工仅能获得有限的工作机会，收入勉强能够维持生计。于是，劳工们长期积累的愤怒和沮丧最终在 1920 年至 1921 年秋天爆发了。

这些抗议活动之所以备受瞩目，并不是因为它们发生的时机或带有甘地主义的色彩。事实上，用民族主义、国大党的"影响"或工会主义等历史称谓来描述这些事件，都是不恰当的。相反，这些罢工的意义在于，它们迫使阿萨姆地区的种植园产业中非法且隐秘的市场逻辑暴露无遗。在这方面，其影响和意义是毋庸置疑的。随着 1920 年至 1921 年后契约劳工制度的崩溃，这些罢工以及政府对危机的反应的历史记录表明，不受监管和操纵的工资和工作结构已成为茶叶种植园的主流。本章的重点是介绍该制度的前身发展还有这一制度的理论基础和实践，以及它们为何会共同导致劳工的系统性贫困化，并最终引发了 1920 年至 1921 年的罢工。我认为，无论是用殖民主义、民族主义还是当代主义的因果关系学解释都存在局限性，它们作为分析这些罢工的一种历史理论工具，所揭示的远不止是手段和目的之间的角力。

以历史解读劳工

1920 年 9 月 6 日，上阿萨姆地区的多奥姆·多奥马公司（Doom Dooma Company）旗下的汉萨拉茶叶种植园（Hansara Tea Estate）的劳工举行了罢工。当时的一份官方报告指出，这并不是整个茶园普遍出现的现象，当时比较普遍的现象是"苦力"们要求种植园主提供质量更好且足量供应的大米。① 大约一周后，在邻近的雷当茶园（Raidang Estate），情况变得更加严峻。据称，工人们在这里殴打了茶园管理员并致其死亡，同时还向两名初级助理投掷了石块。9 月 21 日前后，在帕巴贾茶园（Pabhajan Tea Estate），一群劳工"暴徒"包围了茶园经理的平房，并向其阳台投掷花盆。②

---

① Vide, Letter no. 471-F, dated October 30, 1920 from the Officiating Commissioner, Assam Valley Districts, to the Chief Secretary to the Chief Commissioner, Assam, IOR/L/PJ/6/162, 1921.

② 阿萨姆劳工调查委员会（Assam Labour Enquiry Committee）在 1922 年的官方报告中也报道了这些事件。*Report of the Assam Labour Enquiry Committee 1921-22*（hereafter ALEC）（Shillong: Government Press, 1922），especially chapter II。

第二天，在同一机构管理下的相邻茶园达戴姆（Dhoedaam）也发生了类似状况。据称，被派去平息不断升级的"骚乱"的警察局长弗兹（Furze）先生和两名警察，遭到了愤怒的工人的袭击，身体受到了重伤。阿萨姆河谷地区的主管专员指出，达戴姆茶园工人的主要诉求是将每周大米的供应量从6希尔（seer，当地的一种重量单位）增加到8希尔，当时大米的售价为每莫恩德（maund，当地的一种重量单位，1莫恩德约为37.32公斤）3卢比，并要求工资从6卢比增加到8卢比。[1] 面对劳工们的诉求，巡视茶叶种植园的副专员（Deputy Commissioner，以下简称DC）要求茶园经理立即将大米供应增加到每周7希尔。[2] 此外，他还进一步宣布，加薪问题将在大会上举行听证，以综合考虑各方面因素后再做决定。

尽管副专员做出了上述承诺，但局势并未得到缓和，在1920年9月25日，有40名工人在帕巴贾茶园和达戴姆茶园被逮捕。为了表达对这一行为的不满和报复，大约400名工人离开了达戴姆茶园，并向迪布鲁格尔（Dibrugarh）镇进发并游行，最终在副专员的劝说下，这些工人返回了茶园。与此同时，当天多奥姆·多奥马公司的萨姆丹茶园（Samdang garden），情况变得更加"凶险"。当副专员在一名军官和一支25名阿萨姆步枪兵团的陪同下进入萨姆丹茶园时，发现工人们正在向茶园经理索要"特供大米"。[3] 这种紧张局势并未就此平息，类似的情况仍在持续发生。两天后，阿萨姆边疆公司（Assam Frontier Company）的胡康古里茶园（Hukanguri garden）的工人突袭了每周开放的集市和商铺，据称他们带着"大量的布匹和大米"逃走了。同一天晚上，在戴斯詹茶园（Daisijan garden）又发生了激烈的冲突，茶园的经理遭到袭击，茶园的管理员几乎被"殴打致死"。然而，执法专员对此解释说，印度警方的奥卡拉汉（O'Callaghan）先生在视察这个茶园时，发现这些信息"被夸大了"。[4]

邻近的北勒金布尔（North Lakhimpur）和锡布萨格尔（Sibsagar）地区也出现了类似的报道。1920年9月12日，约500名来自帕塔利帕姆茶园（Pathalipam Estate）的工人步行到北勒金布尔政府总部，向当局抱怨他们

---

[1] Vide, Letter no. 471-F, dated October 30, 1920, IOR/L/PJ/6/162, 1921, p. 1.

[2] Vide, Letter no. 471-F, dated October 30, 1920, IOR/L/PJ/6/162, 1921.

[3] Vide, Letter no. 471-F, dated October 30, 1920, IOR/L/PJ/6/162, 1921, p. 2.

[4] Vide, Letter no. 471-F, dated October 30, 1920, IOR/L/PJ/6/162, 1921, p. 3.

没有得到足够的工资或食物。分区官员经过调查后发现，茶园供应给劳工的大米"质量很差"。① 地方法官还发现，由于"更精细的采摘"以及茶园雇用了大量劳工，额外的零工收入与前一年相比大幅减少。② 据官方报道，1920 年 9 月 30 日和 10 月 7 日，锡布萨格尔又爆发了"小规模骚乱"。当然，这些事件只是阿萨姆山谷茶园工人罢工游行和抗议活动的一部分，并非全部，阿萨姆山谷茶园工人的罢工游行和抗议活动持续了一整年。事后看来，这些事件是 1921 年在苏尔马山谷南部发生的"查戈拉劳工大迁徙"（Chargola labor exodus）的前兆，历史上对此有更多记载，令人不寒而栗。③

苏尔马山谷包括察查尔和锡尔赫特（Sylhet）地区，在茶叶生产方面，传统上更注重产量而不是质量。在经历了上文所讨论的战后危机后，该省的种植园主采取了更精细的采摘方式和限制产量的措施，以应对过剩的茶叶库存。但是，这种措施实施后却带来了意想不到的严重后果，整个茶叶种植园陷入了裁员困境和劳动力收入的锐减。在这些艰难的情况下，山谷里的工人被迫以每莫恩德 6 卢比的市场价格购买大米，这对于本就收入微薄的他们来说无疑是一笔沉重的负担。而且，他们获得其他收入的机会十

① Vide, Letter no. 471-F, dated October 30, 1920, IOR/L/PJ/6/162, 1921, p. 5.
② Vide, Letter no. 471-F, dated October 30, 1920, IOR/L/PJ/6/162, 1921, p. 5.
③ 这部分的内容是根据钱德普尔事件（Chandpur Incident）的官方报告汇编而成，参见 "Report by Sir Henry Wheeler, KCSI, KCIE, ICS, Member of the Executive Council, Government of Bengal with Reference to His Recent visit to Chandpur," in IOR/L/I&O/1277, 1921; "Communiqué by the Government of Assam Regarding Recent Developments in Sylhet," in IOR/L/I&O/358, 1921; "Report of Disturbance in Solgai," IOR/L/PJ/6/1802, file 2293; "The Assam Tea Garden Riots, Reports, and Extracts," IOR/L/PJ/6/1706, file 6733, and *Report of the Assam Labour Enquiry Committee 1921–22*. 与政府立场相对立的观点如下：*The Amrita Bazar Patrika*, May 20, 1921-July 28, 1921, SAMP MF 7102, Center for Research Libraries (CRL), Chicago, and the *Non-Official Enquiry Committee Report on the Chandpur Gurkha Outrage*, 1921. 有关查戈拉大迁徙（Chargola exodus）更全面的分析，参见 Kalyan Sircar, "Coolie Exodus from Assam's Chargola Valley, 1921: An Analytical Study," *Economic and Political Weekly*, Vol. 22, No. 5 (Jan. 31, 1987): 184–193; Amalendu Guha, *Planter Raj to Swaraj: Freedom Struggle and Electoral Politics in Assam, 1826–1947* (New Delhi: ICHR, 1977); 另请参阅 Nitin Varma, *Producing Tea Coolies? Work, Life and Protest in the Colonial Tea Plantations of Assam, 1830s–1920s*, Unpublished Phil. Dissertation (Berlin: Humboldt University, 2011); Rana Partap Behal, *One Hundred Years of Servitude: Political Economy of Tea Plantations in Colonial Assam* (New Delhi: Tulika Books, 2014)。

分有限。① 锡尔赫特的副专员后来不得不承认，一般来说，茶叶种植园的工人生活都很贫困，他们只能勉强维持生计，或者处于"刚刚超过饥饿的边缘"的悲惨境地。② 到 1921 年 2 月底，情况已经恶化到了令人绝望的地步，总部位于加尔各答的报纸《政治家》(*Statesman*) 评论道："苦力们四处乞讨，在一些茶园里找工作。"③ 三个月后，1921 年 5 月 1 日和 2 日，据称正在游行的"不合作者"在锡尔赫特地区的查戈拉山谷 (Chargola Valley) 的拉塔巴里茶园 (Ratabari garden) 举行了两次会议。警方记录称，这次会议表面上是为了讨论正在进行的基拉法特骚乱④ (Khilafat agitation) 和甘地的公民不服从计划 (Gandhi's civil disobedience program) 而召开。但会议的走向却被一位来自西尔恰尔 (Silchar) 的拉达·克里希纳·潘德 (Radha Krishna Pande) 所左右。潘德在会上敦促安尼普尔茶园 (Anipur tea Estate) 的茶叶工人向茶园方面提出加薪要求，具体而言，男性劳工平均每天加薪 8 安纳，女性劳工每天加薪 6 安纳，儿童劳工每天加薪 3 安纳6 派士 (paisa)，如果茶园方面不能满足这一要求，劳工们就罢工。据报道，潘德在发言过程中还将茶叶经理比作撒旦。⑤

作为回应，安尼普尔茶园的 750 余名劳工在第二天就向卡里姆加恩杰镇 (Karimganj town) 进发了。随着罢工消息的快速传播，整个茶园更多的劳工纷纷加入到游行队伍之中。来自隆盖 (Longai)、阿达姆提拉 (Adamtila)、拉尔基拉 (Lalkhira)、拜塔哈尔 (Baitakhal) 和埃拉利古尔 (Eraligul) 茶园的劳工们汇聚在一起。根据官方记录，这次"出走"的劳工总人数在 7000 至 10000 人之间。⑥ 这些茶叶劳工们决心返回自己的村庄，他们登上了经由戈兰多开往钱德普尔 (Chandpur)，再前往加尔各答的火车。当最初抵达钱德普尔的 1800 人出现在当地，由于担心霍乱爆发，当地

---

① ALEC 1921-22, Chapter Ⅱ, and Sirkar, p. 184.

② Letter IOR/L/PJ/6/5598 with file I&O, no. 57/21, dated September 12, 1921, "Report from the Government of Assam as to the Adequacy of Wages Paid on Tea Gardens," Asian and African Studies, British Library, London.

③ 引自 Sirkar, "Coolie Exodus from Assam's Chargola Valley," p. 184.

④ 又称"基拉法特运动"(Khilafat Movement)，是 1919 年至 1922 年英属印度的穆斯林发起的一场政治运动，它在 1922 年的"不合作运动"结束之后也结束了——译者注。

⑤ ALEC 1921-22, p. 10.

⑥ Vide, "The Assam Tea Garden Riots, Reports, and Extracts," IOR/L/PJ/6/1706, file 6733; also, Sirkar, "Coolie Exodus from Assam's Chargola Valley," p. 185.

的分区官员（Sub-Divisional Officer）出于安全的考虑，安排他们乘坐轮船前往戈兰多。然而，这一安排遭到了当时驻扎在大吉岭的孟加拉政府的反对。孟加拉政府表示不同意这种由政府出资的遣返行动，并明确禁止进一步的遣返行为。随着劳工开始涌入钱德普尔，孟加拉政府实际上对此事采取了袖手旁观的态度，转而敦促茶叶公司及其劳工协会处理这场危机。戈兰多的地方行政官也接到指示，奉命劝说抵达的劳工返回各自的茶园。1921 年 5 月 19 日，钱德普尔镇聚集了约 3000 名忍饥挨饿的茶叶工人，他们正期盼着早日踏上归乡之路。当地方行政官员、分区专员、警察局长和茶区劳工协会的代表抵达钱德普尔时，据报道，在滞留的劳工群体中，已有数人死于霍乱，而数百人则在距离主镇区较远的钱德普尔火车站临时避难。与此同时，地方当局由于担心"不合作者"进行煽动性宣传，颁布了《印度刑法典》第 144 条，在一些茶园周围七英里的范围内限制举行公众集会。历史的逻辑仿佛又回到了以前的套路：那些怀着狭隘政治目的的"外来者"，被指责欺骗了"无助的苦力"，让他们离开了茶园那原本看似"安逸"的生活。5 月 19 日傍晚，钱德普尔的局势已经岌岌可危，当地的国大党领导人哈达亚尔·纳格（Hardayal Nag）也被拉拢，试图劝说工人们离开这个地方。

工人们决心继续朝着自己的目标前进。他们多次试图登上停泊在钱德普尔铁路货场旁的汽船，渴望踏上回家的旅程。据报道，在 5 月 19 日的第三次尝试中，大约 340 人登上了那艘拥挤的船只。据称，分区官员和劳工协会代表麦克弗森（J. McPherson）先生要求强行拆除舷梯，这一行为直接导致了数名工人死亡。随着局势的持续恶化，以及有人进一步试图袭击停泊的轮船，各方情绪都被推到了顶点。第二天早上，分区专员德（K. C. De）先生致电政府，请求从东部边境步枪团调来 50 人的军事增援部队。由于担心霍乱进一步暴发、有人会再次试图强行登上轮船、铁路运输受到干扰，进而引发普遍的"混乱"，在与麦克弗森以及其他下级官员协商后，他们决定将"蹲守"在钱德普尔火车站的工人转移到附近的足球场。此外，他们还提出了为这些流动工人安排住所的建议，并同意由劳工协会捐赠 2000卢比的物资。事实上，当地国大党领导人在该镇的出现，使本已紧张不安的地方政府官员感到更加如坐针毡。据报道，政府已经决定，在必要时强行将工人赶出钱德普尔火车站。1921 年 5 月 20 日晚上 10 点 30 分左右，应邀前来的步枪手抵达火车站，他们向工人发出了撤离的警告，但基本上没有人理会。据称，在随后的混战中，廓尔喀士兵（Gurkha soldiers）对工人发起了袭击，许多男人、女人和儿童因此受伤。虽然受伤劳工的确切人数以及使用武力的规模，至今仍存在争议，但众所周知的是，地区政府的这一错误判断，成为整个事件爆发的最后一根稻草。

随着"廓尔喀暴行"①（Gurkha Outrage）的消息传遍印度东部及其他地区，更多的人也纷纷加入这场抗议活动中。国大党领导人比平·钱德拉·帕尔（Bipin Chandra Pal）谴责孟加拉政府通过阻止自由通行来解决劳工问题，以回避自己的责任。②印度矿业联合会为被困在煤田的工人提供了就业机会，5月24日，阿萨姆-孟加拉铁路（Assam Bengal Railway）的员工纷纷举行罢工，以此来表达对孟加拉政府这种不负责任行为的不满和支持被困劳工的立场。除了矿业联合会的行动外，包括著名的孟加拉国大党领袖达斯（C. R. Das）和传教士安德鲁斯（C. F. Andrews）牧师在内的许多人，都积极参与了救援和重建工作。除此之外，钱德普尔事件还引发了印度政府、种植园主和民族主义者之间关于罪责和原因的争论。撇开这些争论不谈，1921年5月19日至20日发生的一系列事件，无疑使茶叶工人的困境——尤其是那些在苏尔马谷艰难求生的茶叶工人——成为国内和国际社会关注的焦点。

政治还是经济？

本书并不对1920年至1921年的劳工骚乱作详尽的描述。毕竟，自从阿萨姆地区的种植园制度建立以来，抗议、逃亡、全面暴力、旷工和劳工对过度苛刻的工作安排和管理人员的投诉等问题，一直是该制度的重要特征。③

---

① Reported by the Non-Official Enquiry Committee Report on the Chandpur Gurkha Outrage, in *The Amrita Bazar Patrika*, May 31, 1921.

② Bipin Chandra Pal, "Tea Labour Exodus and the Government," in *The Amrita Bazar Patrika*, May 27, 1921.

③ Muhammad Abu B. Siddique, *Evolution of Land Grants and Labour Policy of Government: The Growth of the Tea Industry in Assam 1834–1940* (New Delhi: South Asian Publishers, 1990), Behal, *One Hundred Years of Servitude*; and Guha, *Planter Raj to Swaraj*.

那么，20 世纪初的这些罢工和骚乱为何与众不同？除了那些广为人知的茶叶种植园恶劣的工作条件之外，工人们对食物供应和工资的诉求是否还能揭示出更多的问题？有些答案其实是不言而喻的。

首先，人们普遍意识到，"苦力不得不满足于比战前更低的生活水平"。[①]以印度和锡兰茶叶有限公司（Ceylon Tea Company）男、女工人的人均"标准生活成本"与"实际赚取现金工资"的升值比较为例，请看以下数字（见图 6-1）。[②]

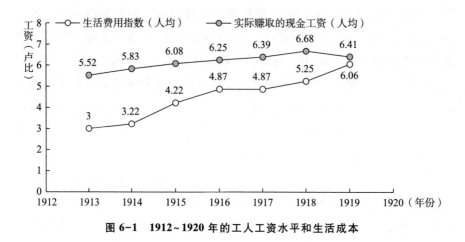

图 6-1　1912~1920 年的工人工资水平和生活成本

其次，虽然上述数字是由"专业会计师"编制的，因此被种植园管理部门吹捧为"可靠"，但我们在阅读这些数据时，仍需保持谨慎的态度。[③]例如，这些数据并没有明确计算生活成本指数所采用的具体参数，也没有说明工人赚取的现金工资究竟是英帝国公司的种植园里参与工作的劳动力的工资，还是涵盖了种植园内的所有劳动力的工资。此外，这些数据所呈现的平均工资并不能真实反映不同群体之间的工资差异。具体来说，这些平均值拉平了男人、女人和儿童之间的工资差距，而在实际的种植园劳作环境中，由于工作性质、工人总数、副业收入（例如水稻种植）和加班现金津贴的不同会有很大差异。不过，问题的关键在于，即使我们考虑到上述所有这些变量，图 6-1 中两个关键指标也表明，尽管战前和战后的人均

① Vide, Letter no. 471-F, dated October 30, 1920, IOR/L/PJ/6/162, 1921, p. 6.

② Vide IOR/L/I&O/1449, p. 7, Asian and African Studies, British Library, London.

③ Vide IOR/L/I&O/1449, p. 7, Asian and African Studies, British Library, London.

现金工资看似保持稳定，维持在 6 卢比 1 安纳的水平，但同期的生活成本
却几乎上涨了近 100%。

　　基于这样的数据和分析，主政专员坦率地认为，茶叶工人的骚乱行为
也就不足为奇了。① 邻近的迪布鲁-萨迪亚铁路（Dibru-Sadiya Railway）工
人成功举行罢工并因此获得加薪，这一事件也被视为是这些抗议活动的重
要促成因素。在整个事件的演变过程中，这是一个恶性循环：战后茶叶行
业陷入萧条状态，生产和库存严重过剩，而市场对茶叶质量而非数量的坚
持，意味着并非所有劳动力都能像以前那样被种植园主雇佣，导致部分劳
工失去了工作机会和收入来源。例如，阿萨姆地区的专员坚持认为，与
1919 年 9 月相比，1920 年达戴姆茶园和帕巴贾茶园的平均工资要低得多。
使问题变得更加复杂的是，向茶叶工人供应大米的马尔瓦里商人常常兜售
质量低劣的谷物，妄图以此弥补自身所遭受的损失。这位专员对此的看
法是：

　　　　我相信，茶园经理们都普遍认识到，适当增加工人工资是可取
　　的，但遗憾的是，目前大多数茶叶种植园的茶叶生产都处于严重亏损的
　　状态；即使有少数茶园能够盈利，这样的茶园数量也是寥寥无几，种植
　　园主和经理们为了维持茶园的运营，必然尽可能地节约开支。②

　　上述这份报告实际上有力地驳斥了将甘地不合作主义者的"外部煽
动"和"政治影响"作为劳工骚乱原因的可信性。关于"政治影响"，专
员发现几乎找不到任何实质性的证据来支撑这一观点。然而，英国媒体却
声称，官方对阿萨姆地区的"劳工骚乱"事件采取秘而不宣的态度，使谣
言夸大了事实，让恐惧和猜测占据了上风。③ 例如，《晨报》（*The Morning*

---

① 为了客观地评估情况，1906 年，官方建议，阿萨姆种植园的法定工资低于印度其他地区，
　这对劳工招聘构成了一种威慑。参见 *Report of the Assam Labour Enquiry Committee 1906*
　（Calcutta：Superintendent of Government Printing, 1907），especially Chapter XI. 顺便提一下，
　1918 年提高多奥姆多奥马（Doom Dooma）地区工资的建议遭到了主管茶叶行业当局的
　否决。

② *Report of the Assam Labour Enquiry Committee 1906*（Calcutta：Superintendent of Government
　Printing, 1907），p. 7.

③ "The Wrong Way," *Pall Mall*, October 4 1920, vide, IOR/L/PJ/6/6733, Asian and African
　Studies, British Library, London.

Post）很快就指出，造成"劳工骚乱"的主要原因是外部影响，而非薪酬，"因为……当地人在这些茶园里工作的条件远远优于世界其他地方"。[1]

在接下来的两年时间里，"劳工骚乱"受到"政治影响"的说法一直存在，机密的官方信件也在不断重复着阿萨姆地区的首席专员早期的观点。在给国务大臣的每周电报中，印度总督彻尔姆斯福德（Chelmsford）明确表示，高物价以及加班收入的减少是阿萨姆山谷劳工问题的可能原因。[2] 阿萨姆地区的首席专员却向印度政府重申，尽管当前茶叶产业的整体状况并不令人满意，但让工人及其家人通过一天的公平劳动赚取足够维持生计的工资，是一家茶叶公司在当前需要优先考虑的支出。[3]

"查戈拉罢工"（Chargola Walkout）事件进一步引起了社会各界对此事的更多关注。民族主义和国际媒体对苏尔马谷劳工的困境和古尔卡（Gurkha）士兵冲锋陷阵的恐怖情景进行了广泛报道，这些报道触动了人们敏感的政治神经，在国际社会引发了广泛的关注。从历史上看，钱德普尔事件的确切性质、背后的利害关系和所产生的影响，至今仍有争议。[4] 我无意在此详细阐述。不过，关于这一事件的当代舆论和反指控所呈现的一些模式，却与我们的茶叶故事有着千丝万缕的联系。势力强大的印度茶叶协会伦敦董事会声称，恶意的"不合作者"将茶园苦力当作实现自身政治目的的"棋子"。[5] 事实上，印度茶叶协会的秘书海伍德（H. M. Haywood）认为，"查戈拉罢工"的原因不在经济方面，而是有一些煽动者利用了工

---

[1] "Indian Tea Coolies' Wages," *The Morning Post*, October 6, 1920 vide IOR/L/PJ/6/7203, file no. 4340, Asian and African Studies, British Library, London.

[2] Telegram from Viceroy（Home Department）to Secretary of State, dated October 16, 1920, in IOR/L/PJ/6/7203, file no. 4340.

[3] Vide, Letter no. 11264, dated November 27, 1920 from the Chief Secretary to the Chief Commissioner of Assam to the Secretary to the GOI（Home）, IOR/L/PJ/6/162, 1921, Asian and African Studies, British Library, London.

[4] Rakhahari Chatterjee, "C. R. Das and the Chandpur Strikes of 1921," *Bengal Past and Present*, Vol. XCIII, Parts Ⅱ & Ⅲ, Serial No. 176 & 177（September-December 1974）: 181-196; J. H. Broomfield, *Elite Conflict in a Plural Society: Twentieth Century Bengal*（Berkeley, CA: University of California Press, 1968）; R. C. Majumdar, *History of the Freedom Movement in India*, Vol. Ⅲ（Bombay: K. L. Mukhopadhyay, 1963）; and Benarsidas Chaturvedi and Marjorie Sykes, *Charles Freer Andrews: A Narrative*（New Delhi: Govt. of India Publications Division, 1971）, especially chapter XII.

[5] Circular of the Indian Tea Association（London）, July 15, 1921 vide, IOR/L/I&O/1277, Asian and African Studies, British Library, London.

人的无知和宗教迷信心理，在那些"完全毫无理智"的工人中煽动了骚乱。① 海伍德重申了旧的管理智慧，认为劳工在茶园的经济状况比他们在家乡时要好得多。惠勒（Wheeler）爵士的报告是基于他从 1921 年 5 月 29 日至 6 月 3 日对钱德普尔的实地考察所撰写的，他在报告中表达的观点显然更加谨慎。尽管他也指责了管理不善和混乱的问题。② 惠勒评论说，考虑到当时的具体情况，"如果不对苦力施加压力，他们是不会采取行动的"。③ 在他看来，苦力所受的伤"并不严重"，而对使用刺刀的反指控，他认为"毫无根据"。④ 更为重要的是，惠勒爵士坚信，此次暴动和罢工是由带政治目的的人煽动的，是某种直接行动的伪装。他在报告中着重强调了政府的"中立"问题。⑤ 他对安德鲁斯牧师要求孟加拉政府干预救援和遣返行动的呼吁予以了驳斥。⑥ 在惠勒爵士看来，如果政府并没有直接参与劳资纠纷，那么它既不应该成为劳资纠纷的一方，也不应该对劳资纠纷的对错曲直妄加评判。然而，这种主张政府不参与的想法，实际是自相矛盾和虚伪的。长期以来，惠勒爵士通过一系列立法措施，帮助阿萨姆地区的种植园主招募劳工，以此安抚种植园主的情绪。他本可以寻得一个比官方宣称的"中立"更为合适的借口来作为挡箭牌。因为，正如我们在下一节中看到的，1920~1921 年的罢工事件揭露了阿萨姆地区政府多年来所制定的劳工法中存在的严重违法行为，以及种植园主的诸多违规行为。惠勒

---

① H. M. Haywood, "Tea Labour in Assam and Surma Valleys," Letter to the Editor, *Indian Planters' Gazette*, May 27, 1921 reprinted in the *Indian Planters' Gazette*, June 4, 1921, accessed at the National Agricultural Library, Beltsville, Maryland.

② Vide "Report by Sir Henry Wheeler, KCSI, KCIE, ICS, Member of the Executive Council, Government of Bengal with Reference to His Recent Visit to Chandpur," in IOR/L/I&O/1277, 1921, pp. 1-12.

③ Vide "Report by Sir Henry Wheeler, KCSI, KCIE, ICS, Member of the Executive Council, Government of Bengal with Reference to His Recent Visit to Chandpur," in IOR/L/I&O/1277, 1921, p. 9.

④ Vide "Report by Sir Henry Wheeler, KCSI, KCIE, ICS, Member of the Executive Council, Government of Bengal with Reference to His Recent Visit to Chandpur," in IOR/L/I&O/1277, 1921, p. 9.

⑤ Vide "Report by Sir Henry Wheeler, KCSI, KCIE, ICS, Member of the Executive Council, Government of Bengal with Reference to His Recent Visit to Chandpur," in IOR/L/I&O/1277, 1921, pp. 9-10.

⑥ "Recruited Labour: Sir Wheeler's Interview with Mr. Andrews," Associated Press of India, Chandpur in *The Amrita Bazar Patrika*, June 3, 1921.

爵士还援引"目击者"即工人的证词，试图驳斥有关工人难以维持温饱、工资极低的指控。① 尽管惠勒爵士承认"苦力的艰辛"和战后工作机会的减少，但他并不认为地方财政是导致劳工外流的唯一原因。对他来说，这无疑带有明显的政治色彩。②

惠勒爵士的观点得到了印度茶叶协会、种植园主游说团体和部分英国媒体的大力支持。阿萨姆政府也于 1921 年 6 月 6 日发表了一份正式公报，阐述其对罢工事件的立场。③ 在这份公报中，除了对苏尔马谷"遭受重创"的茶园和苦力的副业收入损失进行了简短的评述外，还否认了"关于工资极低的指控"是不实之词。公报表示欢迎各界针对具体案例展开调查，但没有提供进一步的证据。公报还附和雇主的看法，认为如果不是"不道德"的人向工人灌输荒唐的建议，工人就不会大批离开。毫无疑问，在他们看来，"苦力所服从的不是经济原因，而是外界向他们发出的呼吁"。④ 但在这个问题上，即使是阿萨姆地区政府内部的意见也很少能够达成统一。在 1921 年 7 月 19 日的一份内部备忘录中，锡尔赫特地区的副专员公然违背了公报的说法。他评论说，尽管劳工的不满有时是由于"煽动者的存在"，但茶叶产业若要回应这些批评，"必须能够证明劳动者获得了公平的经济工资"。⑤

民族主义媒体对《惠勒报告》（*Wheeler Report*）和《阿萨姆政府公报》（*Assam Government Communique*）所做出的回应显然是尖锐的。《甘露市场报》（*Amrita Bazar Patrika*）认为，这两份报告都是为了种植园主进行辩护，其中，《惠勒报告》伪装成正义；而《阿萨姆政府公报》则毫不掩饰

---

① "Recruited Labour: Sir Wheeler's Interview with Mr. Andrews," Associated Press of India, Chandpur in *The Amrita Bazar Patrika*, June 3, 1921, p. 11.

② 历史学家布鲁姆菲尔德做出了类似的评估，他把国大党的参与和钱德普尔罢工（Chandpur Walkout）之间的因果关系清晰地描绘出来："1921 年 4 月的上半月，一批来自加尔各答的国大党人进入阿萨姆的茶园地区，并开始在茶园苦力中发起了争取更高工资的骚动"。参见 J. H. Broomfield, *Elite Conflict in a Plural Society*, p. 215. 布鲁姆菲尔德的论证过于简单，而且在分析时无视罢工与工人工资，以及工作条件之间的更深层联系，遭受了后世学者的批评。参见 Sircar, "Coolie Exodus from Assam's Chargola Valley, 1921,"; Guha, *Planter Raj to Swaraj*, and Chatterjee, "C. R. Das and the Chandpur Strikes" for analyses of this debate。

③ Indian News Agency Telegram, No. 3, Calcutta, June 6, 1921 vide, IOR/L/I&O/442 (Home/Political), no. 1015, Asian and African Studies, British Library, London.

④ Indian News Agency Telegram, No. 3, Calcutta, June 6, 1921 vide, IOR/L/I&O/442 (Home/Political), no. 1015, Asian and African Studies, British Library, London.

⑤ IOR/L/PJ/6/5598, dated August 11, 1921, Asian and African Studies, British Library, London.

地偏向茶园经理一边。①《甘露市场报》的专栏强调了这两份报告的矛盾之处，对于茶叶行业的萧条、低工资和劳工骚乱之间的联系，两份报告先是承认了这种关联，之后又出尔反尔。《甘露市场报》还对孟加拉政府在整个事件中所表现出的所谓的"无辜"进行了讽刺，认为《惠勒报告》让印度人民清楚地看到了"奴役的残酷"。它还进一步评论说，钱德普尔罢工（Chandpur Strikes）和孟加拉政府的不作为，让印度人认识到，管理和剥削是英国统治印度的两个"帮凶"。② 就连具有自由主义倾向的北方辉格党人也评论说，茶叶雇主本应利用过去的"丰收年"来提高工人的工资。③

显而易见，关于 1920 年至 1921 年阿萨姆地区的种植园劳工罢工事件，公共讨论和政府反应，迅速演变成了一场关于罪责与起因的同义反复的指责游戏。在一些人看来，这些抗议活动是劳工觉醒的体现，是对勉强维持生计的收入状况表达不满和愤怒的自发性爆发；而对另一些人来说，这些"劳工骚乱"是推翻英帝国的最佳借口。在甘地呼吁"不合作运动"的推动下，许多人从这些骚乱中看到了"民族"劳工意识的曙光，以及"萌芽中的阶级斗争"的崛起。④ 当然，从历史上看，甘地是否直接参与了这些事件，至今仍然存在争议。尽管甘地对种植园主的"暴政"予以批评，并为罢工和安德鲁斯的遣返努力提供了道义上的支持，但他本人却声称自己对阿萨姆地区的劳工问题一无所知，也没有建议"那里的任何一个苦力进行罢工"。⑤ 他还含糊其词地表示，"不合作运动并非针对资本或资本家，而是反对作为一种制度的政府"。⑥ 事实上，有一些人认为，钱德普尔事件是孟加拉国

---

① "Sir Henry Wheeler's Report: A Study in White Washing," *The Amrita Bazar Patrika*, June 5, 1921.

② "The Two Documents," *The Amrita Bazar Patrika*, June 9, 1921.

③ "Indian Tea Gardens: Report on Labour Conditions," *The Northern Whig*, October 19, 1921, vide IOR/L/I&O/1449, Asian and African Studies, British Library, London.

④ Guha, *Planter Raj to Swaraj*, Second Edition, p. 108.

⑤ M. K. Gandhi, "The Lesson of Assam," in *Young India*, June 15, 1921 reprinted in *The Collected Works of Mahatma Gandhi*, Vol. XX, April-August 1921 (Delhi: Govt. of India Publications Division), p. 228.

⑥ 就在钱德普尔事件发生仅一个月后，甘地在《青年印度》（*Young India*）上写道："在印度，我们不希望发生政治罢工。我们还没有接到这样的指示。不搞政治罢工就是在推进自由事业。我们不需要一种不稳定的动荡气氛……我们寻求的不是摧毁资本或资本家，而是调整资本与劳工之间的关系。我们希望让资本站在我们这边。" 参见 *Young India*, June 15, 1921, p. 228. 甘地并未明确地解释他所说的"调整"雇主与工人之间的关系是指什么意思。

大党利用机会来诋毁孟加拉政府的冷漠态度。^① 当然，对于一些评论家来说，这些罢工让他们回忆起在英属印度的东北仍然存在《汤姆叔叔的小屋》（*Uncle Tom's Cabin*）中的那种景象。有时，政府的行动会适得其反。1921 年至 1922 年，阿萨姆劳工调查委员会（Assam Labour Enquiry Commission）的成员受命进行一项官方的"事实调查"任务，以了解这些劳工骚乱的具体情况，但一些种植园主却告诉他们，正是他们在茶园里的存在导致了这些劳工骚乱的发生。^②

虽然这些解释都不正确或不够重要，但我认为，围绕"劳工骚乱"的责任与起源展开的争论在历史上是无益的。换句话说，对这些指控和反指控的剖析并没有详细说明工资、工作条件、劳动力贫困和种植园生活是如何相互关联的，以及它们是如何反过来影响了 1920 年至 1921 年危机的到来。这些分析没有解释《每日电讯报》（*Daily Telegraph*）上引用的"个人管理方法"具体指的是什么，也没有阐明为什么说"外来政治影响"问题或者政府对此事的反应等必须以劳工问题为中心。这些点没有充分地联系起来，所以真正的答案也许在别处。

阿萨姆地区的茶叶种植园所特有的商业文化——以法律、作物农艺学和工作结构为中心——为理解这些罢工提供了另外一种分析框架。换言之，1920 年至 1921 年发生的抗议活动，其复杂性和历史独特性不仅仅体现在罢工的规模和当时的政治时机上，更深刻地揭示了那些隐藏在表面之下的非法逻辑、长期存在的制度实践和复杂的种植园政治生态，而这些因素与茶叶种植园的劳工生活状态、茶园管理者对于"公平"工资的认知等问题交织在一起。

商业文化剖析

衡量茶叶种植园苦力的工资的真正标准，在于他们获取赚钱机会的

---

① Chatterjee, "C. R. Das and the Chandpur Strikes of 1921."

② *Report of the Assam Labour Enquiry Committee 1921-1922* (Shillong: Government Press, 1922), pp. 4-12; 另请参阅 The Deposition of Mr. A. Moffat, Superintendent of the Jhanzie Tea Company, February 27, 1922 in *Evidence Recorded by the Assam Labour Enquiry Committee* (Shillong: Assam Government Press, 1922), pp. 166-168。

多寡。[1]

　　若要重新评估 1920 年至 1921 年的抗议事件，就必须从阿萨姆地区的茶叶种植产业——实际上就是从当地的农业经济状况开始入手分析。从某种程度上说，阿萨姆地区的茶业产业在战时的运营犹如一场泡沫盛宴。在政府食品控制局保证收购 2/3 的茶叶采购量，以及欧洲大陆对茶叶的需求不断增长的推动下，茶叶产量在 1914 年至 1915 年达到了令人惊叹的 245385920 磅。[2] 但这种不切实际的"幸福时光"很快就结束了。战后，茶叶需求量急剧下降，特别是来自俄罗斯的需求锐减，同时，粮食控制计划（Food Controller）也随之取消。[3] 由于大量过剩的茶叶在伦敦的仓库里腐烂，1920 年红茶的总产量仅为 180332192 磅左右。[4] 根据《伦敦泰晤士报》（London Times）的估计，当时有近 1.5 亿磅茶叶滞销，该报还谴责了茶叶行业在战时不切实际的扩张计划。[5] 当然，早在 1918 年，种植园主就已经察觉到问题并发出警告说，茶叶供应量已经开始过度积累（见表 6-1 和 6-2）。[6]

　　战后，茶叶企业面临一系列经营上的困境。首先，单纯依靠增加产量并不能保证企业获得可观的利润。此外，茶叶企业还要应对一些特殊情况。例如，与磨坊和工厂这类生产模式不同，种植园无法做到完全关闭。正如印度茶叶协会声称的那样，关闭种植园就意味着完全放弃了已投入的所有资本，但该行业最宝贵且最不可替代的资产——人力，又不能像其他生产要素一样被轻易抛弃。

---

[1] Confidential Letter from DC, Nowgong, Assam to the Commissioner, Assam Valley Districts, no. 121M dated April 11, 1921, IOR/L/I&O/1449, Asian and African Studies, British Library, London.

[2] *Report on Tea Culture in Assam for the Year 1915* (Shillong: Government Press Assam, 1916), IOR/V/24/4280-81, Asian and African Studies, British Library, London.

[3] 此外，汇率的急剧上升使得以卢比来结算贸易对印度茶叶公司极为不利，参见 Appendix VI of *Report of the Assam Labour Enquiry Committee 1921-22* for details。

[4] *Report on Tea Culture in Assam for the Year 1920* (Shillong: Government Press Assam, 1921), IOR/V/24/4280-81, Asian and African Studies, British Library, London.

[5] 引自 Sircar, "Coolie Exodus from Assam's Chargola Valley," p. 184。

[6] *The Indian Planters' Gazette*, September 14, 1918, accessed at the National Agricultural Library Manuscript Collections, Beltsville, Maryland.

表 6-1　每英亩茶叶产量①

单位：磅

地区	1916	1917	1918	1919	1920	1921	1922
察查尔	576	591	543	515	536	371	468
锡尔赫特	590	602	591	519	561	367	443
邦达朗	720	667	701	648	671	544	496
瑙贡	615	615	587	570	554	433	462
锡布萨格尔	665	658	735	630	555	513	512
勒金布尔	788	745	751	762	699	569	640
阿萨姆的总平均数	664	651	664	613	597	434	513

表 6-2　截至 3 月 31 日的 12 个月茶叶产量及相应价格②

年	布拉马普特拉河谷			苏尔马山谷		
	包裹数量	每磅价格		包裹数量	每磅价格	
		安纳	派士		安纳	派士
1919	267816	9	1	140275	6	9
1920	244232	8	4	177467	7	8
1921	244280	6	3	196025	3	7

　　据估计，招募劳动力的成本"约为每人 150 卢比"③，他们是种植园主的"宝贵的投资"。④ 当然，正如第四章所指出的，维持劳动力的生存能力所需的附带条件——包括健康、卫生、营养和补偿等方面——是具有一定灵活性的，而且这些方面也是种植园主最为关心的核心问题。事实上，印度茶叶协会毫不掩饰地表明立场："鉴于当前的金融危机形势，改善卫生条件等一系列计划必须暂时搁置。"⑤ 最后，茶叶企业还不得不面临诸多法

---

① Compiled from *Report on Tea Culture in Assam for the Year 1920-1921*, IOR/V/24/4280-81, Asian and African Studies, British Library, London.

② 1 卢比约等于 16 安纳，4 派士约等于 1 安纳。

③ J. C. Higgins, DC Nowgong, Assam in letter no. 121M dated April 11, 1921, IOR/L/I&O/1449, Asian and African Studies, British Library, London.

④ J. C. Higgins, DC Nowgong, Assam in letter no. 121M dated April 11, 1921, IOR/L/I&O/1449, Asian and African Studies, British Library, London.

⑤ *Detailed Report of the General Committee of the Indian Tea Association for the Year 1920*, Mss Eur. F 174/611, p. iv, Asian and African Studies, British Library, London.

律问题。就管理者而言，阿萨姆地区的茶叶种植园所遵循的劳工立法虽被视为一种必要的约束，但也带来了诸多困扰。即使只是在理论层面，这些劳工立法也对劳动合同义务、工作时间和工资等方面做出了明确规定。当然，长期以来，所有这些规定在茶叶种植园中都被回避或操纵了，而1920年至1921年的财政危机并没有成为促使情况改变的催化剂。

在这些制度的束缚下，茶叶行业制定了双管齐下的策略来应对日益严重的亏损局面。一方面聚焦于作物的管理，另一方面则是设计差别工资结构。接下来让我们详细了解第一项策略。1919年9月前后，印度茶叶协会伦敦董事会致电印度同行，要求他们在1920年的茶季实施一项强有力的"作物限制计划"（Crop Restriction Program）。[①] 实事求是地说，这一计划意味着要重视茶叶的质量，而不是单纯追求数量。要实现这一目标，唯一切实可行的方法是在采摘季节挑选最优质的茶叶，即便这意味着采摘的数量会受到一定限制。这一计划在实施过程中却遭遇了诸多现实难题，其中人力和地理方面的问题尤为突出。阿萨姆地区的北部山谷的茶园以产出高质量的茶叶而闻名，但南部的苏尔马山谷则以产量见长。因此，当"作物限制计划"推行时，苏尔马山谷的茶园自然受到了沉重打击。此外，精细采摘优质茶叶需要具备专业技术和知识，因此只能雇佣那些在战前茶业产业繁荣时期招募的部分劳动力。而且，该计划还附带了其他注意事项。

"作物限制计划"的指导方针建议，将茶叶作物的产量减少至前五年平均产量的90%。[②] 另外，它还要求各茶叶公司在11月15日之前停止采摘工作，这比传统的收获结束时间提前了整整四个月，甚至锡兰（现斯里兰卡）也被要求这样做。[③] 人们普遍认为，在11月左右结束茶叶采摘季，将自然而然地解决一系列问题，例如茶叶幼苗尚未成熟的新茶园的后续培育问题、大量扩建却无收益的大茶园的经营困境以及每英亩产量较低的茶园的优化问题。这些措施大多在1920年末得以实施，与前一年相比，茶叶产量减少了约500万磅。[④] 近11191英亩的耕

---

①　上述《泰晤士报》的评论对印度茶叶协会的减产计划表示满意，并认为阿萨姆的茶园终于恢复了"理智"。参见 The Times, January 28, 1921. 引自 Sircar, "Coolie Exodus from Assam's Chargola Valley," p. 184。

②　Detailed Report of the General Committee of the Indian Tea Association for the Year 1920, p. 4.

③　Detailed Report of the General Committee of the Indian Tea Association for the Year 1920, p. 5.

④　Report on Tea Culture in Assam for the Year 1920, IOR/V/24/4280–81, p. 2.

地被废弃。[1] 此外，印度茶叶协会还建议，在 1920 年的 10 月、11 月和 12 月，对每月运往伦敦的茶叶数量限制在当月总产量的 5% 以内。[2] 推迟出口这一举措意味着茶叶生产出来后长期滞留在茶园里，在季风季节期间，茶叶会变得枯燥或潮湿。例如，据报道，1919 年生产的茶叶直到 1920 年 6 月才运出。[3] 与此同时，还有人建议班轮公司能够同意将进口茶叶货物分散到伦敦外围的港口，以免使伦敦本就已经拥挤不堪的仓库不堪重负。但是，一个公司的危机对另一个公司来说，往往被视作一种负担。1920 年的班轮公司会议讨论后完全不同意这些安排，并将茶叶订单的削减幅度提高了 8%。[4] 与此同时，印度政府还被要求免除 1916 年战时实施的每 100 磅茶叶征收 1 卢比 8 安纳的出口税。当然，《1918 年第七号所得税法》（*Income Tax Act VII of 1918*）已经引发了整个茶叶行业的强烈不满，这在第二章中已有论述。

然而，农业经济决策很少能够"自我解决"它在实施过程中遇到的难题。"作物限制计划"是通过一种复杂且不公正的方式，对劳动工资进行制度性（和非正式的）操纵来实施的。篡改工资的行为并不只是围绕工人在这些茶园所赚取的收入展开，在一种特殊的管理制度下，它甚至可以规定谁能够首先获得收入，以及具体获得多少收入。正如前文所指出的那样，在"作物限制计划"和更精细的茶叶采摘政策的影响下，工人的命运已经发生了严重逆转。而这些政策使得他们的处境变得更糟。这还涉及一个法律问题：如果法律规定了月工资和工作时间标准，那么种植园主又如何规定工人的"可变化的收入"呢？

为了弄清工资问题的真相，我们需要研究法律规定与种植园实践之间的关系。从理论层面，实际上是从法律层面来看，《阿萨姆法案》（*The Assam Act*）明确保障了劳动者的"最低"月薪。[5]《1865 年第 6 号法案》

---

[1] *Report on Tea Culture in Assam for the Year 1921*, p. 1.

[2] *Detailed Report of the General Committee of the Indian Tea Association for the Year 1920*, p. 6.

[3] Appendix VI, *Report of the Assam Labour Enquiry Committee 1921–1922*, p. 116.

[4] Appendix VI, *Report of the Assam Labour Enquiry Committee 1921–1922*, pp. 6–7.

[5] 第四章已经讨论了"法案劳工"和"非法案劳工"之间的区别。除了这两类工人外，还有从附近的村庄聚居地招募的工人，称为"basti"或"faltu"劳工。本章在阐述有关工资的论点时，并不侧重于这一群体。参见 Behal, *One Hundred Years of Servitude*, 其中第三章和第四章对"basti"劳工进行了讨论。

（*Act Ⅵ of 1865*）首次制定了这一规定，它建议合同工中男性工资为 5 卢比、女性为 4 卢比、儿童为 3 卢比。① 然而，在实际操作中，这些规定大多未能得到遵守，因为种植园主往往将这些数字视为最低工资标准，而非固定工资。换句话说，管理者规避了法律的本意，将劳工的月收入设定为"取决于"每人每天完成一定数量或工作量。随后，再根据工作量分配相应的报酬，该报酬可以按周或按月支付，具体的政策会因茶叶种植园主的偏好、茶园的工作文化和土地规模的不同而有所不同。除了这种"任务型工作"之外，工人还可以通过在正常工作时间之外从事计件工作来赚取额外收入。根据周薪制（也称为"单位制度"）计划，工人的报酬主要取决于所完成的工作性质。例如，对于锄地、修剪和采摘这三种最为繁重的工作而言，前两项工作的报酬均为 1 安纳，而后一项采摘工作的报酬则为 1 派士。而茶叶种植园的其他雇员，包括看门人、领班、会计和贾马达尔②（Jamadar）等，通常按月领取工资。

　　显而易见，阿萨姆地区种植园劳工的工资政策从一开始就存在规避法律规定的情况。在此期间，孟加拉政府除了对历次劳动法的一些细节部分进行调整，以及定期任命调查委员会之外，几乎没有采取任何措施来纠正管理层对立法禁令的忽视。1868 年，孟加拉政府任命了一些委员，这些委员坦率地认为，《1865 年法案》（*1865 Act*）未能充分保障"苦力"的利益。③ 二十年后，政府再次尝试通过立法来"确定"最低收入。于是，《1882 年第 1 号法案》（*Act I of 1882*）中，政府试图规范工资：在签订合同的前三年，男性每月工资 5 卢比，女性每月工资 4 卢比，后两年每月再分别增加 1 卢比。④ 令人惊讶的是，实际情况并不理想，仍有大量种植园主通过操纵任务工作和计件工作的方式来逃避法律责任。事实上，邦达朗的副专员在 1883 年曾评论说，规定最低工资完全是无用的，因为受季节变化、土壤质量差异、茶叶产量和"苦力质量"的不同等多种因素的影响，不同茶叶种植园之间的工作差别很大。⑤ 1888 年前后，阿萨姆河谷

---

①　*Report of the Assam Labour Enquiry Committee 1906*, p. 8.

②　指职位较低的管理员——译者注。

③　*Report of the Commissioners Appointed to Enquire into the State and Prospects of Tea Cultivation in Assam, Cachar and Sylhet*（Calcutta：Calcutta Central Press Company Ltd. , 1868）.

④　Vide, *ALEC 1906*, pp. 9-10.

⑤　Behal, *One Hundred Years of Servitude*, p. 65.

地区的专员卢特曼·约翰逊（Luttman Johnson）在撰写的文章中非常明确地指出，无论对阿萨姆地区的茶叶种植园进行多少次检查，都无法促使种植园主主动提高工人的工资。[①] 这种模式一直延续到 20 世纪。

以上讨论的种植园工作文化，实际上意味着茶园劳工的月薪（或周薪）并非取决于单一的"保证收入"因素，而是受到除其之外的诸多因素的综合影响。简言之，工人最终能够赚取多少工资，在很大程度上取决于个人的具体情况。工人的身体健康状况、可利用的机会、任务性质、生产政策（质量或数量）、种植园规模、气候和水文条件、害虫和土壤状况等都可能对收入产生影响。除此之外，种植园主、加尔各答代理商、印度茶叶协会及其伦敦董事会之间的意见分歧也可能影响各个种植园之间的工资水平。从这个意义上说，阿萨姆地区的茶叶种植园行业是一个不受监管的行业。因此，没有一种收入指数适用于整个阿萨姆地区的茶叶种植园。在 1920 年至 1921 年的危机期间，这些过去存在的问题再次摆在了政府面前。印度政府迫切需要工资数据和历史趋势来反驳国内外对低劳动工资的批评，但它很快意识到统计数据是最糟糕的辩护手段。在一份机密报告中，阿萨姆政府的第二秘书在答复印度政府内政部时说："不可能编制统一、清晰和令人信服的统计数据，因为不同地区的情况各不相同，每个茶园或每组茶园都为自己制定了经验证明最合适的薪酬方法。"[②] 那么，这种方法究竟是什么呢？它对茶叶种植园里的工人又意味着什么呢？

以锄地和采摘工作为例来进一步分析"工作量制度"（hazira system）。在理想情况下，该制度应该是多劳多得。但事实并非如此。锄地工作通常由男性承担，使用的计量单位是"纳尔"（nal，约等于 12 英尺或 13 英尺）。锄地的方式分深锄和浅锄两种，深锄通常每年 1 次；浅锄每年则 5 次到 7 次。深锄的平均锄地面积约为 12~16 平方纳尔，浅锄的平均锄地面积约为 25~30 平方纳尔。尽管种植者轻锄估计需要 3~5 个小时，但这在很大程度上取决于劳动过程中无法控制的变量。例如，土壤的硬度、地形因素、工人的身体健康状况和种植园的状况（如整洁或多草木）都会影响每

---

① Behal, *One Hundred Years of Servitude*, p. 66.

② Letter No. 5842-F dated July 19, 1921, IOR/L/I&O/1449, Asian and African Studies, British Library, London.

日的劳动量，从而影响工人最终获得的收入。因此，管理者规定，确保最低工资的任务可以在 3~3.5 小时内轻松完成[1]，从而为劳动者留出时间来赚取计件收入，这实际上将收入差距化拉平到了一个统一的估计值。这些做法在阿萨姆地区的茶叶种植园中盛行了几十年，但在 1920 年至 1921 年的罢工期间受到了严格的审查。

采摘的问题显得更加复杂。通常情况下，采摘茶叶的数量通常以每磅 1 派士的价格来支付报酬，这一价格与所生产的茶叶种类密切相关。阿萨姆山谷北部的茶区，如邦达朗、勒金布尔和锡布萨格尔，这些地区出产的优质茶叶具有独特风味。因此精细采摘是当地的主要采摘方式。相反，苏尔马山谷南部的茶叶生产传统上更侧重于数量，因此采摘相对较为粗糙。但这些区别并不能说明采摘问题的全貌。采摘茶叶的主要单位是重量，而不是分配任务的完成情况。换句话说，按一天的最低工资计算，平均每个采茶工人需要采摘 20~24 磅茶叶。[2] 但是，在计算采茶重量时，会去除一些外部因素，比如，收集的秸秆和废料、篮子的重量以及"不受欢迎的茶叶子"都不会计入最终的采摘重量。甚至天气状况也会影响这些测量结果，过多的雨水和茶叶水分含量过高，会直接减少当天的收成和工人的收入。1921 年至 1922 年的阿萨姆劳工调查委员会报告称，在苏尔马山谷南部，扣减的叶子重量竟占采摘茶叶总重量的 25%~50%。这就意味着，在特别潮湿的日子里，妇女即便采摘了 24 磅茶叶却只能得到 12 磅左右的报酬。[3] 当然，不同工人的采摘能力很少完全一致，还会受到许多其他因素的影响，如健康状况（包括生殖健康）和技能水平等。

无论在理论层面还是实践过程中，最低工资的概念在阿萨姆地区的茶叶种植园中都显得意义不大。1921 年 10 月，在北锡尔赫特地区举行的一次会议上，会议成员明确提出："我们认为最必要的是按照比例制支付苦力的工资，对未完成任务的苦力，应支付较低的工资。"[4]

据称，正如本节开头所引用的副专员的观点，工人工资的"真正标准"

---

① *Report of the Assam Labour Enquiry Committee 1921–1922*, p. 33.

② *Report of the Assam Labour Enquiry Committee 1921–1922*, p. 33.

③ *Report of the Assam Labour Enquiry Committee 1921–22*, p. 34; also, Sirkar, "Coolie Exodus from Assam's Chargola Valley," p. 184.

④ *Report of the Assam Labour Enquiry Committee 1921–1922*, p. 57.

是无限的"赚钱机会"。① 但实际上，尽管法律有规定，可保障的共同收入在整个劳动力队伍中却是极为罕见的。我认为，这种差异性工资文化是1920年至1921年罢工期间工人产生不满情绪的主要原因。这些抗议活动向世界揭示了阿萨姆地区的种植园体系中那些不为人知的市场逻辑和法外逻辑。对茶叶行业来说，这当然是一种权宜之计的国际收支游戏。② 下面是1913~1920年八个主要茶区的男性和女性的月收入情况（见图6-2）。③

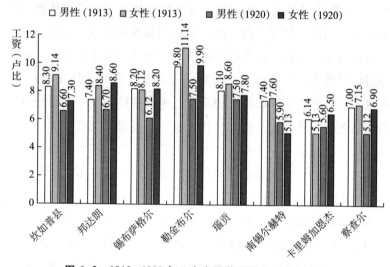

图 6-2　1913~1920 年八个主要茶区男女月收入情况

乍一看，这些数字似乎与我们上文讨论的种植园状况相吻合。因此，1920年布拉马普特拉河谷的收入情况呈现出稳定并略有增长的态势（尤其是女性）。而苏尔马河谷南部的收入（尤其是男性）的收入在战后经济不景气的背景下，要么趋于平稳，要么有所下降。在南锡尔赫特，1920年女性的收入出现了急剧下降的状况。同年，卡里姆加恩杰男性的收入也遭遇

① Vide letter no. 121M dated April 11, 1921, IOR/L/I&O/1449, Asian and African Studies, British Library, London.
② 茶园招聘模式与这些工资密切相关。在茶业泡沫期间，茶叶产业招募了近110376名劳工，而在1920年至1921年经济低迷前夕，该行业继续不加区分地雇佣劳工。在1918年至1919年，有近222171名男子、女性和儿童前往阿萨姆，汇编自 Annual Immigration Reports and quoted in Report of the Assam Labour Enquiry Committee 1921-1922, pp. 103-104. 在1920年至1921年，差别收入的概念，尤其是裁员、维持生计工资减少和作物限制计划的实施，使当时工人不满情绪增加。
③ Vide IOR/L/I&O/1449, Asian and African Studies, British Library, London.

了同样的命运。尽管这些指标看似能够直观地反映出一些现实情况，但这种统计数字所呈现出的结果，对现实的反映仍有一些遗漏和不足之处。首先，所使用的数据来源并没有明确说明"计件收入"是否包含在月度报表之中，因为在这一时期，"计件收入"是种植园主普遍采用的一种具有误导性的做法。1922年，《孟买纪实报》（The Bombay Chronicle）发表了一篇措辞尖锐的报道。揭露了将加班收入计入工资总额的丑闻。[1] 这一现象在1921年至1922年引起了阿萨姆劳工调查委员会的注意，委员会随后发表了类似的声明。其次，在阿萨姆地区的茶叶种植领域，由于不同茶叶种植园在农艺操作和管理模式方面存在着巨大的差异，建立统一的工资评估和制表方法，对于整个种植园系统来说毫无意义，甚至在现实中是不可能实现的。邦达朗地区的副专员曾向阿萨姆山谷的分区专员坦言，即使对其辖区内的一百多个种植园的工资表进行比较，最终得出的结果也很可能是错误的。[2]

1920年或1921年之后，阿萨姆地区茶叶工人的工资出现了新的竞争因素。当时，阿萨姆地区的茶叶工人的工资缺乏竞争力，而邻近油田的工人平均月薪可达12~15卢比，这种差距引发了诸多批评之声。面对这种情况，茶叶行业试图提出以"优惠"或补贴收入来应对质疑。他们认为管理部门为工人提供的生活必需品如医疗、住房、衣物、大米供应、木柴供应、节日休假、维修服务、供水保障和放牧权等，都应当被视为工人整体收入的一部分，这些收入必须予以考虑并计算在内。在他们看来，这些所谓的"免费福利"无论是物质层面的、社会层面的还是心理层面的，都相当于未申报的货币等价物，是其他地方的工人无法享受到的种植园福利。因此，一些茶叶公司开始将"特许权大米"列为种植园的"损失"，试图以抵消有关赔偿不足的指控。然而，邦达朗地区的副专员莱恩（A. J. Laine）认为，如果将这些"补偿津贴"计算在内，那么他所在地区的劳工的工资总额在1913年至1920年至少增长了35%。[3] 然而，正如我们在下文中看到的，这种推理方式存在着深刻的悖论。无论如何，"前园种植

[1] "Planters' Dominion," The Bombay Chronicle, November 4, 1922, IOR/L/E/7/1181, no. 57, Asian and African Studies, British Library, London.

[2] Vide letter dated June 7, 1921 in IOR/L/I&O/1449, p. 6.

[3] Vide letter dated June 7, 1921 in IOR/L/I&O/1449, p. 6.

设施"（Ex-garden Cultivation） 一直是种植者和茶叶管理者在宣传种植园生活时最喜欢使用的一种比喻，他们将种植园生活描绘得"令人向往"且"有利可图"。① 实际上，劳工确实占用了茶叶种植园内部或附近的大量土地。据估计，1920 年至 1921 年，有近 126951 英亩的土地被劳工占用。② 从管理者的角度来看，他们认为工人利用"租让地特许权"所获得的额外收入应当纳入总工资中，无论是实际工资还是承诺给予的工资。然而，现实情况要复杂得多。首先，各省可用的农业用地差异很大。例如，在阿萨姆河谷北部地区存在着大量未征用的荒地，这些荒地为劳工定居和耕种提供了可能；而苏尔马山谷的茶园，则几乎将可耕种的土地全部用于茶树种植。其次，即使从理论上讲，劳动者也只能在种植园的工作时间之外进行耕作。这种情况可以被视为一种"计件收入"。再次，这些土地通常要支付租金，租金额度从 8 安纳 1 比卡（bigha）（1/3 英亩）至 2 卢比 1 比卡不等。最后，正如阿萨姆劳工调查委员会在 1921 年至 1922 年所做出的最终判断的那样，面对固定工资和日益增长的生活成本，种植农作物已经成为定居劳工的生活必需品，而非奢侈品。③ 正如甘地所说："牧场对苦力来说，就像呼吸一样，不可或缺。"④ 阿萨姆劳工调查委员会在其最后的报告中含糊其辞地表示，种植园主不能以副业收入为借口和承诺，就将种植园劳工的工资维持在较低水平。⑤ 我们有理由相信，在 1920 年至 1921 年罢工之前的许多年里，这种做法实际上一直存在。

种植园主将劳工利用"租让地特许权"所获得的收入视为额外收入的理论，充满了深刻的讽刺和矛盾。从法律层面来看，尤其是《1901 年第 6 号法案》（Act VI of 1901）的第 132~136 条规定，种植园主和茶叶公司必

① *Evidence Recorded by the Assam Labour Enquiry Committee 1921-1922.*

② 汇编自 *The Resolution on Immigrant Labour for 1920-1921*, Statement X, Assam State Archives, Guwahati。

③ 邦达朗地区的副专员自己也曾提到，在 1913 年至 1920 年，该地区的生活成本几乎上涨了 100%；Vide IOR/L/I&O/1449. 而根据孟加拉商会（The Bengal Chamber of Commerce）的计算，这一数额约为 139.95%，参见 *Report of the Assam Labour Enquiry Committee 1921-1922*, pp.68-69。

④ M. K. Gandhi, "A Planter's Letter," in *Young India*, June 29, 1921 reprinted in *The Collected Works of Mahatma Gandhi*, Vol. XX, April-August 1921 (Delhi: Govt. of India Publications Division), p.299.

⑤ *Report of the Assam Labour Enquiry Committee 1921-1922*, p.71. 事实上，阿萨姆劳工调查委员会（ALEC）在 1906 年也发出过类似的警告。

须为劳工提供健康、卫生、住房和大米等方面的保障。但正如我们在第四章中已经看到的，在阿萨姆地区的茶叶种植园里，监管和资本的暴利之间的关系并不稳定。《1901 年第 6 号法案》在 1908 年被废除，《1901 年第 8 号法案》在 1915 年被废除，这些规定实际上已经终止。随着茶叶价格的下跌和库存的增加，种植园主们仿佛找到了一个合适的时机，将福利条款归类为"特许权"。正如阿萨姆劳工调查委员会在 1921 年至 1922 年所指出的，该术语本身的起源相对较晚。[①] 可以肯定的是，种植园额外特权的诡辩一直是种植园主最喜欢用来证明固定工资合理性的有效手段，尤其是在战后的经济衰退时期，这种手段更是重新流行起来。然而，这一矛盾依然存在。如果所有这些所谓的特权都有现金价值并因此也有价格——那么种植园主又如何将其作为收入转嫁给劳动者呢？在这方面，种植园主陷入了僵局。虽然理论上操作很容易，但实际应用中却面临着诸多困难。

首先，只有部分"福利"（如大米）可以计算出其等值的货币价值。至于其他"福利"，如住房，情况则要复杂得多。这是因为住房的提供因种植园规模、劳动力数量、地理位置和生产需求的不同而不同，这意味着，将管理费用的"价值"标准化处理是不可能的，甚至是无利可图。在这里，相关的争论仿佛绕了一圈又回到了原点。因为无论是何种形式的"福利"，其背后支付现金等价物的负担，最终落在了雇主，也就是说种植园主身上。因此，虽然建议将"特许权"作为隐性收入是权宜之计，但最好也就到此为止。当然，从实用的角度讲，劳工仅仅依靠"吃"、医疗保健和住房这些"特权"，是远远无法正常生活的。

尽管存在上述种种矛盾，种植园主和印度茶叶协会依然坚持将"额外收入"作为未计算的劳动工资。在 1921 年至 1922 年的调查听证会上，当阿萨姆劳工调查委员会的成员提出以现金替代"福利特许权"的做法时，茶园的管理者却表示反对。他们认为劳工的智力尚处于萌芽阶段，无法理解将这些福利转换成现金的做法。帕尼托拉茶园（Panitola Tea Estate）的经理在阿萨姆劳工调查委员会上陈述："普通劳工在智力方面还是个孩子，

---

① *Report of the Assam Labour Enquiry Committee 1921-1922*, p. 21.

他的思考必须由别人代劳。"① 种植园主还认为，用现金支付劳工日常开支的做法会增加"苦力收入"，进而对劳工的生产效率产生反作用。邦达朗地区的副专员更是坚信，增加工资会导致旷工率的上升，同时"酗酒事件"也会随之增加。② 家长式理论也支持了这些观点。茶园的管理者们证实，间接报酬使劳工与雇主的接触"更密切"，并为他们之间的关系增添了"个人色彩"。在他们看来，取消种植园生活的这一"必要"特征是绝对"不可取的"。③

将劳工利用"特许权"所得视为额外工资的观念，在各方面都暴露出了明显缺陷。从政府管理者的角度看，1920 年至 1921 年危机期间，这一理论既方便又必要，他们借此来证明阿萨姆地区的茶叶工人的收入远低于其他地方的工人。但在实践中，大多数种植园主反对将"特许权"转换为现金津贴。他们不愿意在整个阿萨姆地区范围内统一规定所有工人的额外收入，因为这可能会打破现有的利益格局。在这一过程中，更多的逻辑问题被揭示出来。人们发现，劳动者几乎从未享受过茶叶利润的"红利"。种植园主和代理商辩称，由于苦力们普遍缺乏教育，他们的头脑如同"婴儿般"，无法区分丰收年和歉收年的区别。在谈到当前危机时，勒金布尔地区的副专员科斯格雷夫（W. A. Cosgrave）强调说，工人无法理解价格波动，种植园主在市场低迷时未能支付佣金，可能会成为引发劳工不满的另一个潜在因素。④ 瑙贡副专员建议，最好不要向工人介绍这一概念，以消除他们内心"想象中的"不满情绪。他认为，让所有员工——无论能力高低，都分享公司的意外之财是不公平的。而且，根据完成的工作量按比例发放奖金也是不可行的，因为这将需要进行"大量不必要的计算"。⑤ 尽管有这些理由，但提高工资并不总是由种植园主直接控制的。1920 年至 1921 年的危机及其后续的调查，凸显了种植园主、加尔各答代理商和伦敦办事处的管理者之间紧张且不稳定的关系。例如，据报道，在 1919 年，多奥姆

---

① *Report of the Assam Labour Enquiry Committee 1921–1922*, p. 29.

② DC. Darrang to the Commissioner, Assam Valley Districts Division, vide IOR/L/I&O/1449, p. 9.

③ Cachar Sub-Committee reply to Question 73, 引自 *Report of the Assam Labour Enquiry Committee 1921–22*, p. 29.

④ W. A. Cosgrave to the Commissioner, Assam Valley Division, dated April 19, 1921 quoted in *Evidence Recorded by the Assam Labour Enquiry Committee*, p. 112.

⑤ Vide letter no. 121M dated April 11, 1921, IOR/L/I&O/1449, p. 19.

多奥马茶叶公司（Doom Dooma Tea Company）的伍兹先生（Mr. Woods）曾提议提高劳工的工资，但这一提议被伦敦董事会立即驳回。[1] 实际上，就连印度茶叶协会也承认，在茶叶事务的运作过程中，茶园管理者和茶叶代理商之间存在"薄弱环节"，且缺乏信任。[2]

在结束关于工资文化的讨论时，我们还需要对阿萨姆地区的茶叶种植园中的法律或违法行为发表一些看法。与劳工健康一样，有关工人赔偿的法律指令也常常被有选择地、权宜性地采纳。长期以来，种植园主一直在篡改最低工资的原则，而刑罚控制则是他们所渴望实现的立法特征。到20世纪初，《1901年第6号法案》所授予的"无证逮捕权"已经成为阿萨姆地区臭名昭著的管理标志。表面上看，刑罚权力似乎赋予了种植园主对劳动力更大的控制权，但这一做法一再被指责为该地区的劳工招募问题的根源。随着1908年该法案的失效和1915年的修订，种植园主和代理人迅速转向另一项法律——《1859年第13号法案》的"有利特征"。但这种做法在某种程度上是个悖论，因为《1859年第13号法案》实际上禁止在没有逮捕令的情况下进行刑事逮捕。不过事实上，起诉会终止工人的劳动合同。但是，为什么种植园主更愿意使用该法案呢？1920年至1921年经济危机后的调查显示，即使是《1859年第13号法案》也被雇主用来谋利，这背后存在着诸多值得深入探讨的问题。首先，人们发现惩罚性合同仍在执行。正如《孟买纪实报》（The Bombay Chronicle）所述："这是一个在民事合同中任意执行刑法的案例……资本家们假装上帝，假装点头。"[3] 换句话说，虽然《1901年第6号法案》在文字上已经失效，但种植园主继续根据《1859年第13号法案》签订的劳工契约合同，来践行其背后的精神实质。尽管加尔各答当局完全知情，但没有解释为什么允许这样做。其次，人们还发现，《1920年第12号修正法案》明确禁止的超过一年的协议被公然使用。1921年至1922年的阿萨姆劳工调查委员会的报告指出，茶叶公司经常假装对这项最新立法毫不知情，雇佣工人的时间从626天到939天

---

[1] "Note on Labour Conditions in Lakhimpur District," in *Evidence Recorded by the Assam Labour Enquiry Committee 1921-22*, p. 109.

[2] *Detailed Report of the General Committee of the Indian Tea Association for the Year 1921*, p. xi, Mss Eur. F 174/612, Asian and African Studies, British Library, London.

[3] *The Bombay Chronicle*, November 4, 1922, IOR/L/E/7/1181, no. 57.

不等。更有甚者，据称阿萨姆公司在执行这些非法合同时，还向其职员和会计支付了佣金。①

种植园主和代理人则辩称，《1859 年第 13 号法案》具有"道德效力"，可以将劳工束缚在他们的种植园里。然而，这种委婉的说法，在日常现实中却揭示了更多不为人知的隐情。事实证明，作为《1859 年第 13 号法案》协议的一部分，种植园主精心设计了一套"合同奖金"制度。根据这项制度，种植园主对茶园经理预付一次性现金（金额从 10 卢比到 24 卢比不等），以此来代替签订合同。有时，种植园主还提供实物福利，但这些福利并不是出于慷慨而给予的。虽然各个种植园的政策各不相同，但在不支付奖金的情况下，种植园主最终都会以扣减工资和延长合同的方式来"收回"奖金。从某种意义上说，这种以现金支付合同的方式对工人来说是一种双重束缚：一方面，它给工人带来了财富的幻觉；另一方面，它篡改了工人们的实际工资，将他们与永无止境的管理债务循环捆绑在一起。在阿萨姆劳工调查委员会调查期间，出现了许多关于"无法收回"的预付款项的诉讼和监禁案例。因此，毫不奇怪，大多数种植园主在这些罢工事件之后，强烈反对政府提出的废除《1859 年第 13 号法案》的提议。

然而，《1859 年第 13 号法案》的"正式"终结已经为时不远。在法案废除的过程中，尽管遭到了种植园主和印度茶叶协会的强烈反对，印度政府最终还是在 1926 年撤销了该法案在阿萨姆地区的应用。随着该法案的废除，阿萨姆地区的茶叶种植园长期存在的劳工契约招募历史也宣告终结。1920 年至 1921 年发生的事件至关重要，它们揭示了茶叶产业在市场规则和法律规范之外的运作状况。

茶叶与政治

查戈拉危机发生前后，民族主义报刊上出现了一首据说是阿萨姆地区的茶叶工人的歌曲：

---

① *Evidence Recorded by the Assam Labour Enquiry Committee 1921-1922*, p. 79.

"英国人"也许会说，

我们在那里很幸福和快乐，

但我们却日日都在挨饿，

上帝知道我们像狗一样生活。

……

尽管我们被困在钱德普尔，

但我们仍然感受到自由的喜悦，

摆脱了种植园主的魔爪，

以及他们贪婪的胃口。

高呼"甘地万岁"，振作起来，

兄弟们，在自由的号召下继续前进吧。①

1920 年至 1921 年的大罢工具有不容低估的历史意义和深远影响。它们不仅加速了契约劳工制度在阿萨姆地区的终结，还为 20 世纪 30 年代中期出现的更多有组织的工会活动奠定了基础。国大党领袖达斯（C. R. Das）强调说，这次罢工行动并非与劳工和政治无关，具有"全国性"的意义。②当然，尽管种植园主和加尔各答政府试图将工资和外部"影响"作为这些"骚乱"的性质和根源，但是这种观点是片面的。

正如我所论述的那样，1920 年至 1921 年的大罢工不能局限于这些表面原因。首先，这场危机以及政府为维持秩序所采取的措施，并非源于其宣称的民族主义意图，也没有明确表现出受到全球劳工运动状况和工人团结的影响。这些抗议活动并非外部政治因素的影响，而是茶园内部的政策所引发。尽管"甘地的影响"、"全国罢工"、"古尔卡暴行"和"工人觉醒"等说法能引起共鸣，但它们掩盖了导致阿萨姆劳工贫困化和劳工产生反抗的多重因素及隐藏在背后的种植园逻辑，包括法律、工作文化、收入差异和作物农艺学等问题。

研究这些抗议活动的殖民主义者、民族主义者和历史学者常常陷入对罪责和起因的指责游戏中。特别是在钱德普尔事件中，公众舆论和孟加拉

---

① "The Cooly's Song," *The Amrita Bazar Patrika*, June 17, 1921.

② Chatterjee, "C. R. Das and the Chandpur Strikes of 1921," p. 189.

政府的回应主要集中在 1921 年 5 月 20 日晚是否应该派遣古尔卡士兵对付无辜的茶工这一焦点上。民族主义者的愤怒主要针对政府这一行为的"丑闻"以及政府此后在遣返受伤工人时的冷漠态度。例如，孟加拉立法委员会的拉伊·拉达·查兰·帕尔·巴哈杜尔（Rai Radha Charan Pal Bahadur）曾向孟加拉政府建议，任何调查该事件的委员会都必须深入调查为什么士兵被雇佣对付苦力，找出应该对此负责的人员，并采取措施防止此类暴行再次发生。[①] 在危机发生之后，政府并没有制定任何决议对导致危机的种植园的实际情况进行评估。1921 年 6 月 24 日，《甘露市场报》（The Amrita Bazar Patrika）的一篇报道同样猛烈地抨击了"暴行的动机和根源"，但并未深入探讨事件背后的深层次原因。目前看来，关于钱德普尔事件的多数信件都很少提及苏尔马山谷的茶叶经营机制，以及为何会有 3000 多人被迫立即离开。正如安德鲁斯牧师从他的亲身经历中敏锐地观察到的那样："仅仅排除士兵镇压是不可能达到如此悲惨的境地的。"[②] 事实上，民族主义媒体对 1920 年阿萨姆北部山谷的劳工抗议活动几乎只字未提。

事实证明，围绕 1920 年至 1921 年事件的因果关系解释具有一种"自私"且限制性的特点。这些解释试图"修复"和标记事件的起源，从而转移了人们对导致工人饥饿和失业的普遍存在的非法、农业和种植园结构的关注。例如，一份政府报告竟然将这些抗议活动的发生归咎于"招募的劣质苦力"。[③] 这个说法暗示着新引进的工人无法适应当地的条件、工作文化和疾病环境，从而为国大党的煽动者提供了可乘之机。另一种说法则将 1918 年至 1919 年的流感疫情作为苦力"无法公平工作一天或赚取足够的生活工资"的原因。[④] 这种"方便"的流行病学借口，将罢工的原因从工作制度转移到了种植园主无法控制的外部因素上。即使是围绕工资的辩论，也未能触及问题的核心。辩论主要集中在劳动者的工资是否过低，却忽略了他们获得工资的具体方式，以及谁能在阿萨姆地区的种植园中有效地赚取收入。关于劳工起义的史学研究同样存在片面性。这些事件不仅与

---

① "Bengal Legislative Council: Some Important Resolution, Committee on Chandpur Incidents," *The Amrita Bazar Patrika*, July 2, 1921.

② "Causes of Exodus: Mr. Andrew's Experience," Associated Press of India, May 27, 1921 in *The Amrita Bazar Patrika*, May 28, 1921.

③ *Report of the Assam Labour Enquiry Committee 1921–1922*, p. 12.

④ *Report of the Assam Labour Enquiry Committee 1921–1922*, p. 12.

工人团结有关，也不是简单的"甘地对原始思想的影响与一种萌芽的阶级斗争之间相互作用"的产物。[1]

1920年至1921年的劳工斗争是阿萨姆地区的茶叶种植园历史上的一个重要分水岭。然而，政治时机、民族主义目标和因果关系的论述，并不能完全解释为何这一时期及其后的抗议活动激怒了印度政府、种植园主和印度茶叶协会。在我看来，这些抗议行动揭开了一个复杂且精心设计的超越市场、非正式和非法操纵工资结构、作物经济和工作文化的网络现实，而这正是阿萨姆地区的茶叶企业的运作模式。虽然这种商业文化已经存在了几十年，但战后的特殊危机加剧了它对阿萨姆地区劳工生活和身体的控制，并最终导致了这一时期工人的普遍不满。阿萨姆地区政府和英帝国对于评估、管理和控制局势的焦虑，充分证明了阿萨姆地区种植园制度的不公正运作已经暴露于公众视野。最终，1920年至1921年的危机凸显了印度东部的茶叶种植园中，经济、生态和劳动生活存在着密不可分的关系。

---

[1]　Amalendu Guha, *Planter Raj to Swaraj*, p. 108.

结 论

1920 年至 1921 年的罢工是否使阿萨姆地区的茶叶工人的工作条件得到了长期改善，1926 年契约制度的消亡和令人生畏的《1901 年法案》的撤销，是否预示着种植园工作文化、工资和劳工健康的永久性改变，本书所探讨的流行病学、意识形态、环境、法律和经济方面的争论，是否在第一次世界大战之后最终得到了解决，茶虫是否被彻底消灭了？通过对印度独立前几十年茶叶企业状况的调查，以及对当前茶叶企业运作情况的调查发现，情况并非如此。这些问题在阿萨姆地区的种植园世界中长期存在且悬而未决。

尽管在两次世界大战期间以及之后，阿萨姆地区的茶叶产业经济保持稳定，尽管茶叶产业在 20 世纪 30 年代遭遇了严重衰退，但阿萨姆地区在 1929 年的茶叶出口量仍占印度茶叶出口总量的 40%以上。在同一时期，仅茶叶产量这一项就占英属印度出口总额的近 8%。[①] 当时，阿萨姆地区雇佣的劳动力数量占印度次大陆的种植园劳工总人数的一半以上。本书指出，阿萨姆地区的茶叶种植园之所以能取得如此成就，一个重要因素是殖民地政权对私人投机者慷慨地授予土地，这在很大程度上造就了茶叶行业在阿萨姆地区所享有的特殊的、不受监管的地位。这不仅巩固了"种植园主的统治"的经济影响力，还对农民化、土地定居和垦殖、疾病环境、野生动物迁徙、法律控制以及茶叶企业与政府之间权力关系产生了深远影响。[②]

---

① *Report of the Royal Commission on Labour in India* (London: His Majesty's Stationery Office, 1931), p. 352。

② 关于这些问题，参见 Amalendu Guha, *Planter Raj to Swaraj: Freedom Struggle and Electoral Politics in Assam, 1826-1947* (New Delhi: ICHR, 1977); Guha, *Medieval and Early Colonial Assam* (Calcutta: K P Bagchi & Co., 1991); Arupjyoti Saikia, "State, Peasants and Land Reclamation: The Predicament of Forest Conservation in Assam, 1850s-1980s," *Indian* （转下页注）

1930 年，印度皇家劳工委员会（Royal Commission on Labor in India）发现，在种植园机构拥有的 164.8 万英亩土地中，只有略多于 25%（约 43 万亩）的土地得到了实际耕种。[1]70 年后，阿萨姆地区的财政部长指控茶叶行业非法占用了 3050 多公顷的优质农田。[2] 据报道，当茶叶公司在面临巨额罚款的威胁时，竟声称无法提供土地记录，而原因是这些记录要么无法获得，要么被扣留在了伦敦。虽然 2003 年的这场政治争端不在我们的研究范围之内，但这里要强调的是，尽管 1947 年之后印度接管了茶叶种植园的运营，但是这些殖民地时期遗留的问题，依然未能得到妥善解决。[3]

本书还进一步揭示，阿萨姆地区的茶叶企业从未遵守过标准化程序，这种特殊的"例外状态"，既是制度层面某种程度的认可，也是企业自身有意为之的结果。殖民地政府通过立法和税收优惠等形式，满足了茶叶企业的特殊要求。但在工资操纵、工人福利或劳工控制方面，茶叶企业却自行其是，常常采取非标准甚至不合法的手段。研究表明，这些茶叶种植园中存在着一些不太明显，却在历史上被长期忽视的形式和遗产，包括但不限于资源管理、劳动关系、法律遵守和社会影响等多个方面，这些形式对当地的生态系统、野生动物迁徙规律、社区结构稳定性、文化和经济发展，产生了深远影响。例如，在确定劳动责任或逃税问题上，茶叶行业对"工业"和"农业"等类别的划分存在权宜使用和滥用的情况，这种做法不仅是对法律的践踏和侵犯，而且令人惊讶的是，他们还很少因此受到应有的惩罚。企业为了自身的利益操纵茶叶生态的特殊性，这种操纵在工人补偿方面表现得尤为突出。此外茶叶行业还创造了一个疟疾和害虫肆虐的空间，这无疑是"不受监管"问题的又一有力证明。

（接上页注②）*Economic and Social History Review* 45, 1（2008）: 77-114, Saikia, "Forest Land and Peasant Struggles in Assam, 2002-2007," *Journal of Peasant Studies* 35.1（2008）: 39-59, and Debarshi Das and Arupjyoti Saikia, "Early Twentieth Century Agrarian Assam: A Brief and Preliminary Overview," *Economic and Political Weekly*, Vol. 46, No. 41（October 8-14, 2011）: 73-80。

[1] *Report of the Royal Commission on Labour in India*（London: His Majesty's Stationery Office, 1931）, p. 350.

[2] Udayon Misra, "Assam Tea: The Bitter Brew," *Economic and Political Weekly*, Vol. 38, No. 29（July 19-25, 2003）: 3029-3032.

[3] 用人种学的方法（ethnographic treatment）来研究这些问题，参见 Piya Chatterjee, *A Time for Tea: Women, Labor, and Post/Colonial Politics on An Indian Plantation*（Durham, NC and London: Duke University Press, 2001）。

茶叶行业将自己定位为"农业"而非"工业"，这种定位策略对其在税收和法律执行方面产生了显著影响。就阿萨姆地区的茶叶种植园而言，印度皇家劳工委员会的调查结果揭示出，茶叶行业在法律运用方面中存在两个类别，而这两个类别的使用情况较为松散，并且在实际运用中也存在滥用的情况。虽然阿萨姆地区在官方报告中多次被归类为农业省，但实际情况并非如此，阿萨姆地区在 1929 年注册的工厂总数为 591 家，其中有 549 家位于茶叶种植园内。[①] 尽管如此，拥有茶园的生产单位经常被排除在《印度工厂法》（*Indian Factories Act*）的管辖范围之外。例如，在工厂环境与设施的相关规定方面，《印度工厂法》对工厂内卫生设施的配备有明确要求，但在茶叶行业中这一规定却被放宽了。同样，在工业高粉尘区，要求企业必须提供通风设备和风扇，这一要求在种植园区也被放宽了。同样地，虽然《印度工厂法》禁止雇佣儿童从事工业工作，但在阿萨姆地区的种植园中，经常以农业工为借口让 7~9 岁年龄组的童工做茶叶加工。[②] 在工资支付机制方面，茶叶行业也存在诸多不规范的行为。如前文所述，当时茶叶行业的工资支付机制具有临时性的特点，且各个茶叶种植园之间的工资制度不尽相同，包括计件工资和任务工资等形式。当印度茶叶协会和种植园主代表在印度皇家劳工委员会面前讨论规范茶叶行业的工资支付机制问题时，他们再次援引了"农业"和"工业"这两个类别。他们在印度皇家劳工委员会面前作证说，固定工资对"农业劳动力"来说是闻所未闻的，是一种例外情况，这样的措施更适合用于组织不健全的"血汗工业"。[③]

茶叶企业宣称自身秩序时，往往给人一种规范有序的印象，与实际操作之间存在巨大差异。许多非市场的、非法律的，甚至非人类的策略和手段都被运用到茶叶种植园的管理中，而这些行为与这些声明背道而驰。尽管有关阿萨姆地区的茶叶种植园的劳工史料中充斥着关于残暴权力结构的细节，这些权力机构将劳工和茶叶利润牢牢控制在手中，但茶业行业和政

① Vide *Royal Commission on Labour in India*, Evidence, Vol. Ⅵ［Assam and the Dooars］（London：His Majesty's Stationery Office, 1931），p. 8.

② Vide *Royal Commission on Labour in India*, Evidence, Vol. Ⅵ［Assam and the Dooars］（London：His Majesty's Stationery Office, 1931），p. 205.

③ *Report of the Royal Commission on Labour in India*, p. 403.

府对这一问题的法律疏忽并非无足轻重。事实上，正如我们所看到的那样，殖民政府在对待茶叶种植园劳工问题上，会根据具体情况选择干预或袖手旁观。这种"不受法律监管"的状态，构成了上述例外状态的一个独特组成部分，并且在特定时刻会被尖锐地揭露出来。一位代表茶叶招募利益集团的证人曾向印度皇家劳工委员会作证，指出《1901 年第 6 号法案》中有几项条款的有效性值得怀疑，声称"只需将其提交最高法院一次，它的许多空洞之处就会立即暴露无遗"。① 尽管劳工调查委员会承认了这些问题，也建议进行彻底改革，但法律弹性仍然是阿萨姆地区茶叶种植园得以维持现状的必要条件。当地媒体和文学作品对印度这个因茶叶种植园而声名狼藉的国家进行了尖锐批评，英国下议院也定期举行了关于"奴隶制在英国统治地区的回归"的辩论，但这些努力都未能改变现状。由于缺乏标准化、准确性或完整性的统计数据，各个茶叶种植园运营的许多方面都无法准确了解，如劳工死亡数字、种植面积、工人收入、工资支付方法、工人人口、作物年龄等数据都不完整，这意味着几乎不可能对阿萨姆地区的经济状况做出统一且准确的描述。在这种充满变数的环境中，法律成为一种方便的托词，一方面，它可以被用来支持公司利润，例如，通过制定严格的惩罚条款来约束劳工行为，保障种植园主的利益；另一方面，它可以被用来直接追究责任，例如，制定工人卫生法规，以满足形式上的合规要求。这些茶叶种植园的显著特点是，它是一个真正的四分五裂、自由竞争的体系，无论是种植园主、茶叶代理机构还是工人，都各行其是。虽然在危急时刻、年度会议和财政紧急情况下，会出现茶叶行业团结的假象，或者默认加入一个总的实体，如印度茶叶协会或其在阿萨姆地区的分支机构，但直到印度独立前几年，工人一直无法享有这种工会所赋予的特权。可以肯定的是，代表劳工利益的工会的雏形直到 1943 年前后才在阿萨姆地区出现。②

本书还提醒读者注意意识形态在种植园经济中所发挥的作用。这绝不是一个善意的抽象概念，其自我宣称的任务也不局限于在阿萨姆地区进行的植物学"改良"。在整个殖民地时期，乃至后殖民时期，一种精心设计

---

① *Report of the Royal Commission on Labour in India*, p. 364.

② Guha, *Planter Raj to Swaraj*; and Rana Partap Behal, *One Hundred Years of Servitude*: *Political Economy of Tea Plantations in Colonial Assam* (New Delhi: Tulika Books, 2014).

的"知识萌芽话语"将劳工无法代表自己的假定合法化。[①] 这种现象在种植园主、印度茶叶协会、行政人员、卫生专家以及后来的工人代表和省级政府的舆论中表现得尤为明显。这些声音经常淹没了工人自身对种植园生活和所处时代的真实看法。正如一位目击者毫不避讳地对印度皇家劳工委员会说的那样："苦力向公民的演变只有在政府的强制下才有可能实现。"[②]因此，在处理有关劳工健康、卫生、补偿、福利和整体福祉的资料时，我们必须清楚地认识到，要想不经中介而直接了解这些情况，尤其是殖民时期的情况，既不可能，也不符合历史事实。本书对殖民地和所谓"精英"资料来源存在一定的依赖，本土资料来源又相对稀缺，这都证明了这一现实。这里的主要任务是强调茶叶种植园中存在许多模糊、沉默、矛盾和不规则之处，这些都涉及对种植园劳动力的两种极端描述：一方面，劳工要么被描绘为处于完美的管理之下享受着所谓的"幸福状态"，要么被刻画为长期遭受种植园主的持续暴政；另一方面，劳工又被认为"没有能力，对变革麻木不仁"。这两种观点都无助于理解阿萨姆地区的劳工贫困化和控制机制的形成过程、实施方式，以及为确保这种成功控制所采用的具体手段。对于茶叶企业来说，这些策略涉及政治、农艺学、流行病学和法律等领域。

当然，"进步"理论在印度东部的实际应用中也充满了矛盾性。从流行病学的角度来看，茶叶经济给阿萨姆地区留下了毁灭性的遗产。茶叶种植园里的疟疾、黑热病和霍乱等疾病生态，是法律疏忽、环境干扰和不计后果地牟取茶叶暴利等多种因素共同造成的结果。1930 年 1 月 4 日，拉巴克医疗机构（Labac Medical Practice）的医务官拉姆齐（G. C. Ramsay）博士向印度皇家劳工委员会作证说："阿萨姆地区的大部分疟疾都是人类在

---

① 考虑到教育或卫生问题时，种植园主和卫生学家经常将劳动阶级描述为一个原始种族（primitive race），只满足于维持生计和低水平的生活标准。即使到了 2003 年，茶农子女的儿童初等教育比例仍维持在 10% 的低水平。超过 15% 的茶园没有初等教育设施。引自 Misra, "Assam Tea: The Bitter Brew," pp. 3030-3031. 在这方面，印度皇家劳工委员会提出了一个有趣的悖论：种植园主经常抱怨工人天生对自己的教育的"冷漠和敌意"，但又以他们"婴幼儿般"的智力低下为借口拒绝工人参加工会。参见 *Royal Commission on Labour in India*, *Evidence*, Vol. Ⅵ［Assam and the Dooars］, pp. 182-183。

② *Royal Commission on Labour in India*, Evidence, Vol. Ⅵ［Assam and the Dooars］, p. 183.

不知不觉中造成的。"① 拉姆齐明确指出，茶叶投机商肆无忌惮地侵占林地、大规模砍伐树木，同时企业在建设灌溉和堤防工程时也缺乏合理规划，这些行为使得阿萨姆地区的微小疟蚊数量呈指数级增长。对于茶树来说，其成功生长所需的微气候条件，招致了大量害虫滋生，进而导致茶叶产量减产和茶叶口感的下降。如果茶叶害虫至今仍然是困扰种植园主和管理者的难题，那么控制和根除茶虫的方法则带来了新的问题，尤其在有害杀虫剂和除草剂的广泛使用后。

事实上，在殖民地时期，茶叶经济对阿萨姆地区的农业发展影响甚微。即使在 1947 年茶叶种植园的所有权转移到印度人手中后，这种状况也没有得到显著改变。阿萨姆议会在 1976 年成立的就业审查委员会的第五次报告中讽刺性地指出，布拉马普特拉河流域的 620 个茶园中，几乎所有管理职位都由"邦外人士担任……既没有公开招聘广告，也没有通过职业介绍所"。② 据报道，在 1980 年，阿萨姆地区从占比达 60% 的茶叶利润中所获得的农业税收入微乎其微，而同期，阿萨姆地区从其 756 个茶园销售的茶叶中获得的销售税仅为 2.2 亿卢比。③ 与之形成鲜明对比的是，邻近的西孟加拉邦通过加尔各答的茶叶拍卖中心净赚了近 4.2 亿卢比的税款。④ 由于几乎所有大型茶叶公司的总部都设在印度的首都新德里（New Delhi），这种布局使得阿萨姆地区在印度独立后的商业格局中被归类为"殖民腹地"（colonial hinterland）。正是源于这种被总部设在新德里的新殖民主义权力结构在经济层面轻视和榨干的焦虑，使阿萨姆地区在 20 世纪 70 年代末掀起了持续的争取自决权⑤的运动，而在这

① *Royal Commission on Labour in India*, Evidence, Vol. Ⅵ, Part Ⅱ, p. 10.
② Tilottoma Misra, "Assam: A Colonial Hinterland," *Economic and Political Weekly*, Vol. 15, No. 32 (August 9, 1980): 1357-1364.
③ 在印度的计数系统中，1crore 约等于 10000000 或一千万——译者注。
④ Tilottoma Misra, "Assam: A Colonial Hinterland," *Economic and Political Weekly*, Vol. 15, No. 32 (August 9, 1980): 1359-1361.
⑤ 又称阿萨姆运动（Assam Movement）或者"反外国人运动"（Anti-Foreigners Agitation），是 1979 年发生于印度阿萨姆邦的一场民众起义，要求印度政府侦查、剥夺非法外国人的权利并将其驱逐出境。这场运动由全阿萨姆学生联盟（All Assam Students Union）和全阿萨姆邦人民大会（All Assam Gana Sangram Parishad）领导，经历了长达六年的持续非暴力反抗运动、政治动荡和广泛的种族暴力。最后，该运动以 1985 年签署的《阿萨姆协定》（Assam Accord）作为结束——译者注。

场运动的后续发展中，分离主义的激进主义①也随之诞生。② 茶叶行业所谓的"进步"议程，虽然在某些方面取得了一些成就，但其长期影响可以说是严峻的。

茶虫之谜？

关于全球种植园叙述的一部分，昆虫、微生物和杂草虽然并不是那么完美的"主角"，但它们在整个生态系统中扮演着重要的角色，理应占据一席之地，因为它们对茶叶的生产和健康有着直接而深远的影响。③

种植园管理和害虫生物学犹如一枚硬币的两面。尽管早有相关人士敏锐地意识到种植园管理和害虫生物学问题的重要性，并发出警告，但印度茶叶协会直到 1889 年才开始认真评估这一问题，并任命哈罗德·曼恩（Harold H. Mann）为首席科学官。1904 年，曼恩在上阿萨姆的哈雷阿卡（Heeleeka）建立了一个功能齐全的实验站，旨在评估茶叶的种植方法和施肥技术，并为种植者提供昆虫学培训，以确保作物健康生长。在 1911 年的年会上，印度茶叶协会主席在演讲中指出，茶叶总产量实现了显著增长，从 1903 年的 400 磅提高到 1909 年底的 487 磅。他强调，这一成绩与科学

---

① 指 20 世纪 70 年代发生于阿萨姆地区的一系列叛乱和分离主义运动（Assam separatist movements），起因是印度政府忽视政治、经济、社会和文化问题，以及来自孟加拉国的非法移民与土著阿萨姆人之间的关系愈发紧张。阿萨姆联合解放阵线袭击了讲印度语的移民工人，主张脱离印度共和国，它试图通过阿萨姆土著和移民穆斯林的圣战斗争，建立一个伊斯兰国家。这场冲突导致阿萨姆联合解放阵线 12000 名成员死亡——译者注。

② 参见贾耶塔·夏尔玛的最新研究 Jayeeta Sharma, *Empire's Garden: Assam and the Making of India* (Durham, NC and London: Duke University Press, 2011), especially Part II；另请参阅 Sharit K. Bhowmik, "Ethnicity and Isolation: Marginalization of Tea Plantation Workers," *Race/Ethnicity: Multidisciplinary Global Contexts*, 4. 2 (Winter 2011): 235 – 253; Udayon Misra, "Adivasi Struggle in Assam," *Economic and Political Weekly*, Vol. 42, No. 51 (December 22 – 28, 2007): 11 – 14; and Udayon Misra, *The Periphery Strikes Back: Challenges to the Nation-State in Assam and Nagaland* (Shimla: Indian Institute of Advanced Study, 2000); and Myron Weiner, "The Political Demography of Assam's Anti-Immigrant Movement," *Population and Development Review*, 9. 2 (1983): 279 – 292。

③ Frank Uekötter, ed., *Comparing Apples, Oranges, and Cotton: Environmental Histories of the Global Plantation* (Frankfurt, New York, NY: Campus Verlag, 2014), p. 25.

官员推广的改进工作方法密切相关。① 然而，由于专业知识的匮乏，以及科学官员分散在全省各地，哈雷阿卡实验站在运行过程中逐渐暴露出力不从心的状况。为了解决这一问题，1911 年，在上阿萨姆的托克莱（Tock-lai）建立了一个更为集中的中心机构，中心机构整合了昆虫学家、真菌学家和茶叶"科学"实验的知识。当时，托克莱中心由两间平房、一个实验室和占地 100 英亩的农作物试验区组成。在托克莱中心，化学分析、土壤评估和针对茶叶害虫的施肥行动几乎都开展起来了，但第一次世界大战的爆发削弱了托克莱中心的科学野心。

在两次世界大战期间，这方面的技术活动再次活跃起来。1922 年，在托克莱建立了一个新的昆虫学实验室，第二年又增设了真菌学和细菌学实验室。尽管在这一时期，科学知识和实地专业知识之间的差距一直是一个反复出现的难题，各方也努力尝试去弥合分歧，但努力并未能解决实际问题。例如，1923 年，当时在种植者中大受欢迎的深锄方法受到了质疑。次年，茶农被建议不要使用石灰作为肥料，尽管 1910 年前后曾有过相反的建议。在这些问题中，茶蚊虫所带来的持续威胁，以及由此对害虫控制措施的技术科学信心造成的破坏，无疑是这一时期极为显著的特征。例如，1930年，特莱地区（Terai region）的种植园主温德姆（W. Y. Wyndham）抱怨称，针对茶蚊虫的研究工作还不够深入。温德姆还断言，每年由于虫害他遭受的损失比例在 10% 到 30% 之间。②

这些相互矛盾的结论以及对实验室研究价值的个人抗议，并非无关紧要。恩格尔多委员会（F. L. Engledow Commission）负责调查印度茶叶协会科学部门的工作，该委员会在 1936 年 3 月 3 日的报告中指出，科学决策与实地应用之间存在着明显的脱节，委员会批评了不考虑区域和种植园内部差异采用一般昆虫学结论的做法，同时也指出了阿萨姆地区的许多茶叶种植区缺乏科学人员的问题。③ 换句话说，多年来，昆虫学科学的实际应用与技术科学的研究方向未能实现有效结合，导致那些影响茶叶质量的关键

①　Sir Percival Griffiths, *The History of the Indian Tea Industry* (London: Weidenfeld and Nicolson, 1967), p. 436.
②　Sir Percival Griffiths, *The History of the Indian Tea Industry* (London: Weidenfeld and Nicolson, 1967), p. 443.
③　Griffiths, *The History of the Indian Tea Industry*, pp. 445–450.

因素未能得到充分关注。

　　尽管在制度层面有所进步，但塞缪尔·皮尔在第三章中所讨论的早期警告还是非常具有先见之明。因为不仅种植者和科学界无法根除茶叶害虫，而且种植园中类似人工林的"单一物种森林"模式，也为害虫的生长提供了有利的生长环境。事实上，在全球范围内，危害茶叶的节肢动物多达1000多种①，仅印度就有380多种。② 直到2002年，研究显示，害虫造成的作物损失仍然高达15%至20%。③ 以阿萨姆地区的茶叶种植园为例，为了防治害虫，化学农药的常规使用量平均约为每公顷11.5公斤，但随之而来的问题也不少。④ 其中包括主要害虫的死灰复燃、次要害虫的暴发、自然调控受阻、对非目标生物（包括人类）的致命和非致命影响、茶叶产品中的不良残留物以及害虫对化学农药的抗药性等。例如，2008年的一项科学研究证实，茶蚊虫实际上对合成拟除虫菊酯、有机磷酸酯、新烟碱类和有机氯等药剂具有免疫力。⑤ 红蜘蛛最初于1868年前后在阿萨姆地区被发现⑥，目前已经蔓延到多个茶叶种植区，包括孟加拉国、斯里兰卡、肯尼亚、台湾地区和津巴布韦地区。⑦

　　值得注意的是，尽管这些最新研究成果主要是基于印度机构（主要在托克莱，但也包括其他地方）的昆虫学家和茶叶科学家所展开的研究，但它们与皮尔、伍德-梅森和乔治·瓦特（George Watt）等殖民地时期的前辈们在认识论和实践方面的关注有着紧密的联系。虫害问题现在可能已成为印度的民族忧患，其根源可以追溯到更久远的过去。因此，在茶叶商品

---

① L. K. Hazarika, M. Bhuyan and B. N. Hazarika, "Insect Pests of Tea and Their Management," *Annual Revenue of Entomology* 54 (2009): 267-284.

② S. Roy, N. Muraleedharan and A. Mukhopadhyay, "The Red Spider Mite, Oligonychus Coffeae (Acari: Tetranychidae): its Status, Biology, Ecology and Management in Tea Plantations," *Experimental and Applied Acarology*, 63.4 (2014): 431-463.

③ N. Muraleedharan and R. Selvasundaram, "An IPM Package for Tea in India," *Planters Chronicle* 98 (2002): 107-124.

④ 这些是1996年的数字，引自 G. Gurusubramanian et al., "Pesticide Usage Pattern in Tea Ecosystem, Their Retrospects and Alternative Measures," *Journal of Environmental Biology* 29.6 (2008): 813-826。

⑤ G. Gurusubramanian et al., "Pesticide Usage Pattern in Tea Ecosystem, Their Retrospects and Alternative Measures," *Journal of Environmental Biology* 29.6 (2008), p.815.

⑥ Sir George Watt's *The Pests and Blights of the Tea Plant* (Calcutta, 1898).

⑦ L. K. Hazarika, M. Bhuyan and B. N. Hazarika, "Insect Pests of Tea and their Management," p.270.

的故事中，帝国与殖民地、殖民与后殖民等范畴是具有流动性和互动性的。正是基于这样的理解，本书呼吁运用"毁灭"社会学（sociology of "ruination"）来理解英帝国的项目和实施过程，这些项目和政策在当代历史中持续存在，并为当代历史提供了重要信息。[①]

当然，虫害问题只是茶叶种植中众多影响因素中的一部分，气候和降雨等因素同样也起着重要作用。在印度独立后，专家们得出结论，植物疾病与作物年龄密切相关。这种关系非常奇特，因为茶树的中等年龄组（15~25 岁）因害虫造成的损失约为早期或成熟期损失的一半。例如，1959 年的相关数据表明，在阿萨姆山谷，存活 35 年以上的茶树仅因虫害就损失了总产量的 5% 至 6%。[②] 然而，自皮尔时代以来，生物防治机制的进展较为有限，病虫害综合治理方法仍然依赖于结构性和合成性方法的结合，如调整修剪周期、密集采摘、保持灌木丛卫生、杂草清除、土壤肥力处理、种植诱捕作物、有效排水、人工销毁，以及使用各种生化肥料和植物药剂。[③] 这种方法虽在一定程度上控制了虫害，但对工人而言，却带来诸多不利影响。一方面，工人需要身体接触有害的生物化学品；另一方面，也增加了种植园工人的工作量，但是工资却没有得到相应的提高，这种情况构成了一个亟待解决的环境正义问题。[④] 近年来，联合国粮农组织（Food and Agricultural Organization）、美国环境保护署（Environmental Protection Agency）、世界卫生组织（World Health Organization）、德国法律（German Law）、欧洲经济委员会（European Economic Commission）和印度政府机构等监管机构，都对茶叶中农药的使用实施了严格的控制措

---

① 安·斯托勒对这一概念的最新研究：Ann L. Stoler, *Duress*: *Imperial Durabilities in Our Times* (Durham, NC: Duke University Press, 2016); and Stoler, ed., *Imperial Debris*: *On Ruins and Ruination* (Durham, NC: Duke University Press, 2013)。

② A. R. Sen and R. P. Chakrabarty, "Estimation of Loss of Crop from Pests and Diseases of Tea from Sample Surveys," *Biometrics* 20. 3 (September 1964): 492-504.

③ L. K. Hazarika, M. Bhuyan and B. N. Hazarika, "Insect Pests of Tea and Their Management," and Somnath Roy et al. "Use of Plant Extracts for Tea Pest Management in India," *Applied Microbiology and Biotechnology*, 100 (2016): 4831-4844; and G. Gurusubramanian et al., "Pesticide Usage Pattern in Tea Ecosystem, Their Retrospects and Alternative Measures," for an assessment.

④ 对于大吉岭，参见萨拉·贝斯基的最新研究：Sarah Besky, *The Darjeeling Distinction*: *Labor and Justice on Fair-Trade Tea Plantations in India* (Berkeley, CA and London: University of Berkeley Press, 2014)；有关社会和环境正义问题，参见 Jill Harrison, *Pesticide Drift and the Pursuit of Environmental Justice* (Cambridge, MA: MIT Press, 2011)。

施，促使茶叶企业不得不争相寻求植物性替代品。这些监管标准主要是以成品茶叶中的农药最低残留量（Minimum Residue Levels）来衡量的，农药最低残留量不仅决定了茶叶的出口量，还对茶叶的价格和种植园在国际市场上的信誉有着重要影响。① 这些病虫害防治措施对最终生产者（在我们的案例中是指茶叶工人）的社会经济影响却鲜为人知。实际上，昆虫学"科学"的社会史，及其对劳工福利的长期影响，仍有待进一步深入研究。用安·斯托勒（Ann Stoler）的话来说："殖民影响的时间延伸、扩展和收缩形式的不均衡沉淀，以及这种存在附着在某些身体上的截然不同的方式……构成了待完成的工作领域之一。"②

尽管印度生产的茶叶通常控制在规定的"农药最低残留量"的范围内，但相关研究表明，该地区的杀虫剂问题比其他地区更为严重。造成这种状况的原因包括：未按规定使用农药、向种植者供应不当农药、化学品不符合标准、缺乏教育培训以及种植园工作人员缺乏相关意识等。植物化学药剂作为一种理想的替代品，却也面临着诸多困境。例如，有机溶剂的成本高昂、缺乏更广泛的选择、缺乏基于实地和物种的有效性检验，这些缺点都在一定程度上限制了它们在印度茶业行业的大规模应用。根据最近的一项调查结果显示，植物化学药剂在全球杀虫剂市场中的比例不超过 1%。③ 与伍德-梅森早期的实验一样，使用植物性杀虫剂防治茶叶害虫（除了印棟树外）的工作，一直停留在实验室研究层面，充其量只是学术兴趣的水平。

阿萨姆地区的茶叶种植园作为 19 世纪和 20 世纪的主要跨国经济机构，其影响的时间范围跨越了新、旧世界。但其对特定地区和社区所产生的影响，则是通过其地方实践和殖民遗产的相互交融来体现的。因为，如果说商品资本主义和交换构建了一个"统一的概念领域"④，那么只有将实践、

---

① G. Gurusubramanian et al. "Pesticide Usage Pattern in Tea Ecosystem, Their Retrospects and Alternative Measures," 本文提供了茶叶最低残留量（MRL）的数据，并更广泛地讨论其对印度农药使用的影响。

② Stoler, *Duress: Imperial Durabilities in Our Times*, p. 67.

③ Vide Somnath Roy et al. "Use of Plant Extracts for Tea Pest Management in India," p. 4832.

④ 关于支持市场资本主义"概念普遍性"（conceptual universality）的论点，参见 Andrew Sartori, *Bengal in Global Concept History: Culturalism in the Age of Capital* (Chicago, IL and London: The University of Chicago Press, 2008)；另请参阅 Moishe Postone, *Time, Labor, and Social Domination: A Reinterpretation of Marx's Critical Theory* (Cambridge: Cambridge University Press, 1996)。

行动者和背后的逻辑相结合，我们才能洞察到其独特的历史面貌——阿萨姆与大吉岭、肯尼亚、斯里兰卡、爪哇、毛里求斯、斐济或圭亚那等地区并存于这一复杂的历史画卷之中。本书赞同蒂莫西·米切尔的观点，即市场"经济"这一概念不能被理解为一个独立且内在的范畴，也不能被视作一个先验的、用于社会分析的客观单位。相反，正如米切尔所言，经济是由其内部动态、成功与失败和各种联盟（包括人类与非人类）共同构成的产物。① 在阿萨姆地区的种植园中，茶叶帝国的"无序"状态一直延续至今，这一事实表明，这些错综复杂的关系、网络和多样化的运作策略，在茶叶企业这一看似名副其实的全球性企业的形成和解体过程中，发挥了至关重要的作用。

---

① Timothy Mitchell, *Rule of Experts：Egypt，Techno-Politics，Modernity*（Berkeley，CA：University of California Press，2002）.

参考文献

1. 档案

The Assam State Archives（ASA）, Guwahati, Assam, India

Assam Secretariat Proceedings, home department

Assam Secretariat Proceedings, revenue department（A and B）

Assam Secretariat Proceedings, emigration department（A and B）

Assam Commissioner's Files-Land Revenue

Board of Revenue-Survey and Settlement Papers, Government of Eastern Bengal and Assam（1909–11）

Bengal Government Papers, Emigration

Evidence Recorded by the Forest Enquiry Committee, Assam for the Year 1929

Report on the Earthquake of the 12th June 1897, No. 5409G/A4282

Jorhat District Record Room, Office of the Collector and Deputy Commissioner, Jorhat, Assam, India

Deputy Commissioner's Files, Revenue department

Dibrugarh District Record Room, Office of the Collector and Deputy Commissioner, Dibrugarh, Assam, India

Deputy Commissioner's Files, Immigration department

Asian and African Studies（formerly India Office Records）, British Library, London

The Indian Planters' Gazette and Sporting News（microfilm, MFM. MC1159）

European Manuscripts（Mss. Eur.）

  Government of India（GOI）, Finance department

  Indian Tea Association（ITA）circulars, reports, bulletins, and scientific manuals

A. J. W. Milroy Papers

Journals of Thomas Machell（1824-1862）

Government of Eastern Bengal and Assam Bulletin-Agriculture department

Revenue Department Proceedings

Government of India-Home Miscellaneous（HM）

Public and Judicial Department Records（L/PJ）

Industries and Overseas Department Records（I&O）

Official Publications of the India Office（IOR/V）

India Office Economic Department Records（IOR/E）

National Library of Scotland Manuscript Collection, Edinburgh, Scotland

Diary of David Foulis, *The Tea Assistant in Cachar*, MS 9659

Center for South Asian Studies, Cambridge University, Cambridge

Lady B. Scott Papers, Box Ⅱ

USDA National Agricultural Library, Beltsville, Maryland

The Indian Planters' Gazette and Sporting News（1915-1922）

Center for Research Libraries（CRL）, Chicago

The Amrita Bazar Patrika（1920-1921）

2. 报纸

The Gazette of India

Journal of the Society of Arts

Journal of the Agricultural and Horticultural Society of India

Calcutta Englishman

The Indian Forester

Assam District Gazetteer, Vol. 2（Calcutta, 1905）

The Lancet

Medico-Chirurgical Transactions

Notes and Records of the Royal Society

Scientific Memoirs by Officers of the Medical and Sanitary

Departments of the Government of India, *New Series*

Transactions of the Royal Society of Tropical Medicine and Hygiene

British Medical Journal

The Indian Medical Gazette

Pall Mall

The Northern Whig

The Bombay Chronicle

3. 已出版的原始资料、政府报告、指南和茶叶手册（1930 年以前）

A *Collection of the Acts of the Indian Legislature for the Year 1927* (Calcutta： Government of India Central Publication Branch, 1928).

Allen, B. C. , *Assam District Gazetteer*, Vol. 2 (Calcutta, 1905).

Andrews, E. A. , *Factors Affecting the Control of the Tea Mosquito Bug* [*Helopeltis theivora Waterhouse*] (London, n. d. , Calcutta： ITA, rpt. 1910).

Annual Reports on the Administration of the Province of Assam (Calcutta： Secretariat Press).

Annual Sanitary Report of the Province of Assam for the Years 1876–82 (Shillong： Assam Secretariat Printing Office).

Baden-Powell, Baden H. , *Forest Law： A Course of Lectures on the Principles of Civil and Criminal Law and on the Law of the Forest; Chiefly Based on the Laws in Force in British India* (London： Bradbury, Agnew & Co. , 1893).

The Land-Systems of British India： Being a Manual of the Land-Tenures and of the Systems of Land-Revenue Administration Prevalent in the Several Provinces, Vol. Ⅲ (Oxford： Clarendon Press, 1892).

"The Political Value of Forest Conservancy," *The Indian Forester*, Vol. Ⅱ , No. 3, January 1877, 284.

Baildon, Samuel, *Tea in Assam： A Pamphlet on the Origin, Culture, and Manufacture of Tea in Assam* (Calcutta： W. Newman & Co. , 1877).

Bald, Claud, *Indian Tea： Its Culture and Manufacture, Being a Textbook on the Culture and Manufacture of Tea*, Second edition (Calcutta： Thacker, Spink and Co. , 1908).

Bamber, M. Kelway, *A Text Book on the Chemistry and Agriculture of Tea inclu-*

ding the Growth and Manufacture (Calcutta: Law Publishing Press, 1893).

Beadon Bryant, F. , A Note of Inspection on Some of the Forests of Assam (Simla: Government Monotype Press, 1912).

Brandis, Dietrich, Indian Forestry (Woking: Oriental University Institute, 1897).

Suggestions Regarding Forest Administration in the Province of Assam (Calcutta: Superintendent of Government Printing, 1878).

Bruce, C. A. , An Account of the Manufacture of the Black Tea, As Now Practiced at Suddeya in Upper Assam (Calcutta: Bengal Military Orphan Press, 1838).

Bulletin of Miscellaneous Information, (Royal Botanic Gardens, Kew, London: His Majesty's Stationery Office, 1906).

Carpenter, P. H. and C. J. Harrison, The Manufacture of Tea in North-East India (Calcutta: The Indian Tea Association, 1927).

Correspondence Regarding the Discovery of the Tea Plant of Assam, Proceedings of the Agricultural Society of India (Calcutta: Star Press, 1841).

Cotes, E. C. , An Account of the Insects and Mites Which Attack the Tea Plant in India (Calcutta, 1895).

Cotton, J. H. S. , Indian and Home Memories (London: T. Fisher Unwin, 1911).

Crawford, T. C. , Handbook of Castes and Tribes Employed on Tea Estates of North-East India (Calcutta: Indian Tea Association, 1924).

Crole, David, Tea: A Text Book of Tea Planting and Manufacture (London: Crosby Lockwood and Son, 1897).

Day, Samuel Phillips, Tea: Its Mystery and History (London: Simpkin, Marshall & Co. , 1877).

Deas, F. T. R. , The Young Tea Planter's Companion: A Practical Treatise on the Management of a Tea Garden in Assam (London: S. Sonnenschein, Lowrey & Co. , 1886).

Detailed Report of the General Committee of the Indian Tea Association for the Year 1880-1920 (Calcutta: Criterion Printing Works, 1921).

Dowling, A. F. (Compiler), Tea Notes (Calcutta: D. M. Traill, 1885).

Evidence Recorded by the Assam Labour Enquiry Committee (Shillong: Assam Government Press, 1922).

Evidence Recorded by the Forest Enquiry Committee, Assam for the Year 1929 (Shillong: Assam Government Press, 1929).

Fielder, C. H. , "On the Rise, Progress, and Future Prospects of Tea Cultivation in British India," *Journal of the Statistical Society of London*, 32, 1 (March 1869), 29–37.

Giles, G. M. , *A Report of an Investigation into the Causes of the Diseases Known in Assam as Kala-Azar and Beri-Beri* (Shillong: Assam Secretariat Press, 1890).

Grimley, W. H. , *An Income Tax Manual Being Act II of 1886, with Notes* (Calcutta: Thacker, Spink & Co. , 1886).

Haffkine, W. M. , *Anti-Cholera Inoculation: Report to the Government of India* (Calcutta: Thacker, Spink & Co. , 1895).

Protective Inoculation Against Cholera (Calcutta: Thacker, Spink & Co. , 1913).

Hanley, Maurice, *Tales and Songs from an Assam Tea Garden* (Calcutta and Simla: Thacker, Spink and Co. , 1928).

Hill, H. C. , *Note on an Inspection of Certain Forests in Assam* (Calcutta: Office of the Superintendent of Government Printing, 1896).

Hope, G. D. , *Memorandum on the Use of Artificial Manures on the Tea Estates of Assam and Bengal-Decade 1907 – 1917* (Calcutta: Star Printing Works, 1918).

Indian Law Reports, Calcutta Series, Vol. XLVIII, January to December (Calcutta: Bengal Secretariat Legislative Department, 1921).

M'Cosh, John, *Topography of Assam* (Calcutta: Bengal Military Orphan Press, 1837).

Mann, Harold H. , *Early History of the Tea Industry of Northeast India* (Calcutta: General Printing Co. Ltd, 1918).

The Tea Soils of Cachar and Sylhet (Calcutta: The Indian Tea Association, 1903).

Marshall, Major G. F. L. and Lionel De Nicéville, *The Butterflies of India, Burmah and Ceylon* (Calcutta: The Calcutta Central Press, 1882).

Masters, J. W. , "A Few Observations on Tea Culture," *The Journal of the Agricultural and Horticultural Society of India*, Vol. III, Part I, January to December (Calcutta: Bishop's College Press, 1844).

Mills, A. J. Moffatt, Esq. , *Report on the Province of Assam* (Calcutta: Gazette Office, 1854).

Money, Lieutenant-Colonel Edward, *The Tea Controversy (A Momentous Indian Question). Indian versus Chinese Teas, Which are Adulterated? Which are Better? With Many Facts about Both and the Secrets of the Trade* (London: W. B. Whittingham & Co. , 1884).

The Cultivation and Manufacture of Tea, Third edition (London: W. B. Whittingham & Co. , 1878).

Ovington, J. , *An Essay upon the Nature and Qualities of Tea*, Second edition (London: Printed for John Chantry, 1705).

Papers Regarding the Tea Industry in Bengal (Calcutta: Bengal Secretariat Press, 1873).

Peal, S. E, "The Tea Bug of Assam," *Journal of the Agricultural and Horticultural Society of India* (New Series) 4 (1) (1873), 126–132.

Price, J. Dodds and Leonard Rogers, "The Uniform Success of Segregation Measures in Eradicating Kala-Azar from Assam Tea Gardens: Its Bearing on the Probable Mode of Infection," *British Medical Journal*, 1 (2771) (February 7, 1914), 285–289.

Progress Report of Forest Administration in the Province of Assam (Shillong: Secretariat Printing Office, 1876).

Report of the Assam Labour Enquiry Committee 1906 (Calcutta: Superintendent of Government Printing, 1907).

Report of the Assam Labour Enquiry Committee 1921–22 (Shillong: Government Press, 1922).

Report of the Commissioner of Patents for the Year 1860: Agriculture (Washington, DC: Government Printing Office, 1861).

Report of the Commissioner of Patents for the Year 1860: Agriculture, House of Representatives Papers, 36th Congress, 2nd Session, No. 48 (Washington, DC: Government Printing Office, 1861).

Report of the Commissioners Appointed to Enquire into the State and Prospects of

Tea Cultivation in Assam, Cachar and Sylhet (Calcutta: Calcutta Central Press Company Ltd. , 1868).

Report of the Indian Industrial Commission, 1916-1918 (London: His Majesty's Stationery Office, 1919).

Report on Labour Immigration into Assam for the Years 1876 - 1890 (Shillong: Assam Secretariat Press, 1891).

Report on Tea Culture in Assam for the Years 1878-1917 (Shillong: Government Press Assam, 1918).

Report on the Land Revenue Administration in the Province of Assam for the Year 1880 (Shillong: Secretariat Press, 1881).

Report on the Land Revenue Administration of the Lower Provinces for the Year 1870-71 (Calcutta: Government Press, 1872).

Rogers, Leonard, *Fevers in the Tropics, Their Clinical and Microscopical Differentiation, including the Milroy Lectures on Kala-Azar* (London: Oxford University Press, 1908).

"On the Epidemic Malarial Fever of Assam or Kala-Azar," *Medico-Chirurgical Transactions* 81, 1 (1898), 241-258.

Report of an Investigation of the Epidemic of Malarial Fever in Assam or Kala-Azar (Shillong: Assam Secretariat Printing Office, 1897).

Royal Commission on Agriculture in India: Evidence taken in Assam, Vol. V (London: His Majesty's Stationery Office, 1927).

Rules under the Inland Emigration Act I of 1882 (Calcutta: The Bengal Secretariat Press, 1884).

Schlich, W. , *Manual of Forestry*, Vol. I (London: Bradbury, Agnew & Co. , 1906).

Scientific Memoirs by Officers of the Medical and Sanitary Departments of the Government of India, New Series, No. 35 (Simla: Government Monotype Press, 1908).

Shipp, H. A. , *Prize Essay on the Cultivation and Manufacture of Tea in Cachar* (Calcutta, 1865).

Sigmond, G. G. , *Tea: Its Effects, Medicinal and Moral* (London: Longmans,

1839).

Strickland, C. and K. L. Chowdhury, *Abridged Report on Malaria in the Assam Tea Gardens: With Pictures, Tables and Charts* (Calcutta: Indian Tea Association, 1929).

The Assam Code: Containing the Bengal Regulations, Local Acts of the Governor General in Council, Regulations Made under the Government of India Act, 1870, and Acts of the Lieutenant-Governor of Bengal in Council, in Force in Assam, and Lists of the Enactments Which Have Been Notified for Scheduled Districts in Assam under the Scheduled Districts Act (Calcutta: Office of the Superintendent of Government Printing, 1897).

The Assam Forest Manual, Vol. I (Shillong: Government Press, 1923).

The Tea Cyclopaedia: Articles on Tea, Tea Science, Blights, Soils and Manures, Cultivation, Buildings, Manufacture Etc. , With Tea Statistics (London: W. B. Whittingham & Co. , 1882).

The Tea Planter's Vade Mecum (Calcutta: Office of the Tea Gazette, 1885).

The Unrepealed General Acts of the Governor General in Council, Vol. II [1864–1871] (Calcutta: Office of the Superintendent of Government Printing, 1876).

The Unrepealed General Acts of the Governor General in Council, Vol. III [1877–1881] (Calcutta: Office of the Superintendent of Government Printing, 1898).

The Unrepealed General Acts of the Governor General in Council: From Act I of 1914 to Act XI of 1919, Vol. VIII (Calcutta: Superintendent of Government Printing, 1919).

Thiselton Dyer, W. T. , *The Botanical Enterprise of the Empire* (London: Eyre and Spottiswoode, 1880).

Transactions of the Royal Society of Tropical Medicine and Hygiene, 18, 3 (June 19, 1924), 81–86.

Watt, Sir George, *The Pests and Blights of the Tea Plant: Being a Report of Investigations Conducted in Assam and to Some Extent Also in Kangra* (Calcutta: Superintendent of Government Printing, 1898).

Wigley, F. G. , *The Eastern Bengal and Assam Code*: *Containing the Regulations and Local Acts in Force in the Province of Eastern Bengal and Assam*, Vol. I (Calcutta: Superintendent of Government Printing, 1907).

Wood-Mason, James, *Report on the Tea-Mite and the Tea-Bug of Assam* (London: Taylor and Francis, 1884).

4. 英文论著与论文

Adal, Kristin, "The Problematic Nature of Nature: The Post-Constructivist Challenge to Environmental History," *History and Theory*, Theme Issue 42 (December 2003), 60-74.

Anderson, *Clare, Subaltern Lives*: *Biographies of Colonialism in the Indian Ocean World*, *1790-1920* (Cambridge: Cambridge University Press, 2012).

Antrobus, H. A. , *A History of the Jorehaut Tea Company Ltd.* , *1859 – 1946* (London: Tea and Rubber Mail, 1947).

Arnold, David and Ramachandra Guha, eds. , *Nature, Culture, Imperialism*: *Essays on the Environmental History of South Asia* (New Delhi: Oxford University Press, 1997).

Arnold, David, "Agriculture and 'Improvement' in Early Colonial India: A Pre-History of Development," *Journal of Agrarian Change*, Vol. 5, No. 4 (October 2005).

"British India and the 'Beri-Beri' Problem, 1798-1942," *Medical History* 54 (2010), 295-314.

"Plant Capitalism and Company Science: The Indian Career of Nathaniel Wallich," *Modern Asian Studies*, 42, 5 (2008), 899-928.

Colonizing the Body: *State Medicine and Epidemic Disease in Nineteenth Century India* (Berkeley, CA and London: University of California Press, 1993).

ed. , *Warm Climates and Western Medicine*: *The Emergence of Tropical Medicine*, *1500-1900* (Amsterdam: Rodopi B. V. , 1996).

The Tropics and the Traveling Gaze: *India, Landscape, and Science, 1800-1856* (Seattle, WA: The University of Washington Press, 2006).

Baer, Hans A. , "On the Political Economy of Health," *Medical Anthropology*

Newsletter, Vol. 14, No. 1 (November 1982): 1–2, 13–17.

Bambra, Clare, *Work, Worklessness, and the Political Economy of Health* (New York, NY: Oxford University Press, 2011).

Banerjee, Barundeb, "An Analysis of the Effects of Latitude, Age and Area on the Number of Arthropod Pest Species of Tea," *Journal of Applied Ecology* 18 (1981), 339–342.

Barpujari, H. K., *Assam: In the Days of the Company 1826–1858* (Gauhati: Lawyer's Book Stall, 1963).

The American Missionaries and North-East India, 1836–1900 (Guwahati: Spectrum, 1986).

The Comprehensive History of Assam, Vol. 4 (Gauhati: Assam Publication Board, 1992).

Barron, T. J., "Science and the Nineteenth-Century Ceylon Coffee Planters," *The Journal of Imperial and Commonwealth History* 16, 1 (1987), 5–23.

Barton, Gregory A., *Empire Forestry and the Origins of Environmentalism* (Cambridge: Cambridge University Press, 2007).

Baruah, Sanjib, *India against Itself: Assam and the Politics of Nationality* (New Delhi: Oxford University Press, 1999).

Baviskar, Amita, *In the Belly of the River: Tribal Conflicts over Development in the Narmada Valley*, Second edition (New Delhi: Oxford University Press, 2005).

Beckert, Sven, *Empire of Cotton: A Global History* (New York, NY: Vintage, 2014).

Behal, Rana Partap and Prabhu P. Mohapatra, "Tea and Money Versus Human Life: The Rise and Fall of the Indenture System in the Assam Tea Plantations 1840–1908," *Journal of Peasant Studies*, 19, 3 (1992), 142–172.

Behal, Rana Partap, *One Hundred Years of Servitude: Political Economy of Tea Plantations in Colonial Assam* (New Delhi: Tulika Books, 2014).

Beinart, William and Lotte Hughes, *Environment and Empire* (Oxford: Oxford University Press, 2007).

Berenbaum, May, *Bugs in the System: Insects and Their Impact on Human Af-*

fairs (Reading, MA: Helix Books, 1995).

Besky, Sarah, *The Darjeeling Distinction: Labor and Justice on Fair-Trade Tea Plantations in India* (Berkeley, CA and London: University of Berkeley Press, 2014).

Bhadra, Gautam, Gyan Prakash and Susie Tharu, eds., *Subaltern Studies X: Writings on South Asian History and Society* (New Delhi: Oxford University Press, 1999).

Bhattacharya, Debraj, ed., *Of Matters Modern: The Experience of Modernity in Colonial and Post-colonial South Asia* (Calcutta: Seagull, 2008).

Bhattacharya, Nandini, "The Logic of Location: Malaria Research in Colonial India, Darjeeling, and Duars, 1900–1930," *Medical History* 55 (2011), 183–202.

Contagion and Enclaves: Tropical Medicine in Colonial India (Liverpool: Liverpool University Press, 2012).

Bhowmik, Sharit K., *Class Formation in the Plantation System* (New Delhi: People's Publishing House, 1981).

'Ethnicity and Isolation: Marginalization of Tea Plantation Workers,' *Race/ Ethnicity: Multidisciplinary Global Contexts*, 4.2 (Winter 2011), 235–253.

Bhuyan, B. and H. P. Sharma, 'Public Health Impact of Pesticide Use in the Tea Gardens of Lakhimpur District, Assam', *Ecology, Environment and Conservation* 10, 3 (2004): 333–338.

Bhuyan, S. K., *Early British Relations with Assam: A Study of the Original Sources and Records Elucidating the History of Assam from the Period of its First Contact with the Honourable East India Company to the Transfer of the Company's Territories to the Crown in 1858* (Shillong: Assam Govt. Press, 1949).

Bose, Sanat, *Capital and Labor in the Indian Tea Industry* (Bombay: All India Trade Union Congress, 1954).

Breen, T. H., *Tobacco Culture: The Mentality of the Great Tidewater Planters on the Eve of Revolution* (Princeton, NJ: Princeton University Press, 1985).

Broomfield, J. H., *Elite Conflict in a Plural Society: Twentieth Century Bengal*

(Berkeley, CA: University of California Press, 1968).

Burton, Antoinette, ed. , *Archive Stories: Facts, Fictions and the Writing of History* (Durham, NC: Duke University Press, 2005).

'Thinking beyond the Boundaries: Empire, Feminism and the Domains of History,' *Social History*, Vol. 26, No. 1 (2001), 60–71.

Chakrabarti, Pratik, 'Curing Cholera: Pathogens, Places and Poverty in South Asia,' *International Journal of South Asian Studies*, 3 (December 2010), 153–168.

Chatterjee, Indrani, *Forgotten Friends: Monks, Marriages, and Memoirs of Northeast India* (New Delhi: Oxford University Press, 2013).

Chatterjee, Piya, *A Time for Tea: Women, Labor, and Post/Colonial Politics on an Indian Plantation* (Durham, NC and London: Duke University Press, 2001).

Chatterjee, Rakhahari, "C. R. Das and the Chandpur Strikes of 1921," *Bengal Past and Present*, Vol. XCIII, Parts II & III, Serial No. 176 & 177 (September-December 1974), 181–196.

Chattopadhyay, Dakshinacharan, *Cha-kar Darpan Natak in Bangla Natya Sankalan* (Calcutta, 2001).

Chaturvedi, Benarsidas and Marjorie Sykes, *Charles Freer Andrews: A Narrative* (New Delhi: Govt. of India Publications Division, 1971).

Clark, J. F. M. , *Bugs and the Victorians* (New Haven, CT and London: Yale University Press, 2009).

Cook, G. C. , "Leonard Rogers KCSI FRCP FRS (1868–1962) and the Founding of the Calcutta School of Tropical Medicine," *Notes and Records of the Royal Society*, 60 (2006), 171–181.

Corrigan, Philip, "Feudal Relics or Capitalist Monuments? Notes on the Sociology of Unfree Labor," *Sociology* 11, 3 (1977), 435–463.

Cronon, William, "The Uses of Environmental History," *Environmental History Review*, 17, 3 (1993), 1–22.

Crosby, Alfred, *Ecological Imperialism: The Biological Expansion of Europe, 900–1900* (Cambridge: Cambridge University Press, 1986).

Das, Debarshi and Arupjyoti Saikia, "Early Twentieth Century Agrarian Assam: A Brief and Preliminary Overview," *Economic and Political Weekly*, Vol. 46, No. 41 (October 8-14, 2011), 73-80.

Das, G. M., "Bionomics of the Tea Red Spider, Oligonychus Coffeae (Nietner)," *Bulletin of Entomology*, 50, 2 (1959), 265-274.

Das Gupta, Ranajit, *Labor and Working Class in Eastern India: Studies in Colonial History* (Calcutta and New Delhi: K. P. Bagchi & Company, 1994).

Das, Rajani Kanta, *Plantation Labor in India* (Calcutta: Prabasi Press, 1931).

Drayton, Richard, *Nature's Government: Science, Imperial Britain, and the "Improvement" of the World* (New Haven: Yale University Press, 2000).

Dreitzel, Hans Peter, ed., *The Social Organization of Health*, Recent Sociology No. 3 (New York, NY and London: Macmillan, 1971).

Duncan, James S., *In the Shadows of the Tropics: Climate, Race and Biopower in Nineteenth Century Ceylon* (London: Ashgate Publishing Co., 2007).

Dunn, Richard S., *Sugar and Slaves: The Rise of the Planter Class in the English West Indies, 1624-1713* (Chapel Hill, NC: University of North Carolina Press, 1972).

Emmer, P. C., ed., *Colonialism and Migration; Indentured Labour Before and After Slavery* (The Netherlands: Martinus Nijhoff, 1986).

Engels, Friedrich, *The Condition of the Working Class in England*, trans. W. O. Henderson and W. H. Chaloner (Stanford, CA: Stanford University Press, rpt. 1958).

Erikson, Emily, *Between Monopoly and Free Trade: The English East India Company, 1600-1757* (Princeton, NJ: Princeton University Press, 2016).

Foucault, Michel, *"Society Must be Defended": Lectures at the Collège de France, 1975-1976*, trans. David Macey (New York, NY: Picador, rpt. 2003).

The History of Sexuality, Vols. 1, 2 and 3, (New York, NY: Vintage).

Fraser, W. M., *The Recollections of a Tea Planter* (London: Tea and Rubber Mail, 1935).

Gadgil, Madhav and Ramachandra Guha, *The Use and Abuse of Nature* (New Delhi: Oxford University Press, 2005).

Gait, Edward, *A History of Assam* (Calcutta: Thacker, Spink, rpt. 1967).

Gandhi, Mohandas K., *The Collected Works of Mahatma Gandhi* (Delhi: Govt. of India Publications Division).

Ganguly, Dwarkanath, *Slavery in British Dominion* (Calcutta: Jijnasa Publications, 1972).

Gawthrop, W. R. (Compiler), *The Story of the Assam Railways and Trading Company Limited, 1881-1951* (London: Harley Pub. Co. for the Assam Railways and Trading Company, 1951).

Ghosh, Durba, "Another Set of Imperial Turns?" *American Historical Review*, Vol. 117, No. 3 (June 2012), 772-793.

Gilmartin, David, "Scientific Empire and Imperial Science: Colonialism and Irrigation Technology in the Indus Basin," *The Journal of Asian Studies*, 53. 4 (November 1994), 1127-1149.

Gohain, Hiren, "Politics of a Plantation Economy," *Review of Amalendu Guha, Planter's Raj to Swaraj in Economic and Political Weekly*, Vol. 13. No. 13 (April 1, 1978), 579-580.

Goswami, Shrutidev, "The Opium Evil in Nineteenth Century Assam," *Indian Economic and Social History Review*, Vol. XIX, No. 3 & 4 (1982), 365-376.

Griffiths, Percival, *The History of the Indian Tea Industry* (London: Weidenfeld and Nicolson, 1967).

Grove, Richard H., *Green Imperialism: Colonial Expansion, Tropical Island Edens and the Origins of Environmentalism, 1600-1860* (Cambridge: Cambridge University Press, 1995).

Guha, Amalendu, "Assamese Agrarian Relations in the Later Nineteenth Century: Roots, Structure and Trends," *The Indian Economic and Social History Review*, Vol. XVII. No. 1, January-March 1980.

"Imperialism of Opium in Assam 1773-1921," *Calcutta Historical Journal*, Vol. 1, No. 2 (January-June 1977), 226-245.

Planter Raj to Swaraj: Freedom Struggle and Electoral Politics in Assam 1826-1947 (New Delhi: ICHR, 1977).

Guha, Ramachandra, "Forestry in British and Post-British India: A Historical

Analysis," *Indian Economic and Social History Review*, Part I & II, 18, 44 (October 29, 1983), 1882-1896.

"Forestry in British and Post-British India: A Historical Analysis, ' *Indian Economic and Social History Review*, Part III & IV, 18, 45/46 (November 5-12, 1983).

The Unquiet Woods: Ecological Change and Peasant Resistance in the Himalaya (Ranikhet: Permanent Black, rpt. 2013).

Guha, Ranajit and Gayatri Chakravorty Spivak, eds. , *Selected Subaltern Studies* (New Delhi: Oxford University Press, 1988).

Guha, Ranajit, *A Rule of Property for Bengal: An Essay on the Idea of Permanent Settlement* (Durham, NC and London: Duke University Press, rpt. 1996).

Gurusubramanian, G. et al. "Pesticide Usage Pattern in Tea Ecosystem, Their Retrospects and Alternative Measures," *Journal of Environmental Biology* 29. 6 (2008), 813-826.

Guthman, Julie, *Agrarian Dreams: The Paradox of Organic Farming in California* (Berkeley, CA: University of California Press, 2004).

Habib, Irfan, *The Agrarian System of Mughal India 1556-1707*, Third edition (New Delhi: Oxford University Press, rpt. 2014).

Haijian, Mao, *The Qing Empire and the Opium War: The Collapse of the Heavenly Dynasty*, trans. Joseph Lawson, Peter Lavelle and Craig Smith (Cambridge: Cambridge University Press, 2016).

Hall, Catherine and Sonya O. Rose, eds.., *At Home with the Empire: Metropolitan Culture and the Imperial World* (Cambridge: Cambridge University Press, 2006).

Hall, Catherine, ed. , *Cultures of Empire: Colonizers in Britain and the Empire in the Nineteenth and Twentieth Centuries—A Reader* (Manchester: Manchester University Press, 2000).

Haraway, Donna, *The Haraway Reader* (New York, NY: Routledge, 2004).

"The Promises of Monsters: A Regenerative Politics for Inappropriate/d Others," in Lawrence Grossberg, Cary Nelson and Paula Treichler, eds. , *Cultural Studies* (New York, NY: Routledge, 1992), pp. 295-337.

Modest_ Witness@ Second_ Millenium. FemaleMan© _Meets _OncoMouse^{TM} (London: Routledge, 1997).

Harrison, Jill, *Pesticide Drift and the Pursuit of Environmental Justice* (Cambridge, MA: MIT Press, 2011).

Harrison, Mark, *Public Health in British India: Anglo-Indian Preventive Medicine, 1859-1914* (Cambridge: Cambridge University Press, 1994).

Hay, Douglas and Paul Craven, eds. , *Masters, Servants, and Magistrates in Britain and the Empire, 1562-1955* (Chapel Hill, NC and London: The University of North Carolina Press, 2004).

Hazarika, L. K. , M. Bhuyan and B. N. Hazarika, "Insect Pests of Tea and their Management," *Annual Review of Entomology* 54 (2009): 267-284.

Husserl, Edmund, *The Idea of Phenomenology*, trans. William Alston and George Nakhnikian (The Hague: Nijhoff, 1964).

Jaco, E. Gartly, ed. *Patients, Physicians, and Illness: A Sourcebook in Behavioral Science and Health*, Third edition (New York, NY: The Free Press, 1979).

Jha, J. C. , *Aspects of Indentured Inland Emigration to North-East India 1859-1918* (New Delhi: Indus Publishing Company, 1996).

Kar, Bodhisatwa, *Framing Assam: Plantation Capital, Metropolitan Knowledge and a Regime of Identities, 1790s - 1930s*, unpublished PhD dissertation (New Delhi: Jawaharlal Nehru University, 2007).

Keay, John, *The Honourable Company: A History of the English East India Company* (New York, NY: Macmillan, 1994).

Kelman, Sander, "Introduction to the Theme: The Political Economy of Health," *International Journal of Health Services*, 5, 4 (1975), 535-538.

Kelman, Sander, "The Social Nature of the Definition Problem in Health," *International Journal of Health Services*, 5, 4 (1975), 625-642.

Kirsch, Scott and Don Mitchell, "The Nature of Things: Dead Labor, Non-Human Actors, and the Persistence of Marxism," *Antipode* 36 (2002), 687-705.

Klein, Ira, "Development and Death: Reinterpreting Malaria, Economics, and Ecology in British India," *The Indian Economic and Social History Review* 38 (2001), 147-179.

Kohler, Robert E. , *Lords of the Fly*: *Drosophila Genetics and the Experimental Life* (Chicago, IL: University of Chicago Press, 1994).

Kolsky, Elizabeth, *Colonial Justice in British India*: *White Violence and the Rule of Law* (Cambridge and New York, NY: Cambridge University Press, 2010).

Kumar, Deepak, *Science and the Raj, 1857-1905* (New Delhi: Oxford University Press, 1995).

Kumar, Dharma and Meghnad Desai, eds. , *The Cambridge Economic History of India*, Vol. 2, *c. 1751 - 1970* (Cambridge: Cambridge University Press, 1983).

Kumar, Prakash, *Indigo Plantations and Science in Colonial India* (Cambridge and New York, NY: Cambridge University Press, 2012).

"Plantation Indigo and Synthetic Indigo: European Planters and the Redefinition of a Colonial Commodity," *Comparative Studies in Society and History*, 58. 2 (2016), 407-431.

Latour, Bruno, *Reassembling the Social*: *An Introduction to Actor-Network Theory* (New York, NY: Oxford University Press, 2007).

We Have Never Been Modern, trans. Catherine Porter (Cambridge, MA: Harvard University Press, 1993).

Law, John and J. Hassard, eds. , *Actor Network Theory and After* (Oxford: Blackwell, 1999).

Longley, P. R. H. , *Tea Planter Sahib*: *The Life and Adventures of a Tea Planter in North East India* (Auckland: Tonson Publishing House, 1969).

Lutz, Catherine, "Empire Is in the Details," *American Ethnologist*, Vol. 33, No. 4 (November 2006), 593-611.

McIntyre, W. D. , ed. , *The Journal of Henry Sewell*, vol. 1. *February 1853 to May 1854* (Christchurch: Whitcoulls, 1980).

Majumdar, R. C. , *History of the Freedom Movement in India*, Vol. III (Bombay: K. L. Mukhopadhyay, 1963).

Marx, Karl, *Capital*, Vol. I, trans. Ben Fowkes (New York, NY: Vintage, rpt. 1977).

Marx, Leo, *Machine in the Garden*: *Technology and the Pastoral Ideal in Ameri-*

ca (New York, NY: Oxford University Press, 1964).

McNeill, J. R. , *Mosquito Empires: Ecology and War in the Greater Caribbean, 1620-1914* (Cambridge: Cambridge University Press, 2010).

Merchant, Carolyn, *Autonomous Nature: Problems of Prediction and Control from Ancient Times to the Scientific Revolution* (New York, NY and London: Routledge, 2016).

Reinventing Eden: The Fate of Nature in Western Culture (New York, NY and London: Routledge, 2003).

Miles, Robert, *Capitalism and Unfree Labor: Anomaly or Necessity?* (London: Tavistock Publications, 1987).

Mintz, Sidney W. , *Sweetness and Power: The Place of Sugar in Modern History*, (New York, NY and London: Viking, 1985).

Misra, Tilottoma, "Assam: A Colonial Hinterland," *Economic and Political Weekly*, Vol. 15, No. 32 (August 9, 1980), 1357-1364.

Misra, Udayon, "Assam Tea: The Bitter Brew," *Economic and Political Weekly*, Vol. 38, No. 29 (July 19-25, 2003), 3029-3032.

"Adivasi Struggle in Assam," *Economic and Political Weekly*, Vol. 42, No. 51 (December 22-28, 2007), 11-14.

The Periphery Strikes Back: Challenges to the Nation-State in Assam and Nagaland (Shimla: Indian Institute of Advanced Study, 2000).

Mitchell, Timothy, *Rule of Experts: Egypt, Techno-Politics, Modernity* (Berkeley, CA and London: University of California Press, 2002).

Mitman, Gregg, *The State of Nature: Ecology, Community, and American Social Thought, 1900-1950* (Chicago. IL: University of Chicago Press, 1992).

Moxham, Roy, *Tea: Addiction, Exploitation, and Empire* (New York. NY: Carroll & Graf, 2003).

Mulcahy, Matthew, *Hurricanes and Society in the British Greater Caribbean, 1624-1783* (Baltimore, MD: The Johns Hopkins University Press, 2006).

Muraleedharan, N. and R. Selvasundaram, "An IPM Package for Tea in India," *Planters Chronicle* 98 (2002), 107-124.

Navarro, Vicente, ed. , *Neoliberalism, Globalization and Inequalities: Conse-*

quences for Health and Quality of Life (Amityville, NY: Baywood Publish-
ers, 2007).

Navarro, Vicente, *Medicine under Capitalism* (New York, NY: Croom Helm Ltd. ,
1976).

Nelson, Lynn A. , *Pharsalia: An Environmental Biography of a Southern Planta-
tion, 1780-1880* (Athens, GA: University of Georgia Press, 2007).

Numbers, Ronald L. and Todd L. Savitt, eds. , *Science and Medicine in the Old
South* (Baton Rouge, LA and London: Louisiana State University Press,
1989).

Olmstead, Alan L. and Paul W. Rhode, *Creating Abundance: Biological Innova-
tion and American Agricultural Development* (Cambridge and New York, NY:
Cambridge University Press, 2008).

Pagar, S. M. , *The Indian Income Tax: Its History, Theory, and Practice* (Baro-
da, 1920).

Pandhe, Pramila, ed. , *Suppression of Drama in Nineteenth Century India* (Cal-
cutta: India Book Exchange, 1978).

Parthesius, Robert, *Dutch Ships in Tropical Waters: The Development of the
Dutch East India Company (VOC) Shipping Network in Asia, 1595-1660*
(Amsterdam: Amsterdam University Press, 2010).

Pati, Biswamoy and Mark Harrison, eds. , *The Social History of Health and Medi-
cine in Colonial India* (Abingdon: Routledge, 2009).

Polu, Sandhya, *Infectious Disease in India, 1892-1940: Policy-Making and the
Perception of Risk* (London: Palgrave Macmillan, 2012).

Postone, Moishe, *Time, Labor, and Social Domination: A Reinterpretation of
Marx's Critical Theory* (Cambridge: Cambridge University Press, 1996).

Power, Helen, "The Calcutta School of Tropical Medicine: Institutionalizing Med-
ical Research in the Periphery," *Medical History* 40 (1996), 197-214.

Prakash, Gyan, *Another Reason: Science and the Imagination of Modern India*
(Princeton, NY: Princeton University Press, 1999).

Prest, John, *The Garden of Eden: The Botanic Garden and the Recreation of Para-
dise* (New Haven, CT and London: Yale University Press, 1981).

Raj, Kapil, Relocating *Modern Science: Circulation and the Construction of Knowledge in South Asia and Europe, 1650–1900* (Basingstoke: Palgrave, 2007).

Rajan, S. Ravi, *Modernizing Nature: Forestry and Imperial Eco-Development 1800–1950* (New Delhi: Orient Longman, rpt. 2008).

Rangarajan, Mahesh, *Fencing the Forest: Conservation and Ecological Change in India's Central Provinces 1860–1914* (New Delhi: Oxford University Press, 1996).

"Environmental Histories of India: Of States, Landscapes, and Ecologies," in Edmund Burke Ⅲ and Kenneth Pomeranz, eds. , *The Environment and World History* (Berkeley, CA: University of California Press, 2009).

Rangarajan, Mahesh and K. Sivaramakrishnan, eds. , *Shifting Ground: People, Mobility and Animals in India's Environmental Histories* (New Delhi: Oxford University Press, 2014).

Rappaport, Erika, *A Thirst for Empire: How Tea Shaped the Modern World* (Princeton, NJ and Oxford: Princeton University Press, 2017).

Richards, John F. , *The Unending Frontier: An Environmental History of the Early Modern World* (Berkeley, CA and London: University of California Press, 2003).

Rogers, Leonard, "The Epidemic Malarial Fever of Assam, or Kala-Azar, Successfully Eradicated from Tea Garden Lines," September 24, 1898, *British Medical Journal*, 2 (1969): 891–892.

Rosenberg, Charles and Janet Golden, eds. , *Framing Disease: Studies in Cultural History* (New Brunswick, NJ: Rutgers University Press, 1992).

Ross, Corey, *Ecology and Power in the Age of Empire: Europe and the Transformation of the Tropical World* (Oxford: Oxford University Press, 2017).

Rowe, William T. , *China's Last Empire: The Great Qing* (Harvard, MA: Belknap Press of Harvard University Press, 2009).

Hankow: Commerce and Society in a Chinese City, 1796–1889 (Stanford, CA: Stanford University Press, 1992).

Rowntree, John, A *Chota Sahib: Memoirs of a Forest Officer* (Padstow: Tabb House, 1981).

Roy, S. , N. Muraleedharan and A. Mukhopadhyay, "The Red Spider Mite, Oligo-nychus Coffeae (Acari: Tetranychidae): Its Status, Biology, Ecology and Management in Tea Plantations," *Experimental and Applied Acarology* 63. 4 (2014), 431-463.

Roy, Somnath, et. al. "Use of Plant Extracts for Tea Pest Management in Indi-a," *Applied Microbiology Biotechnology* 100 (2016): 4831-4844.

Roy, Tirthankar, *The East India Company: The World's Most Powerful Corpora-tion* (New Delhi: Allen Lane, 2012).

The Economic History of India, 1857-1947, Third edition (New Delhi: Oxford University Press, 2011).

Saikia, Arupjyoti, "Imperialism, Geology and Petroleum: History of Oil in Colo-nial Assam," *Economic and Political Weekly*, Vol. XLVI, 12 (March 19, 2011), 48-55.

A Century of Protests: Peasant Politics in Assam Since 1900 (New Delhi: Rout-ledge, 2014).

"State, Peasants and Land Reclamation: The Predicament of Forest Conservation in Assam, 1850s-1980s," *Indian Economic and Social History Review* 45, 1 (2008), 77-114.

Forests and Ecological History of Assam, 1826-2000 (New Delhi: Oxford Uni-versity Press, 2011).

ed. , *Orunodoi: Collected Essays 1855-1868* [in Assamese] (Nagaon: Kranti-kaal Prakashan, 2002).

Saikia, Rajen, *Social and Economic History of Assam 1853-1921* (New Delhi: Manohar, 2000).

Samanta, Arabinda, *Malarial Fever in Colonial Bengal: Social History of an Epi-demic, 1820-1939* (Kolkata: Firma KLM, 2002).

Sarkar, Tanika, *Rebels, Wives, Saints: Designing Selves and Nations in Colonial Times* (New Delhi: Permanent Black, 2009).

Sartori, Andrew, *Bengal in Global Concept History: Culturalism in the Age of Cap-ital* (Chicago, IL and London: The University of Chicago Press, 2008).

Stephen Priest, ed. , *Jean-Paul Sartre: Basic Writings* (London: Routledge,

2001).

Savitt, Todd L. and James Harvey Young, eds. , *Disease and Distinctiveness in the American South* (Knoxville, TN: The University of Tennessee Press, 1988).

Schiebinger, Londa, *Plants and Empire: Colonial Bioprospecting in the Atlantic World* (Cambridge, MA and London: Harvard University Press, 2004).

Scott, James C. , *Seeing Like a State: How Certain Schemes to Improve the Human Condition Have Failed* (New Haven, CT and London: Yale University Press, 1998).

The Moral Economy of the Peasant: Rebellion and Resistance in Southeast Asia (New Haven, CT: Yale University Press, 1976).

Sen, A. R. and R. P. Chakrabarty, "Estimation of Loss of Crop from Pests and Diseases of Tea from Sample Surveys," *Biometrics* 20. 3 (September 1964), 492–504.

Sen, Samita, "Commercial Recruiting and Informal Intermediation: Debate over the Sardari System in Assam Tea Plantations, 1860–1900," *Modern Asian Studies* 44, 1 (2010), 3–28.

Shah, Alpa, *In the Shadows of the State: Indigenous Politics, Environmentalism, and Insurgency in Jharkhand, India* (Durham, NC: Duke University Press, 2010).

Sharma, Jayeeta, *Empire's Garden: Assam and the Making of India* (Durham, NC and London: Duke University Press, 2011).

Shiva, Vandana, *Staying Alive: Women, Ecology, and Development* (New Delhi: Kali for Women, 1988).

Shlomowitz, Ralph and Lance Brennan, "Mortality and Migrant Labour in Assam, 1865–1921," *The Indian Economic and Social History Review* 27, 1 (1990), 85–110.

Siddique, Muhammed Abu B. , *Evolution of Land Grants and Labour Policy of Government: The Growth of the Tea Industry in Assam 1834–1940* (New Delhi: South Asian Publishers, 1990).

Singer, Merrill, "Developing a Critical Perspective in Medical Anthropology," *Medical Anthropology Quarterly*, 17, 5 (1986), 128–129.

Singha, Radhika, *A Despotism of Law: Crime and Justice in Early Colonial India* (New Delhi: Oxford University Press, 1998).

Sinha, Mrinalini, "Historia Nervosa or Who's Afraid of Colonial-Discourse Analysis," *Journal of Victorian Culture*, Vol. 2, 1 (1997), 113-122.

Sircar, Kalyan K. , "A Tale of Two Boards: Some Early Management Problems of Assam Company Limited, 1839-1864," *Economic and Political Weekly* 21, 10/11 (March 1986), 453-459.

"Labor and Management: First Twenty Years of Assam Company Limited (1839-59)," *Economic and Political Weekly* 21, 22, (May 1986), M38-M43.

"Coolie Exodus from Assam's Chargola Valley, 1921: An Analytical Study," *Economic and Political Weekly*, Vol. 22, No. 5 (January 31, 1987), 184-193.

Sivaramakrishnan, K. , *Modern Forests: Statemaking and Environmental Change in Colonial Eastern India* (Stanford, CA: Stanford University Press, 1999).

Soluri, John, *Banana Cultures: Agriculture, Consumption, and Environmental Change in Honduras and the United States* (Austin, TX: University of Texas Press, 2005).

Spivak, Gayatri Chakravorty, "The Rani of Sirmur: An Essay in Reading the Archives," *History and Theory* 24, No. 3 (1985), 247-272.

"Can the Subaltern Speak?" in Cary Nelson and Lawrence Grossberg, eds. , *Marxism and the Interpretation of Culture* (Urbana, IL: University of Illinois Press, 1988), 271-313.

Sramek, Joseph, " 'Face Him Like a Briton' : Tiger Hunting, Imperialism, and British Masculinity in Colonial India, 1800-1875," *Victorian Studies*, 48, 4 (Summer 2006), 659-680.

Steedman, Carolyn, *Master and Servant: Love and Labour in the English Industrial Age* (Cambridge: Cambridge University Press, 2007).

Stoler, Ann Laura, *Capitalism and Confrontation in Sumatra's Plantation Belt, 1870-1979* (New Haven, CT and London: Yale University Press, 1985).

Duress: Imperial Durabilities in Our Times (Durham, NC: Duke University Press, 2016).

ed. , *Imperial Debris: On Ruins and Ruination* (Durham, NC: Duke University

Press, 2013).

Sundar, Nandini, *Subalterns and Sovereigns: An Anthropological History of Bastar (1854-2006)*, Second edition (New Delhi: Oxford University Press, 2008).

Sutter, Paul S. , "Nature's Agents or Agents of Empire? Entomological Workers and Environmental Change during the construction of the Panama Canal," *Isis* 98, 4 (2007), 724-754.

Thompson, E. P. , *The Making of the English Working Class* (New York, NY: Vintage, rpt. 1966).

Thompson, Edgar T. , *The Plantation: A Bibliography, Social Science Monographs IV* (Washington, DC: Pan American Union, 1957).

Tilley, Helen, *Africa as a Living Laboratory: Empire, Development, and the Problem of Scientific Knowledge, 1870-1950* (Chicago, IL: University of Chicago Press, 2011).

Tinker, Hugh, *A New System of Slavery: The Export of Indian Labor Overseas, 1830-1920* (London: Institute of Race Relations, 1974).

Tyrrell, Ian, *True Garden of the Gods: Californian-Australian Environmental Reform, 1860-1930* (Berkeley, CA: University of California Press, 1999).

Uekötter, Frank, ed. , *Comparing Apples, Oranges, and Cotton: Environmental Histories of the Global Plantation* (Frankfurt and New York, NY: Campus Verlag, 2014).

Ukers, William H, *All about Tea*, Vol. I (New York, NY: The Tea and Coffee Trade Journal Company, 1935).

Varma, Nitin, "Coolie Acts and the Acting Coolies: Coolie, Planter and State in the Late Nineteenth and Early Twentieth Century Colonial Tea Plantations of Assam," *Social Scientist* Vol. 33, No. 5/6 (May-June 2005), 49-72.

Producing Tea Coolies? Work, Life and Protest in the Colonial Tea Plantations of Assam, 1830s-1920s, unpublished Phil. dissertation (Berlin: Humboldt University, 2011).

Biswanath Mukhopadhyay, ed. , [Ramkumar Vidyaratna's] *Kuli Kahini*, (Calcutta: Jogomaya Publications, 1886).

Waitzkin, Howard, "The Social Origins of Illness: A Neglected History," *Inter-*

national Journal of Health Services, 11, 1 (1981), 77–105.

Medicine and Public Health at the End of Empire (Boulder, CO: Paradigm Publishers, 2011).

Waley, Arthur, *The Opium War through Chinese Eyes* (Stanford, CA: Stanford University Press, 1958).

Webb, James L. A. Jr., *Tropical Pioneers: Human Agency and Ecological Change in the Highlands of Sri Lanka, 1800–1900* (New Delhi: Oxford University Press, 2002).

Weiner, Myron, "The Political Demography of Assam's Anti-Immigrant Movement." *Population and Development Review*, 9.2 (1983), 279–292.

White, Richard, "Discovering Nature in North America," *Journal of American History* 79 (1992), 874–891.

The Organic Machine: The Remaking of the Columbia River (New York, NY: Hill and Wang, 2005).

Whitt, Laurelyn, *Science, Colonialism, and Indigenous Peoples: The Cultural Politics of Law and Knowledge* (New York, NY: Cambridge University Press, 2009).

Wilson, Kathleen, "Old Imperialisms and New Imperial Histories: Rethinking the History of the Present," *Radical History Review* 95 (2006), 211–234.

A New Imperial History: Culture, Identity and Modernity in Britain and the Empire, 1660–1840 (Cambridge: Cambridge University Press, 2004).

Worster, Donald, ed., *The Ends of the Earth: Perspectives on Modern Environmental History* (Cambridge: Cambridge University Press, 1989).

译 后 记

　　中国是世界上最早种茶、制茶、饮茶的国家，茶叶作为一种饮料已经具有 4700 余年的历史。17 世纪初，在荷兰东印度公司和英国东印度公司的商业竞争时期，茶叶贸易开始卷入全球资本主义经济，进入西方市场。在英国维多利亚时代，茶叶从贵族饮品逐渐转变为工人阶级可以享用的饮料。随后的两个世纪中，西方几乎所有的茶叶供应都来自中国。近代工业革命以来，为了扭转与中国经济贸易中长期存在的贸易逆差，英国东印度公司开始寻找中国茶叶的替代供应来源。自 1823 年英国军官罗伯特·布鲁斯少校在印度东北部阿萨姆地区发现野生茶树后，阿萨姆茶就与英帝国的殖民统治和海外贸易利润紧紧地捆绑在了一起，而茶叶产业也成为印度殖民地时期以及 1947 年取得民族独立后整个国民经济的重要支柱。在国内外学术界，学者们多从英帝国史、经济史、社会文化史、劳工史等视角来研究印度茶叶史。本书作者则跳出了现有关于茶叶的史学研究叙事，运用印度殖民政府档案、报纸、日记以及二手文献，从环境史的视角出发，证明了在阿萨姆地区资本密集型的茶叶种植园经济中，自然是如何成为茶叶作物和资本之间的纽带的，"理性"科学、流行病学、农业计划、人类管理、现代性和劳工抵抗在茶叶商品的历史发展中又是如何相互依存的。

　　2023 年 1 月，福建师范大学区域与国别研究院茶叶史研究团队组织翻译一批国外具有学术影响力的茶叶史专著，研究地域涵盖北美洲、北欧、西欧、亚洲。我的任务是翻译纽约州立大学宾汉姆顿分校阿尔纳布·戴伊教授的《阿萨姆茶园：一部环境文化史》。我大致翻阅了此书内容，就迅速被该书主题所吸引。这源于我对环境史的关注。2017 年，我有幸赴天津南开大学历史学院攻读世界史专业博士，在导师付成双教授的支持下，2020 年，我提交了题为"殖民主义的生态试验场：东南亚热带种植园研究

（1830—1929）"的博士论文，内容涉及在资本主义全球市场的推动下，西方在东南亚殖民地相继种植香料、金鸡纳、咖啡、茶叶和橡胶植物的历史，单一的种植园模式造成东南亚生态环境的演变，这是欧洲殖民主义扩张所带来的环境代价。英帝国在马来半岛和锡兰（现斯里兰卡）发展咖啡和橡胶种植园经济的过程中，印度茶叶种植的技术和知识提供了重要的参考价值。因此，可以说，在当时英帝国范围内，印度、海峡殖民地和锡兰之间形成了农业种植园知识的互动网络。

正如作者对阿萨姆地区的茶叶故事的综合研究所表明的那样，那些诱发疾病的病原体（包括植物和人类）、被践踏的法律、被抛弃的意识形态、被砍伐的森林和贫困的劳工等看似不同的现象之间，却有着密切的联系。换句话说，作者对印度关于茶叶生茶的法律、环境和农学的综合考察，有助于我们更好地理解人类和自然在阿萨姆地区的重新排序具有重叠的、不可见的过程特征。

这种生态社会方法论确实独树一帜，当历史研究加入"自然"这一变量时，历史学者便会发现自己无法再天真简单地以人类的福祉作为衡量文明演化的唯一标准。阿萨姆地区的生态系统，为英国种植者提供了便利，例如昆虫学，肥料、土壤管理，病原体环境和对植物的操控等都助长了种植者的暴力种植行径以及种植者对土地和劳动力的法律层面的控制。维持茶树生长的农业生态系统导致了植物的枯萎病和虫害的发生；用以灌溉茶叶种植园的堤坝工程，以及为工人提供粮食的水稻种植，引发了疟疾、黑热病，这使劳工的患病率和死亡率随之上升。森林为茶树树苗提供了必要的树阴，也为茶箱提供了木材，与此同时也滋生了致命的疟疾寄生虫。茶树种植数量的增长也意味着森林资源的减少。在阿萨姆地区的茶叶种植园中，不断增长的茶叶贸易利润代表人类创造的种植园文化与阿萨姆生态系统之间是协同演化的。正如历史学家唐纳德·沃斯特所认为的那样，环境史得以成立，其一在于人类与自然其余部分的协同演化；其二在于二者共同经历的脆弱性。

茶叶是在英国殖民统治时引入印度的，但阿萨姆邦、西孟加拉邦和喀拉拉邦的茶园已经成为印度独立后的主要经济引擎。1947年，印度政府成立了一个由印度官僚和技术科学专家组成的种植园调查委员会以评估本国的工业状况。根据评估，经济的未来取决于茶叶和茶园的复兴，该委员会写道："印度茶产业面临的直接问题不是大规模扩大种植面积，而是继续维持已经取得的成果并改善现有资产。"[①] 1947年，在阿萨姆150万英亩土地中，有30%被种植园主占用。而作为印度第二产茶大邦的西孟加拉邦，其茶叶种植面积从1955年的79234公顷增至1990年的101170公顷。[②] 在英帝国殖民者的眼中，茶叶被其自诩为一种带给印度的现代性"进步"力量，这是以茶树种植为中心的农业现代化模式，印度独立后仍然延续了这种经济发展模式。1953年，印度茶叶委员会（Tea Board of India）成立，试图将茶叶产业打造成为国家建设和全印度统一的民族主义项目的一部分。

种植园是近乎工业化的生产形式，它是一种与热带和亚热带地区殖民扩张相关的独特的农业体系，它对土地和劳动力的开发会对环境、经济和社会产生较明显的后果。为了在阿萨姆地区建立茶叶种植园，英国殖民者对当地自然环境做了许多改变，其中大规模的茶园扩张是森林砍伐的重要驱动因素。1870年至1970年，对森林的砍伐使阿萨姆的森林面积减少了近50%，这又导致当地生物多样性的丧失。19世纪末20世纪初，印度殖民地的茶叶种植者和科学家围绕土壤问题进行了讨论[③]，证明单一种植模式是不可持续的耕作方式，土壤侵蚀或表层土壤流失严重。而在种植园中，环境的改变、疟疾和蚊子的高发以及疾病和营养不良对茶园工人产生不利影响，正如作者在书中论述的那样，工人的健康和疾病问题是19世纪后期极度困扰种植园主的问题。这与殖民者缺乏监管、种植园主的暴力管理有关，也与茶树的种植带来的生态环境的改变有关。

印度独立后，追随了西方的现代化发展模式。政府强调经济改革、技术创新和国家建设，一路高歌猛进，推动印度走向现代化。作者的研究促使我们对印度的经济发展模式进行反思，以茶叶种植园为国民经济支柱的现代农业发展模式对生态环境的破坏，茶园劳工至今遭受的不平等待遇等问题仍旧悬而未决。本书作者认为，作为全球南方国家之一和世界上人口最多的国家，印度应该要深刻反思自身的经济发展模式，寻求突破并建立

---

① Government of India, *Report of the Plantation Inquiry Commission*, 1956, Patr I: Tea, Delhi: Government of India Press, 1956, p. 254.

② J. Thomas & Company Private Ltd, *Tea Market Annual Report and Statistics*, Calcutta, 1996.

③ Namrata Borkotoky, "Shifting Narratives of Soil in Scientific Discourses of Colonial Assam Tea Plantations," *Indian Historical Review*, Vol. 50, No. 1 (June, 2023).

一条可持续的生态现代化之路。

　　本书的完稿得到了同事江振鹏教授、汪炜伟副教授、贺建涛副教授、谢皆刚副教授、赵万武副教授、吴万库博士的大力协助，以及南京师范大学仇振武博士的热心帮助，在此谨表谢意。同时还要感谢硕导孙建党教授在我学习期间，引导我对美国与东南亚关系史领域研究的兴趣，使得我对南亚和东南亚史的兴趣日增。本书得以顺利出版，尤其要感谢社会科学文献出版社宋淑洁编辑的耐心而又细致的工作。最后，在本书翻译的过程中得到很多亲人和好友的关心、支持和帮助，使本书最终能够呈现在读者面前。由于译者水平有限，本书肯定存在错误、遗漏或词不达意之处，还请各位专家读者批评指正。

图书在版编目(CIP)数据

阿萨姆茶园：一部环境文化史／（印）阿尔纳布·
戴伊（Arnab Dey）著；王林亚译. --北京：社会科学
文献出版社，2025.8. --ISBN 978-7-5228-5313-0

Ⅰ. K351.43；X-093.51

中国国家版本馆 CIP 数据核字第 2025JE1985 号

阿萨姆茶园：一部环境文化史

著　　者／［印］阿尔纳布·戴伊（Arnab Dey）
译　　者／王林亚

出 版 人／冀祥德
责任编辑／宋淑洁　恽　薇
责任印制／岳　阳

出　　版／社会科学文献出版社·经济与管理分社（010）59367226
　　　　　地址：北京市北三环中路甲 29 号院华龙大厦　邮编：100029
　　　　　网址：www.ssap.com.cn
发　　行／社会科学文献出版社（010）59367028
印　　装／三河市东方印刷有限公司

规　　格／开本：787mm×1092mm　1/16
　　　　　印张：16.25　字数：266 千字
版　　次／2025 年 8 月第 1 版　2025 年 8 月第 1 次印刷
书　　号／ISBN 978-7-5228-5313-0
著作权合同
登 记 号／图字 01-2024-6054 号
定　　价／98.00 元

读者服务电话：4008918866

🅰 版权所有 翻印必究